U0573133

权威·前沿·原创

皮书系列为

“十二五”“十三五”“十四五”时期国家重点出版物出版专项规划项目

BLUE BOOK

智库成果出版与传播平台

深圳蓝皮书
BLUE BOOK OF SHENZHEN

深圳文化发展报告（2022）

ANNUAL REPORT ON CULTURAL DEVELOPMENT OF SHENZHEN (2022)

主　编／杨　建
副主编／陈长治

社会科学文献出版社
SOCIAL SCIENCES ACADEMIC PRESS (CHINA)

图书在版编目(CIP)数据

深圳文化发展报告. 2022 / 杨建主编. --北京：社会科学文献出版社，2022.12
（深圳蓝皮书）
ISBN 978-7-5228-0746-1

Ⅰ.①深… Ⅱ.①杨… Ⅲ.①地方文化-文化事业-发展-研究报告-深圳-2022 Ⅳ.①G127.653

中国版本图书馆 CIP 数据核字（2022）第 170222 号

深圳蓝皮书
深圳文化发展报告（2022）

主　　编 / 杨　建
副 主 编 / 陈长治

出 版 人 / 王利民
责任编辑 / 周雪林　周　琼
责任印制 / 王京美

出　　版 / 社会科学文献出版社
地址：北京市北三环中路甲 29 号院华龙大厦　邮编：100029
网址：www.ssap.com.cn
发　　行 / 社会科学文献出版社（010）59367028
印　　装 / 三河市东方印刷有限公司

规　　格 / 开　本：787mm×1092mm　1/16
印　张：21.75　字　数：324 千字
版　　次 / 2022 年 12 月第 1 版　2022 年 12 月第 1 次印刷
书　　号 / ISBN 978-7-5228-0746-1
定　　价 / 138.00 元

读者服务电话：4008918866

《深圳文化发展报告（2022）》编委会

主编简介

杨　建　历史学博士，现任广东省深圳市社会科学院（深圳市社会科学联合会）党组成员、副院长。《深圳社会科学》主编，深圳市人文社会科学重点研究基地“现代化与全球城市研究中心”负责人。主要研究领域和研究方向为历史学（出土文献）、文化史学、城市文化学等。出版专著《西汉初期津关制度研究》。

摘　要

《深圳文化发展报告（2022）》由深圳市社会科学院编撰。本年度报告以湾区文化研究、文化机制与对策、产业与未来、公共文化服务、城市文化空间为线索，回顾了2021年深圳在文化方面取得的成绩，包括文化设施建设、公共服务提升，还有文化政策与理论研究所取得的成果，同时也分析存在的问题和展望未来一年的发展。各篇文章均为相应领域的学者所撰，较为全面地展现了深圳一年来在文化建设方面所取得的成果。

中共中央、国务院2021年9月印发的《全面深化前海深港现代服务业合作区改革开放方案》要求前海“稳妥有序扩大文化领域对外开放，建设多种文化开放共荣的文化交流互鉴平台，打造文化软实力基地”。文化交流互鉴与文明交流互鉴是一致的，是建设城市文明典范的本质要求和重要动力，这也是深圳文化建设最新的指引性思想。深圳继续深入落实新时代文化高质量发展典范要求，加快完善公共文化服务体系，稳步推进重大文化设施建设。继“新时代十大文化设施”建设、“十大特色文化街区”改造提升之后，加快顶层设计，精心编制《深圳市文化产业高质量发展规划（2021—2025）》，提出通过增强两大核心动能、强化五大发展支撑、实施四大行动、打造十大增长极，构建文化产业高质量发展体系。全面梳理数字创意产业重点企业、重点项目和创新平台，编制《深圳市培育数字创意产业集群行动计划（2022—2025年）》，确立“一核一廊多中心”的产业布局，初步建立“六个一”工作体系。修改完善《关于推进文化与金融深度融合发展的意见》和《深圳市创建国家文化金融合作示范区工作方案》，为创建国家文化金融合作示范区奠定制度基础。谋划创设“深圳文化产业研究院”（暂命名），以进一步壮大深圳文化产业智库力量。

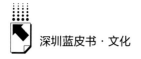

关键词： 深圳文化　产业智库　数字创意　文明典范

Abstract

Compiled by Shenzhen Academy of Social Sciences and taking cultural research, cultural mechanism and countermeasures, industry's current condition and future development, public cultural services, and urban cultural space of the Greater Bay Area as clues, *Shenzhen Cultural Development Report* (*2022*) summarizes Shenzhen's achievements in culture over the past year, including the construction of cultural facilities, the improvement of public cultural services, and the outcomes in the research of cultural policies and cultural theories, analyzes existing problems and looks forward to the development in the following year. Written by scholars in corresponding fields, the articles comprehensively show the achievements that Shenzhen has made in cultural construction in the past year.

The "The Plan for Comprehensively Deepening the Reform and Opening-up of the Qianhai Shenzhen – Hong Kong Modern Service Industry Cooperation Zone" issued by the Central Committee of the Communist Party of China and the State Council in September 2021 requires that Qianhai "steadily and orderly expand the opening-up in the cultural field, build a cultural exchange and mutual learning platform for the common prosperity of multiple cultures, and construct a cultural soft power base". Cultural exchanges and mutual learning are consistent with civilization exchanges and mutual learning. They are the essential requirements and important driving force for building a model of urban civilization, as well as the latest guiding ideology for Shenzhen's cultural construction. Shenzhen willcontinueto carry out the implementation plan of "cultural innovation and development 2020", accelerate the improvement of the public cultural service system, and steadily promote the construction of major cultural facilities. Following the construction of the "ten cultural facilities for the new era" and the transformation and upgrading of the "ten characteristic cultural streets", the top-level design has been accelerated, and "The High Quality Plan for Shenzhen Cultural Industry (2021 - 2025)" has been carefully prepared. It has been proposed to build a high-quality development system for the cultural industry by enhancing "the two core driving forces", strengthening "the five development supports", implementing "the four actions", and creating "the ten growth". Based on the comprehensivesorting of the key enterprises, key projects and innovation platforms of the digital creative industry, "Shenzhen Action Plan for Cultivating Digital Creative Industry Clusters (2022-2025)" has been complied, the industrial layout of "one core, one corridor and multiple centers" has been determined, and the "six ones" working system has been preliminarily established. The revision and improvement of "The Opinions on Promoting the Deep Integration and Development of Culture and Finance" and "The Work Plan of Shenzhen for Establishing a National Cultural and Financial Cooperation Demonstration Zone" has laid an institutional foundation for the establishment of a national cultural and financial cooperation demonstration zone. Shenzhen Cultural Industry Research Institute (tentatively named) is being planned, in order to further expand the strength of Shenzhen's cultural industry think tanks.

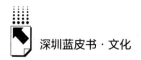

Keywords: Shenzhen Culture; Industry Think Ttank; Digital Creatiion; Civilization Model

目 录

Ⅰ 总报告

Ⅱ 大湾区文化研究

Ⅲ 文化机制与对策

Ⅳ　产业与未来

Ⅴ　公共文化服务

Ⅵ 城市文化空间

CONTENTS

I General Report

II Culture Research for the Greater Bay Area

Ⅲ Research on Cultural Mechanism and Countermeasures

Ⅳ Industry and Its Future

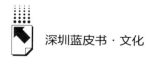

V Public Cultural Service

VI Urban Culture Space

总 报 告

General Report

B.1

2021年深圳文化发展回顾与2022年展望

杨 建　陈长治　黄 腾　关万维*

摘 要： 立足新发展阶段，用足用好改革这个关键一招，立足全局谋一隅、抓好一隅促全局，解放思想、对标一流，以“关键落子”带来“满盘皆活”，以改革创新激发文化发展新活力，文化广电旅游体育领域改革蹄疾步稳、亮点纷呈。文保城建统筹协调发展，城市文脉传承有序，国有文艺院团改革纵深推进，电视剧创作活力加速释放，艺术品拍卖交易方兴未艾，营商环境持续优化，高起点推进重大设施建设，高质量完善基层文体网络，高效率创新惠民服务机制，高品质提升服务供给水准。

关键词： 深圳文化　文化体制规划　院团改革

* 杨建，历史学博士，深圳市社会科学院党组成员、副院长，主要研究文化史学、城市文化学等；陈长治，博士，深圳市社会科学院文化研究所所长，主要研究城市文化、城市经济等；黄腾，深圳市文化广电旅游体育局艺术处副处长，主要研究城市文化等；关万维，历史学博士，深圳市社会科学院副研究员，主要研究思想社会史、城市文化等。

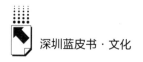

2021年深圳文化发展回顾

2021年是党和国家历史上具有里程碑意义的一年，是载入史册的一年。深圳以庆祝中国共产党成立100周年为主线，精心组织开展庆祝建党百年系列文艺活动，传承红色基因，赓续红色血脉，大力唱响了讴歌党、讴歌祖国、讴歌人民、讴歌英雄的主旋律。2021年也是经受挑战和考验的一年，深圳担当作为、攻坚克难，统筹疫情防控和行业恢复发展，有效应对常态化疫情防控带来的影响，防范化解文化领域安全风险，推动深圳文化事业发展实现了新突破、取得了新业绩，为全市“双区”建设、“双改”示范提供了澎湃的精神动力。

一 庆祝建党百年系列活动凝心聚力铸魂

深圳为突出其经济特区的特色、特点，精心策划举办庆祝建党100周年系列活动，讲好党的故事，讲好深圳故事，彰显党的初心，诠释党的使命，展现党的辉煌，激励全市上下从党的百年奋斗历程中汲取智慧和力量，奋力在新时代新征程上赢得更加伟大的胜利和荣光。

1. 系列主题文艺活动展现辉煌

深圳市成功举办庆祝中国共产党成立100周年大型声乐交响套曲《英雄颂》音乐会，以舞台艺术精品呈现并回顾党的百年辉煌历程。策划举办“恩情”——印青作品合唱音乐会，在深圳交响乐团、深圳音乐厅等举办多场庆祝中国共产党成立100周年系列演出，唱响主旋律。以“100年里的中国”为主题，携手粤港澳大湾区近25万名读者同步开展“共读半小时”，掀起阅读红色经典的热潮。“丹青百作绘辉煌：中展典藏近现代中国画名家精品展”用艺术作品见证新中国的建设，新闻联播等央视媒体对展览进行报道。“文化名人大营救——深圳美术馆馆藏丁聪《东江百日杂忆》组画暨专题美术作品展”等3个展览项目入选文化和旅游部2021年全国美术馆馆藏精品展出季，“从老区到特区”“红色印记”“奋斗”等庆祝中国共产党成立100周年深圳市美术作品展暨书法、摄影作品展，篆刻艺术展，版画作品展等精品展览广受市民好评。深圳红色电影周通过“英雄赞歌”电影主题党课巡讲、百部红色电影海报巡展、建党百年优秀影片展映、红色电影沙龙、全民影评大赛等，集束式、多角度地呈现红色电影所蕴含的巨大魅力，掀起看电影学党史的热潮。

2. 系列全民阅读活动贯穿党史学习主线

深圳市策划推出《潮卷南海——深圳风雨一百年》《理想照耀中国》《大风起平江》《深圳大事记（1978—2020）》《讲给孩子的百年梦想》等系列主题出版物超30种10万册，《为什么是深圳》入围中国图书评论协会“2020中国好书”，《深圳，深圳》入选广东省2021年教育科学规划课件课题。第22届深圳读书月“献礼建党百年”特别策划《崭新的境界》经典诗文朗诵会、“发展大局观”名家领读、“文学经典映照百年”文学党课等，通过经典诗篇的呈现和大家的重磅专题解读，展示党的百年光辉历程。世界读书日暨第六个深圳未成年人读书日750余场丰富多彩的主题阅读活动，有力引领“童心向党”。

3. 红色故事立体讲述百花齐放

福田区举办建党百年主题摄影展、美术展、音乐会等系列活动。罗湖区、盐田区发动百位党组织书记打造特色党课，讲好百个“红色故事”等。南山区结合南头古城特色文化街区网红“打卡地”创新推出“寻迹党史·红色古城”寻宝活动。宝安区持续开展“榕树下的党课”，创建特色讲习阵地。龙岗区策划编纂《中国共产党龙岗历史（1924—1950）》，创作歌曲《这一面旗》、情景话剧《百年红·耀征程》等。坪山区用好东江纵队纪念馆等红色资源，让红色基因、革命薪火代代相传。大鹏新区点亮区域“党史地图”，让红色资源成党史学习“活教材”。

4. 红色资源激扬奋斗精神

充分利用宝安县“一大”纪念馆、东江纵队纪念馆等各种革命纪念场所，以及莲花山公园、前海石公园等改革开放相关设施，研究筛选出30个红色旅游资源点，策划打造一批红色旅游景区景点和红色旅游精品线路，推出“改革开放再出发”“春天的故事”等6条红色旅游精品线路，同步上线“云遇深圳红”VR主题影音馆，嵌入红色旅游点、党史教育基地及红色大巴大屏等，打造独具深圳特色的红色旅游品牌，获评全国文化遗产旅游百强案例。公布前海石等10处地点为深圳市第一批改革开放纪念地，中共宝安县第一次党代会会址等5处文物被公布为第七批深圳市文物保护单位，盐田区打造全国首个红色精神谱系专题图书馆，在全社会开展党史、新中国史、改革开放史、社会主义发展史学习教育，燃起干部群众干事创业的激情。

5. 文保城建统筹协调发展

深圳市注重强化工程审批衔接，结合全市城市建设“多规合一”信息平台建设，开展全市文物保护单位“两线”（保护范围线和建设控制地带线）及地下文物埋藏区划定工作，新划定4处省保单位、34处市保单位、87处区保单位的“两线”范围，拟定11个地下文物埋藏区，将文物控制要求提前纳入城市工程管理审批体系，避免在工程项目前期阶段错失文物信息而导致文物的损坏，促进文物空间与其他类型空间协同管控。观澜古墟商埠游径入选第二批广东省粤港澳大湾区文化遗产游径，东江纵队纪念馆（前进报社旧址、曾生故居）、中国文化名人大营救纪念馆、东宝行政督导处旧址列入第二批广东省历史文化游径，成为展现深圳发展、推动湾区融合的历史文化旅游名片。

6. 城市文脉传承有序

深圳市支持注重文化遗产保护和活化利用的开发模式，做好历史保护、文明传承、文化延续工作。“上川黄连胜醒狮舞”项目入选第五批国家级非物质文化遗产代表性项目名录，百师园工作站获评第八批省级非物质文化遗产工作站，文琰醒狮团国家级非物质文化遗产代表性传承人文琰森荣获省乡村振兴先进一线工作者称号（文化传承类）。公布深圳市第五批非物质文化遗产代表性项目名录共计7类39项，有序调整和认定市级非遗代表性项目保护单位44家。扎实开展“非遗在社区”试点，设立试点街道、社区25个，开展服务培训约80场次560课时，拍摄《深圳非遗》纪录宣传片59

期，推动历史文化遗产“活起来”，以期更好地融入现代城市功能、更好地融入人民群众生活。

二　综合改革试点开创新局面

深圳市立足新发展阶段，用足用好改革这个关键一招，立足全局谋一隅、抓好一隅促全局，解放思想、对标一流，以“关键落子”带来“满盘皆活”，以改革创新激发文化发展新活力，文化广电旅游体育领域改革蹄疾步稳、亮点纷呈。

1. 国有文艺院团改革纵深推进

加快制定深圳市进一步深化国有文艺院团改革实施意见及配套文件，提出了健全法人治理结构、完善艺术创作科学决策等6项管理机制，以及一团一策推动院团健康发展的具体举措，形成“1+6”系列方案。成功召开振兴交响乐发展基金会第一届理事会第四次会议，新募集资金（含物资）约1700万元。引进著名作曲家、指挥家谭盾担任深圳交响乐团首席指挥，舞蹈理论家、中国舞蹈家协会主席冯双白担任深圳歌剧舞剧院艺术顾问，男高音歌唱家石倚洁受聘为深圳歌剧舞剧院驻院艺术家，推动张娅姝等深圳本土优秀艺术家开展原创舞蹈专场《2月3日·晴》等国内巡演。深圳交响乐团音乐季共举办高水准音乐会38场，深圳歌剧舞剧院2021～2022（歌剧团合唱团）演出季共组织精品演出26场，深圳市粤剧团“粤秀剧场”共演出精品剧目和经典折子戏25场；深圳歌剧舞剧院、深圳市粤剧团在广东省第七届岭南舞蹈大赛、第十届中青年戏剧演艺大赛中分别斩获3金3银、2金3银，国有文艺院团演出季品牌影响力、业务水平进一步提升。

2. 电视剧创作活力加速释放

深圳成为首个承担省级电视剧审查管理权限的副省级城市，深圳电视剧可以在“家门口”享受立项备案、取景拍摄、完成片审查等全流程服务。建立审查委员会，健全管理制度，落实属地管理责任，持续优化电视剧全流程管理服务。顺利开展合拍电视动画片立项审核、电视剧立项备案审核、剧本评审推优、电视剧完成片审查等工作，切实提升电视剧行业服务水平。精品电视剧创作不断，涉案题材电视剧《扫黑风暴》在中央电视台及各大卫视热播，好评如潮，成为现象级电视剧；消防题材电视剧《照亮你》开机拍摄；讲述大湾区创业成长励志故事的电视剧《从这里开始》纳入中宣部重点现实题材创作计划。

3. 艺术品拍卖交易方兴未艾

深圳制定适用国际通用规则的国际艺术品拍卖中心建设实施方案和配套政策，加快引进保利等一批国内外知名拍卖机构，积极推进艺术品保税仓建设。文博会期间配套举办“北京保利拍卖2021（深圳）精品拍卖会”“华夏拍卖（深圳）2021艺术品拍卖会”“2021深圳秋季艺术品联合拍卖会”等6场相关专场艺术品拍卖会，近8亿元的成交额创深圳艺术品拍卖新高；审批通过“文物拍卖标的”10场次，累计成交金额超过2.8亿元，有效激活了全市文物拍卖的市场活力。同时，一批高水平艺术博览会、画廊在深圳成功举办和落户，显示了强劲的市场活力。

4. 营商环境持续优化

深圳深化“放管服”，积极推进“证照分离”改革全覆盖试点，推行4项“告知承诺制”审批改革，完成22项省级部门下放或委托事项承接工作。推进政务服务“四免”改革，推广“一网通办”、“全流程网办”和“不见面审批”，最大限度有效缩短审批时限，单个事项最快承诺时限压缩至法定办结时限的3%。发布《深圳市人民政府关于开展文化市场综合行政执法工作的公告》，明确对文化、文物、出版、广播电视、电影等七大领域实施综合执法管理，将相关职权调整下放由街道统一行使，充分实现“看得见、管得着”的管理目标。率先在全国实施文体旅游市场点对点行政处罚裁量标准，出台11项轻微违法行为不予处罚事项清单，获国家级媒体专题报道。

三　公共文体服务供给进一步优化

深圳市始终坚持以人民为中心的发展思想，坚持为了人民、依靠人民，发展成果由人民共享，把实现好、维护好、发展好人民基本文化权益作为文化工作的根本出发点和落脚点，构筑普惠性、高质量、可持续的城市公共服务体系，不断推动将人民对美好生活的向往变为现实，让市民群众有更多的获得感、幸福感。

1. 高起点推进重大设施建设

完成“新时代十大文化设施”项目土地整备与建筑方案设计国际竞赛或招标，深圳创意设计馆、国深博物馆、深圳书城湾区城等项目开工建设，深圳音乐学院揭牌，深圳滨海演艺中心启用，深圳市青少年足球训练基地1标段工程投入使用，美术馆新馆、科技馆新馆项目建设进展顺利，西方美术馆、国际钢琴艺术博物馆顺利筹建，市体育中心提升改造、文化馆新馆、第二图书馆等其他市级重点项目稳步推进。中国国家田径队深圳龙岗训练基地建成启用、深圳龙岗国家冰球项目训练基地正式挂牌，全市建成国家队训练基地4家。大鹏所城、南头古城等首批10个深圳特色文化街区全部通过验收授牌，打造留住美好乡愁、延续城市文脉、传承城市记忆的新型历史文化空间，与区域文体中心一道形成交相辉映、错落有致的都市文化群落。

2. 高质量完善基层文体网络

持续开展基层公共文化设施攻坚做强工程，精心打造“悠·图书馆”“智慧书房”“荷合书院”等一批新型特色文化空间，福田区建成全国首个水质净化厂屋顶上盖的“足球主题生态体育公园”，与“南山书房”“灯塔图书馆”等一道成为“网红打卡点”。“全国新书首发中心”正式揭牌，吸引中华书局、商务印书馆、人民文学出版社、中信出版集团等超30家著名出版机构在深圳组织开展贯穿全年的新书首发活动。龙华区落实区级图书馆独立服务阵地，坪山区文化馆（过渡馆）及石井等4个街道综合性文化服务中心建成开放，龙岗区宝龙街道文体中心、龙华区观湖文化艺术体育场馆等项目工程建设稳步推进，全市的市、区、街道、社区各级基层公共文化设施实现全覆盖。不断完善“十分钟健身圈”建设，大力建设都市型、楼宇型运动场地，新建改建80个便民利民体育场地设施，配建30套室外智能健身器材。新设立备案非国有博物馆6家，全市博物馆达57家，文博资源进

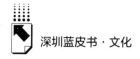

一步丰富。创新深圳华强北博物馆多元主体合作办馆模式，将国有博物馆委托给社会机构运营管理获肯定。

3. 高效率创新惠民服务机制

深圳推进“图书馆之城”建设入选国家发改委 2021 年《深圳经济特区创新举措和经验做法清单》，宝安区图书馆垂直总分馆制建设典型案例亮相全国公共文化重点改革任务总结部署会，盐田区“智慧图书馆”成功创建国家公共文化服务体系示范项目，龙岗区成功创建省公共文化服务体系示范区，罗湖区以“悠·图书馆”为特色的总分馆服务体系建设获评年度深圳市“市长质量奖”文化类最高奖项，深圳图书馆全媒体服务平台建设等入选省公共文化服务优秀案例，坪山图书馆获国际图联 2021 年“绿色图书馆奖”。实施中小博物馆展陈和服务提升计划，引导具代表性的非国有博物馆与国有博物馆合作，先后推动深圳博物馆与宝安区世纪琥珀博物馆（非国有）、深圳市龙岗区万国珠宝汇矿物博物馆（非国有）共同举办展览活动。“山宗·水源·路之冲——‘一带一路’中的青海”“拉斐尔与古典准则——意大利圣路加国家美术学院珍品大展”“‘叙’写传奇——叙利亚古代文物精品展”等文物精品展览广受欢迎。深圳艺术学校创建广东省高水平中职学校和专业群，进一步集聚艺术教育资源，与深圳市粤剧团探索开展校企合作，定向培养德艺双馨的本土艺术人才。

4. 高品质提升服务供给水准

首创深圳踏青日、深圳象棋日、青年文化服务月，持续举办深圳读书月、鹏城金秋市民文化节、来深青工文体节、全民健身日、全民健身活动月等传统品牌活动，支持社会力量举办“深圳杯”业余足球、羽毛球、乒乓球联赛等，推动“碎片化”健身运动蓬勃开展。“圳精彩”“深圳公共文化”“深圳群体荟”“数字图书馆”“数字博物馆”“数字文化馆”等一批数字化服务平台应运而生，推出云上新春艺术节、云上知识大闯关、在线摄影征集、线上展览、线上音乐会、线上运动月等近 500 场线上活动，市民参与度和满意度得到进一步提升，智慧公共文体旅游服务体系初步成型。深圳第五次获得“年度中国十佳数字阅读城市”荣誉。全年完成市民普通话测试 29067 人次，同比增长近 900%。组织社会体育指导员公益服务 5500 场，免费为超过 6 万人次市民提供体质测试服务，19 个单位和个人获评全国群众体育先进的荣誉。2021 年市民体质达标率为 92%，经常参加体育锻炼人数比例为 41.2%，高于全国平均水平。联合实施体医融合行动十大计划，探索体医结合的疾病管理与健康服务新模式，入选健康中国行动典型案例。

四　城市人文品牌魅力持续提升

深圳市始终坚定文化自信，不断厚植城市文化品牌，为深圳建设中国特色社会主义先行示范区提供了强大正能量。

1. 大型品牌赛事活动精彩纷呈

顺利完成迪拜世博会中国馆日文艺演出，深圳文艺之声响彻“华夏之光”。第十七届中国（深圳）文博会艺术节，以“礼赞 & 致敬”为主题，为市民群众带来 16 台 24 场高水准、高品质的舞台艺术精品演出。第九届深圳市戏曲名剧名家展演，邀请上海京剧院、江苏省演艺集团昆剧院、广东粤剧院等国内知名戏剧院团和多位梅花奖艺术家，为深圳市民献上精彩纷呈的戏曲盛宴。迎春茶话会文艺演出、深圳合唱节、深圳交响乐团音乐季等重大文艺活动和沃尔沃中国高尔夫公开赛、首届“湾区杯”中国围棋大棋士赛、深圳马拉松线上赛、国际象棋奥林匹克网络赛等大型赛事，为市民群众带来一系列高水准、高品质的文体精品赛事演出。联合驻美大使馆成功开展 2021 线上“欢乐春节”活动，获市委主要领导高度肯定。“安尼施·卡普尔”特展引起观众热烈反响及观展热潮，参观人数超过 4 万人次，报道超 7000 篇，成为现象级个展。“深圳两馆—城市光美术馆”创新数字艺术手段，开创了未来美术馆的新模式。成功举办“DnA SHENZHEN 设计与艺术博览会”，首次以主题国际博览会的形式在深圳展示上千件海内外艺术家的重要艺术作品。大剧院艺术节、深圳青少年芭蕾舞比赛、深圳中外少儿艺术季、中外艺术精品演出季、深圳钢琴音乐季等城市文化菜单活动内容不断优化，市民文化生活需求得到有力满足。

2. 文艺精品创作卓有成效

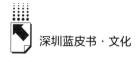

大型声乐套曲《英雄颂》成功首演；歌曲《灯火里的中国》入选2021年央视春晚，被中宣部列入第九批“中国梦”歌曲在全国展播；大型交响套曲《我的祖国》、现代粤剧《驼哥的旗》入选文化和旅游部“庆祝中国共产党成立100周年优秀舞台艺术作品展演”及省文化和旅游厅“百年百戏”舞台精品展演；《灯塔》入选文化和旅游部2020~2021“时代交响”创作扶持计划。《烈火中永生》《肖像》《等》获第十二届中国舞蹈“荷花奖”当代舞奖和现代舞奖，占全部奖项的一半，深圳歌剧舞剧院成为全国获奖最多的院团。27件美术书法作品入选省文化和旅游厅主办的“岭南潮声——2021粤港澳大湾区美术书法作品展”。魔术《秘境》获中国杂技最高奖“金菊奖”。选送群众文艺精品参加“广东省群众艺术花会（戏剧曲艺）”荣获4金4银1铜，排名全省第一。

3. 城市影响力不断提升

汤慕涵、王芊懿、刘虹等8名深圳健儿参加东京奥运会获得1金1银1铜，杨浚瑄等来自深圳大学和深大乒乓球俱乐部的“深大人”捷报频传，生动诠释了奥林匹克精神和中华体育精神，激发了深圳人民奋进新征程、建功新时代的昂扬斗志。深圳籍运动员代表广东参加第十四届全国运动会比赛获23金15银22铜，创历史新高。深圳成功入选“十四五”期间首批全国足球发展重点城市，光明区获评“首批全国县域足球典型”。“深圳十二时辰”旅游营销推广成功“破圈”，通过城市高空、平安金融中心、京基100等户外大屏及互联网连续24小时滚动直播，结合无人机表演秀、主题曲、舞蹈片、虚拟主播等宣传方式，展示深圳旅游之美，直播全网观看量520万，热搜达16次，阅读量5442.9万，进入快手话题全国热榜，引起中国新闻网、澎湃新闻、香港文汇报等媒体的高度聚焦。依托“i游深圳”推出新春特别策划“‘留深过年 · 云游深圳’——深圳旅游全景慢直播”，精心选取了南头古城、欢乐港湾、东部华侨城、西涌沙滩、大鹏所城等14个具有代表性的深圳景点，让市民足不出户即可“云上”玩转深圳，全网总曝光量超1000万。

五　产业实力持续增强

深圳市以推动文化产业高质量发展为目标，不断完善产业政策，着力加大行业和企业服务，加快培育新型业态和消费模式，追加文化产业专项资金6000万元、拨付旅游行业扶持资金近4400万元，有力应对疫情考验，产业增加值增速连年“跑赢”全市同期GDP增速。

1. 产业政策环境持续优化

加快顶层设计，精心编制《深圳市文化产业高质量发展规划（2021—2025）》，提出通过增强两大核心动能、强化五大发展支撑、实施四大行动、打造十大增长极，构建文化产业高质量发展体系。全面梳理数字创意产业重点企业、重点项目和创新平台，编制《深圳市培育数字创意产业集群行动计划（2022—2025年）》，确立“一核一廊多中心”的产业布局，初步建立“六个一”工作体系。修改完善《关于推进文化与金融深度融合发展的意见》和《深圳市创建国家文化金融合作示范区工作方案》，为创建国家文化金融合作示范区奠定制度基础。谋划创设“深圳文化产业研究院”（暂命名），进一步壮大深圳文化产业智库力量。

2. 文博会创新模式巩固中国文化产业第一展地位

以整体迁移至国际会展中心举办为契机，加快推进展会规模、办展模式、品牌质量全面升级，充分展现“新时代、新文博、新会展、新内容、新成效”，办出了不一样的精彩。首次尝试线上线下结合办展，线下设置6个展馆，共12万平方米，较第十五届增加1.5万平方米。主会场共有2468家政府组团、文化机构和企业参展，比第十五届增加156家，另有868家机构和企业线上参展。展出文化产品近10万件，近4000个文化产业投融资项目在现场进行展示与交易。中共中央政治局委员、中宣部部长黄坤明同志亲临文博会主展馆视察，充分肯定了文博会所取得的成绩及其促进全国文化产业发展的积极作用。

3. 文化产业持续高位增长

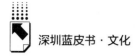

成功举办第二届大湾区酒店文创产品展，参展企业达124家，吸引上万名观众入场观展。认定发布深圳文化企业100强（2020~2021）名单，拨付文化产业发展专项资金2.28亿元，资助项目918个。蛇口滨海文化创意产业带、DCC文化创意园成功创建省级文化产业示范园区，全市市级文化产业园区达71家。雅昌等19家企业成功入选年度国家文化出口重点企业，《熊出没》等4个项目成功入选年度国家文化出口重点项目。4K电视平稳发展，4K点播内容拓展至近7500小时，深圳卫视获批升级为超高清频道。2021年文化产业增加值突破2500亿元，同比增长超15%。

2022年深圳文化发展展望

2022年是我国的政治大年，国家的发展与规划、民族的前途与希望将迎来一次新的机遇。这个机遇对于深圳来说，也是同样重要。自中央对深圳发展做了一系列的重要定位以来，深圳文化建设规划也不断进行深层次的改革，并在往年所取得成绩的基础上，继续深入落实的同时不断推出新举措，逐步完善文化硬件和软件的建设。

一　以迎接宣传贯彻二十大为主题，营造良好思想舆论氛围

2022年下半年，我们党召开二十大，这是中国共产党历史上的一件大事，在党和国家历史上具有重大意义。迎接宣传贯彻党的二十大是当前党和国家的一项重大政治任务。要坚持以习近平新时代中国特色社会主义思想为指导，深入学习领悟和贯彻落实习近平总书记对广东、深圳系列重要讲话、重要指示批示精神，深刻把握“两个确立”、增强“四个意识”、坚定“四个自信”、做到“两个维护”，发扬踔厉，笃行不怠，为学习宣传贯彻党的二十大报告营造浓厚的社会思想舆论氛围。

1. 把深入学习宣传贯彻习近平新时代中国特色社会主义思想作为首要任务

结合深圳各主流媒体，一是深刻认识和大力宣传“两个确立”的决定性意义，坚持正确的政治方向。思想舆论必须旗帜鲜明讲政治，提高政治站位，不断提高政治判断力、政治领悟力、政治执行力，善于从政治上研究和把握社会舆论大局。要紧密结合党的十八大以来党和国家取得的历史性成就、历史性变革、原创性思想、突破性实践、标志性成果等具体内容，紧密结合深圳建设社会主义先行示范区的新实践、新发展、新跨越，用事实阐释和宣传“两个确立”的决定性意义。二是大力学习宣传习近平新时代中国特色社会主义思想的思想内涵、指导地位，从理论层面深入研究和阐释“习近平新时代中国特色社会主义思想是当代中国马克思主义、二十一世纪马克思主义，是中华文化和中国精神的时代精华，实现了马克思主义中国化新的飞跃”。这一科学论断，深入研究和阐释习近平新时代中国特色社会主义思想的基本观点、基本理论、基本逻辑及其在马克思主义发展史、人类思想发展史上的原创性贡献。三是大力学习宣传习近平新时代中国特色社会主义思想的世界观和方法论，习近平新时代中国特色社会主义思想以深厚的人民情怀、坚定的初心使命、卓越的政治智慧，激励全党全国人民发扬历史主动精神和首创精神，引领中国特色社会主义进入新时代，蕴含着丰富的马克思主义思想方法和工作方法，为我们树立了在新时代科学运用马克思主义立场观点方法、不断总结新实践新经验的光辉典范，需要深入学习领会、掌握宣传，做到学用贯通、知行合一，不断提高处理复杂问题、化解风险矛盾的能力水平。

2. 坚决守好意识形态安全“南大门”

一是坚决维护意识形态安全。认真贯彻党中央和省委、市委决策部署，始终在思想上、政治上、行动上同以习近平同志为核心的党中央保持高度一致，坚决把意识形态工作责任制落到实处，严把宣传舆论、社科研究、文艺创作的政治关、价值关、导向关，既要坚持大力宣传习近平新时代中国特色社会主义思想和党的路线方针政策，又要敢于“亮剑”、旗帜鲜明地批驳各种错误思想和观点，切实做到守土有责、守土负责、守土尽责。二是坚决维护舆论安全。通过传播形式创新和传播内容拓展，进一步提高新闻舆论引领力、公信力、感染力、影响力；积极应对网络舆论安全的各种新问题、新挑战，积极打造“全媒体”“融媒体”，充分发挥主流新闻媒体在时政、权威、理性、诚信等方面的优势，强化主流媒体的议题设置能力，保持对社会热点的第一发言权和定义权，在自媒体空间充分发挥“变压器”“净化器”作用。三是增强底线思维、底线意识，严防各类风险。进一步增强政治学习实效，推进党史学习教育常态化、长效化，坚持以史为鉴、学思践悟，积极回应社会关切、群众呼声，为人民群众办实事、解难题。做好疫情期间新闻舆论工作，坚持疫情信息的权威发布和及时公开，利用多种媒体进行引导、疏导，形成多样化的舆论功能，稳民心、解民疑，化解负面情绪，打破各种不实之言，并紧密围绕“精准防、稳增长、惠民生”主题，积极宣传报道以“双统筹”夺取“双胜利”。加强舆论监督，保证安全预警渠道的通畅。

3. 大力宣传深圳奋进新时代的生动实践

紧密结合深圳实际，讲好深圳历史、深圳故事，讲好深圳当下的新实践、新作为，讲好深圳砥砺前行的新目标、新愿景；宣传文化工作者要在“全球视野、国家战略、广东大局、深圳特色”总体要求中找准工作定位、体现工作特点，积极推动深圳打造新时代研究阐释和学习宣传习近平新时代中国特色社会主义思想典范、国际传播典范、“两个文明”全面协调发展典范、文化高质量发展典范、意识形态安全典范；全面优化文化供给内容、推动高质量文化供给，以亮丽的精神文明建设成果奋进新时代，以蓬勃的文化创新创造活力打造高水平城市文化品牌，以深圳先行示范的生动实践推动深圳城市文化软实力新跨越，不断增强思想舆论和文化产品的引领力、亲和力、影响力。

二　继续实施文化事业改革工程

深圳市自实行文艺系统改革以来，牢牢抓住综合改革试点的窗口机遇，坚持向改革要活力、增动力，认真落实深圳综合改革试点任务中赋予深圳文化领域的改革事项，形成一批可复制、可推广的深圳经验，以改革继续撬动文化创新创造的活力。深圳市文体旅游广电局就继续深入实施改革攻坚工程做了深入细致的规划和部署。

1. 加强国有和民营文艺团体建设与合作，推出文艺精品

未来一年，深圳市将继续深化国有文艺院团改革，提升深圳交响乐团等原有院团水平和影响力，组建深圳话剧院和深圳管弦乐团，推动国有文艺院团与演出场馆深度合作。鼓励、资助和培育民营文艺院团，加快完善支持民营文艺院团改革发展相关政策，推动民营文艺院团高质量发展。多方位激发精品创作活力，2022 年，主导创作歌剧《先行者》、舞剧《咏春》（暂定名）、交响乐《新时代交响序曲》（暂定名）、粤剧《红色的海洋》（暂定名）等一批讴歌党和祖国、体现深圳特质的重大文艺精品。

2. 推动大众文化设施和机制建设

在新媒体时代，推动电视剧行业高质量发展，接好、用好、管好省级电视剧审查管理权限，建立健全深圳电视剧备案审查机制，打造全流程服务平台，加强选题规划，扶持精品创作，激发行业创新创作能力，力争打造一批展示深圳形象的电视剧精品。加快建设适用国际通用规则的艺术品（非文物）拍卖中心。出台实施方案和配套政策，支持当代艺术馆和前海、福田等建设艺术品保税仓。加大知名艺术品拍卖机构引进力度，支持举办系列艺术品拍卖会。

3. 推进国家体育消费试点城市建设

市文体旅游局深入实施《深圳建设国家体育消费试点城市实施方案》，办好 2022 年深圳体育消费节、棋茶文化消费节，鼓励支持举办各类体育博览会，开展特色体育街区建设，促进体育消费扩容提质，并继续开展体育产业创新试验，认定一批具有示范意义的优秀新业态项目，促进演艺娱乐、旅游、科技、康养等产业和体育消费业态融合，支持企业探索电竞产业的新型消费模式，推动产品和服务适应个性化、差异化、品质化消费需求。进一步优化赛事服务管理机制，加快制定赛事申报指南等相关制度，逐步完善赛事服务管理机制。打破传统办赛模式，放开体育赛事市场，坚定市场化道路。

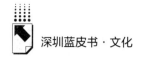

制定体育赛事分级分类安全管理规范。推动建立以观众数量和赛事对抗激烈程度为主要依据的大型赛事活动安保等级分类标准，探索推行“赛事活动商业运作、安保服务市场提供、政府部门合力监管”的模式。做好职业足球俱乐部股权多元化改革试点。积极稳妥推进职业足球俱乐部股权多元化改革，提升深圳职业足球俱乐部自身造血能力和竞技实力。

探索建设适用国际通用规则的国际文物艺术品交易中心。以文博会艺术交易和拍卖场、艺术深圳展等为平台，进一步促进艺术品交易市场的繁荣，争取艺术品拍卖交易向文物领域进一步开放，在通关便利、保税货物监管、仓储物流等方面争取政策支持。

三　实施智慧文旅工程

市文体旅游局对照智慧城市和数字政府建设任务，落实政府治理“一网统管”三年行动计划，以数字化、网络化、智能化赋能文广旅体服务内容和手段，实现业务再造、流程再造，提升资源配置效率和共享水平。

1. 推动公共文体设施“开放共享、一键预约”全覆盖

在完善“i深圳”一键预约平台的建设和管理原有的基础上，新增图书馆、文化馆、美术馆、博物馆等公共文化场馆资源，实现全市文体资源全面开放共享，强化“公共文化+”智慧服务。持续优化“图书馆之城”统一服务平台，深化“深圳文化馆云”平台互联互通，推广公共图书馆智慧服务、智慧书房等地方标准，鼓励支持各区打造一批科技赋能的“智慧书房”，加快博物馆藏品数字化、展览陈列可视化。

2. 大力发展智慧体育和智慧旅游

推动智慧体育场馆建设，提升实时监测、科学引导、智慧安保和智慧服务能力；在全市推广建设一批智能健身设施；促进大数据、云计算、AR、VR等新技术在体育产业的应用创新。建设全域智慧旅游平台，加快建设“i游深圳”深圳市全域智慧旅游平台项目，建设A级旅游景区门票预约系统

和客流综合监测系统，“上云用数赋智”分析研判掌握全域旅游消费、产业运行等。鼓励A级旅游景区、重点旅游度假区等建设智慧旅游景区，引导景区提供电子地图、线路推荐、语音导览等智慧化服务，发展数字化沉浸式旅游体验项目。

3. 推进智慧广电建设和更多“云上”供给

推进网络整合和5G建设一体化发展，完成700兆赫频率迁移工作，推动物联网、大数据、IPv6等新一代信息技术在广播电视网络中的部署和应用，构建智慧广电服务体系。推出更多“云上”供给。大力发展云展览、云阅读、云视听，持续开展云赏音乐季、线上运动月等品牌活动，鼓励推出更多线上音乐会、书画展；开发虚拟游览、直播游览等数字化产品，丰富完善城市旅游慢直播，让市民更好地“云上”玩转深圳。

四 硬件基础提升和产业升级工程

深圳市的文化设施硬件，在近十多年来不断建设并陆续投入使用之后，已经得到很大程度的提升，但在社区等基层单位，依然有很大的提升空间。

1. 健全公共服务政策体系，补齐基层公共文体设施短板

加快推进公共文化服务高质量发展的实施意见、全民健身实施计划落地见效，推动各区结合实际制定具体实施措施和服务目录，形成上下衔接、分工明确、保障有力的制度体系。加快补齐补强各区基础设施和服务短板，实施城市社区运动场地设施建设试点攻坚计划，新建改建80个都市型、楼宇型便民利民体育设施。改造提升一批老旧文化设施。推动各区盘活文体场地、设施、器材等资源要素，支持群众以自创自办、自编自演等方式开展基层社区文体活动、举办社区运动会，进一步推动文体活动进商圈、进校园、进公园、进街区、进企业，全人群、全周期普及开展健身活动。大力引进专业人才。用足用好文化体育领域特聘岗位评聘、基础类艺术体育人才“绿色通道”等政策，引进一批领军型人才和高水平职业运动员。加快推动深圳艺术学校“双高”建设，提升深圳体育实验学校办学水平。

2. 优化文化馆、图书馆、博物馆服务体系

完善“市级中心馆+区级总分馆”的超大城市服务架构，重点督促各区全面落实文化馆总分馆制建设，扩大各区图书馆总分馆垂直一体化管理覆盖范围。继续推动新一轮“图书馆之城”建设规划落地见效，推进少儿图书馆加入统一服务体系；以“深圳图书馆小漠分馆”为试点，加快推动深汕特别合作区与全市“图书馆之城”一体化建设。持续推动国家级博物馆及重大项目博物馆落地深圳，加快实现一区一家国有博物馆的建设目标，同时加大力度支持非国有博物馆的发展，钢琴博物馆等非国有博物馆已经落地深圳。

3. 完善文化产业政策体系，发展数字创意产业集群

推动文化产业高质量规划、文化金融、艺术品拍卖等政策落地实施，切实发挥产业规划和政策的引导、促进作用，增强产业发展预期，推动各区结合实际出台影视、电竞、数字创意等专项政策，形成政策合力。同时进一步落实《深圳市培育数字创意产业集群行动计划（2022—2025 年）》，健全“一核一廊多中心”产业布局和“六个一”工作体系。加快数字技术研发及产业应用，支持数字技术对文化装备制造、传统文化产业的改造升级，鼓励网络视听、直播等新型业态发展，加大数字创意产业项目招商引资力度。

4. 创建国家文化与金融合作示范区，加强文化产业园区规划建设

建设文化金融主题产业园区，推动文化与金融深度融合发展，搭建文化企业与金融机构对接合作平台，引导加大文化金融支持力度，提高金融服务文化产业能力。加快“龙岗数字创意产业走廊”国家级文化产业示范园区创建；加强省级文化产业示范园区创建指导，组织开展市级文化产业园区考评工作，规范园区管理与发展；探索建设文化企业孵化服务平台，推动南山文化和科技融合示范基地、大湾区演艺之都等集聚区建设。

5. 完善体育产业扶持政策，壮大体育产业市场主体

制定优秀新业态奖励、优秀体育企业“走出去”奖励等配套操作规程，明确扶持方向、拓宽扶持范围；实施 2022 年体育产业发展专项资金扶持计划；积极培育“体育+”和“+体育”的新业态，催生更多新产品、新模式，做强

体育产业链。精耕细分市场，鼓励开发线上线下互动融合的产品和服务，加快推动体育用品制造业转型升级，促进体育服务业全产业链发展。同时，培育体育产业头部企业，支持深圳国有企业发起成立体育产业集团，发挥国有或国有控股体育企业的引领作用，积极促进体育资源和生产要素向优质企业集中，探索建立体育产业园区基地动态管理机制，带动体育产业高质量发展。

6. 创建全域旅游示范区，加快重大旅游项目建设，深化区域旅游合作交流

综合推进全域旅游，指导推动各区积极申报省级及以上全域旅游示范区。做好全市 A 级旅游景区质量等级复核验收指导，创建评定更多 A 级旅游景区和工业旅游示范点。建设邮轮旅游发展实验区。畅通邮轮航线国内循环，加强与国际知名邮轮公司合作，着力培育发展本土邮轮团队，支持邮轮公司开辟更多主题航次。优化升级“海上看湾区”旅游项目，开发乐动湾区、国潮湾区、乐享非遗等特色主题航次和跨区域游船航线。加快打造环深滨海黄金旅游带，推进乐高乐园深圳度假区、冰雪综合体等重大旅游项目建设，推动东部华侨城旅游度假区、华侨城旅游度假区、小梅沙片区等项目改造升级。依托广深珠、深莞惠汕河等旅游联盟，联手开展旅游推介。深化与国内对口地区的旅游合作，推进对口支援地区旅游发展。加强与赣深、张吉怀等高铁沿线城市的客源互送、合作共享。加强与港澳旅游交流，组织参加香港国际旅游展、澳门国际旅游（产业）博览会等展会。

7. 促进文体旅深度融合，推动消费提质扩容

探索成立文化旅游投资管理公司，支持旅游企业产品创新和项目升级。深化与华侨城集团战略合作，提升文旅融合创新发展能力。推动将文化内容、文化符号、文化故事融入景区景点，打造主题性、特色类文化旅游产品。发挥中超联赛、CBA 联赛、深圳马拉松等重点体育赛事辐射效应，一体带动周边产品销售、赛事直播等“泛体育”行业融合发展。加快推进文化和旅游消费试点城市建设，争创国家文化和旅游消费示范城市，打造高品质夜间文化和旅游消费集聚区。加快建设国际国内旅游购物消费重要目的地。策划举办黄金海岸旅游节等消费促进活动。

五　实施品牌铸造工程

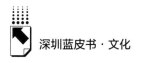

文化事业的做“优”、做“精”、做“强”，除依赖大平台，还需要大品牌。深圳市以品牌打造带动文化资源优化和文化环境升级，构建高端优质文化生活圈和市民精神客厅，持续提升深圳文化品质和文化内涵。

1. 加快重大文体设施和节庆建设

开工建设深圳自然博物馆等“新时代十大文化设施”项目，继续推进科技馆新馆、美术馆新馆等在建项目；加快推进深圳市青少年足球训练基地二期项目、市体育中心改造、市体育运动学校改造提升等工程建设，开展中国足协足球训练中心、深圳棋院新院等项目前期工作；在各区规划新建30家以上高品质新型文化设施项目，在“一区一特色”基础上提炼彰显深圳城市气质和文化亮点的城市新型文化空间品牌，打造市民群众想来、爱来的“文化社交中心”，办好第四届中国设计大展及公共艺术专题展，探索线下演出节目结合线上国际论坛的形式恢复举办“一带一路”国际音乐季，持续提升文博会艺术节、交响乐团音乐季、深圳大剧院艺术节、深圳钢琴公开赛、中国国际新媒体短片节等大型品牌活动影响力。

2. 办好第十八届文博会，推动粤港澳文化交流，保护非遗遗产

完善“1+N”办展机制，推动展会规模、办展模式、品牌质量全面升级，提升深圳工艺美术博览会专业化水平，办好大湾区酒店文创产品展、文博会澳门精品展、艺术深圳等活动。深化粤港澳大湾区人文交流。支持深港澳专业文化机构开展合作，做好、做优“共读半小时”“深港澳阿卡贝拉菁英交流艺术周”等文化交流活动，推动深港文化团队联合创作文艺作品，强化“粤港澳大湾区文化遗产游径”建设。做好非物质文化遗产保护传承工作，建立一批“非遗在社区”示范点和非遗传承传播基地，组织策划“文化和自然遗产日”“深圳非物质文化遗产周”等品牌活动，梳理挖掘以大鹏所城、南头古城、鱼灯舞等为代表的深圳各类历史文化遗产和非物质文化遗产文脉，让历史文化遗产更好地融入现代城市功能、融入人民群众生活。

3. 丰富群众文体品牌活动，建设全国足球发展重点城市

实施“全民艺术普及工程”，举办首届智力运动会，继续办好来深青工文体节、全民健身月、深圳踏青日等群众文体活动，构建“一月一活动”的品牌体系。开展“青年文化服务月”“企业员工健身月”等针对特定群体的精准性公共服务，完善“青年文化服务联盟”机制。完善高端体育赛事体系。加快发展水上运动和智力运动、冰球、电竞等新兴、时尚体育运动项目，积极引进和培育更多高端体育赛事，办好中国杯帆船赛、深圳马拉松等重大体育赛事，谋划争取承接第十五届全运会比赛项目。推进与中国足协共建青少年高水平后备人才基地，加大对基层协会组织建设、高水平后备人才培养、专业人员发展等方面的经费投入，遴选 4 个条件较好的区级青训中心，提升竞技体育实力。加快足球、篮球、乒乓球、羽毛球等国家队训练基地建设，推动与广东省共建竞走、游泳、网球等项目的高水平运动队。持续引进和培育更多职业体育俱乐部，支持深圳职业足球俱乐部、深圳领航者篮球俱乐部、中塞女排俱乐部、深圳大学乒乓球俱乐部等发展。

大湾区文化研究

Culture Research for the Greater Bay Area

B.2

在文明交流互鉴中打造城市文明典范

陈长治*

摘 要： 打造城市文明典范是深圳未来发展的五大定位之一，文明交流互鉴是打造城市文明典范的重要动力。文明应是多样、平等、包容的，城市是文明发展的重要成果，是文明交流互鉴的重要载体。深圳作为对外开放的前沿城市，积极推动对外文化交流，搭建文明交流互鉴平台，开展多种文化开放共荣、和谐相处的创新性实践探索。在未来发展中，深圳将以城市文明典范为统领，全力打造"五个典范"，进一步提高城市文明发展的质量和水平。

关键词： 文明交流 文明互鉴 城市文明典范 深圳

2019年8月发布的《中共中央 国务院关于支持深圳建设中国特色社会

---

* 陈长治，博士，深圳市社会科学院文化研究所所长，研究方向为城市文化、城市经济等。

主义先行示范区的意见》，把“城市文明典范”作为深圳未来发展的五大定位之一。打造城市文明典范需要多文明交流互鉴。中共中央、国务院2021年9月印发的《全面深化前海深港现代服务业合作区改革开放方案》要求前海“稳妥有序扩大文化领域对外开放，建设多种文化开放共荣的文化交流互鉴平台，打造文化软实力基地”。文化交流互鉴与文明交流互鉴是一致的，是建设城市文明典范的本质要求和重要动力。

一　文明交流互鉴是文明发展的本质要求和重要动力

习近平总书记关于文明交流互鉴的重要论述，深刻阐明了“文明因交流而多彩，文明因互鉴而丰富”的博大思想内涵，强调文明交流互鉴是文明发展的本质要求，是推动人类文明发展和世界和平发展的重要动力。以这些重要论述为指导推动我国城市文明建设和发展，是中国特色社会主义现代化建设的必然要求。

文明是多彩的，文明的多样性是客观的、必然的。人类文明是由各个国家、各个民族共同创造发展起来的。每一个国家、每一个民族的文明都是特定的人群在与特定的自然环境、社会环境相结合的过程中产生和形成的，以特定人群所独有的生产方式、生活方式、行为方式、思维方式为主要特征，是特定人群赖以生存、延续和发展的主要滋养和基本轨迹。每一种文明就像一方沃土和绿洲，养育和支撑着属于她的国家和民族，又深深扎根于本国本民族的土壤之中。在黄河和长江流域产生的文明不同于在印度河和恒河流域产生的文明，在幼发拉底河和底格里斯河流域产生的文明也不同于在尼罗河流域产生的文明，众多文明多姿多彩、各具特色、互有优长，从而成为文明交流互鉴的基础，形成文明交流互鉴的需求。人类文明因多样而有交流互鉴的价值。

文明是平等的，文明的平等是交流互鉴的前提。每一个国家和民族在属于自己的文明中成长和发展，对自己的文明有特殊的感情和价值认同；这种情感、价值认同是一个国家和民族与生俱来的；每一个国家和民族的这种情感、价值认同都应得到承认和尊重，都应当得到平等的对待，而不应被忽视，更不应被践踏。文明没有高下之分，任何国家和民族对自己文明的情感都是不可剥夺的。如同人与人之间的平等关系一样，各种文明是平等的，每一种文明都有存在和发展的权利。以这种平等的心态对待每一种文明，是文明交流互鉴的必要条件。如果不尊重其他民族感情，自认为高人一等，试图贬低其他文明，这在认识上是偏狭的，在做法上更是极其有害的。要以文明平等观取代和超越文明优越论，使各种文明差异成为人类文明进步的动力。

文明是包容的，文明的包容性是文明交流互鉴的基本特征，是文明自信和强大的标志。海纳百川，有容乃大。众多文明都各有特色，各有千秋，也各有不足。由于习惯和适应了本国本民族的文明，因而在接触其他文明时会感到新奇、陌生乃至不适应，这些情况也是经常发生的，但却不应因此而相互抵触、敌视，形成隔阂，而应努力做到求同存异、取长补短、相互包容、和谐共处。只有包容才是理性对待文明差异的正确之路，也是产生文明生机活力的源泉。文明如同一切生命有机体，也需要新陈代谢，否则生命就会停止。一种文明如果长期自我封闭，就会走向衰落。只有坚持开放包容，才能共同消除文化隔阂，使各种文明相互交流、交相辉映，让各种文明在相互滋养中保持旺盛生命力。

文明交流互鉴是推动人类文明进步的本质要求和重要动力。“他山之石，可以攻玉。”不同文明只有通过相互交流、相互学习、相互融合，才能更好地展示民族性、体现世界性，实现各美其美、美美与共。同时，文明交流互鉴也是应对世界共同挑战的客观要求。当今时代，和平、发展、合作、共赢的潮流不可阻挡，但各种挑战风险也层出不穷、日益增多。当前新冠肺炎疫情的全球大流行进一步加剧了许多矛盾和摩擦。一些不甚了解中西文化异同的外国人士对中华文化存在一定误读、误解，其未能正确讲述；部分西方人则出于种种目的，有意误导、深化分歧和误解。因此，应通过各种途径加强中西文化的交流互鉴，最大限度消除误读、误解。加强文明交流互鉴，既是中国的需要，更是世界的需要。文明交流互鉴的重要途径是“引进来”和“走出去”。在本国本地域对各国各民族文明开放包容，在外国外域对各国各民族文明平等相待。通过“引进来”“走出去”的文明交流互鉴，有利于进一步增强中华文明传播的话语能力、掌握国际话语权，提升国家文化软实力。

城市作为人类文明的成果，是文明交流互鉴的轴心和平台。在中国历史上就有许多这样的城市。例如，唐代长安，经济繁荣、人口众多、文化开放包容。来自中亚、南亚、高丽、新罗、百济、日本及东南亚等各国各地区的商人和官员、学者云集于此，尤以波斯（今伊朗）、中亚、大食（今阿拉伯）的“胡商”为多，他们大多侨居长安的国际贸易市场西市或它附近的一些坊里。在西市，有许多外国商人的店铺，包括波斯邸、酒肆、货栈、珠宝店等，中国的瓷器、丝织品、珠宝与外国的香料、药物都随处可见。由于对外交流广泛，长安同时存在着多种宗教，如佛教、道教、摩尼教等，各宗教兴盛而又和谐相处。在长安，还有许多国家和地区（诸如日本、高丽、新罗、百济等国以及东南亚、中亚、西亚乃至非洲的国家等）的人前来朝觐、留学或进行学术交流、经济贸易。文明交流互鉴推动了唐朝社会发展，展示了兼容并蓄、开放包容的盛世景象。

在当代中国城市中，香港作为世界著名的国际金融、贸易、航运中心，也是中西文化荟萃的国际大都市。国家“十四五”规划纲要明确提出“支持香港发展中外文化艺术交流中心”，香港的中外文化艺术交流优势和特色将更加突出。20 世纪 70 年代，随着香港经济腾飞，香港市民的精神生活需求快速增长，文化创意产业迅猛发展。几十年来，香港一直活跃于世界文化舞台并深度融入世界文化体系，具有不俗的影响力。在电影、电视、动漫、音乐、传媒、出版、广告、艺术设计等多个领域都取得了长足发展和骄人成绩。在这个时期，香港的一批文化大家驰名世界、一批经典作品传播全球。金庸的武侠小说、饶宗颐的学术研究、王家卫的电影艺术、成龙的武术表演等，都为世界所喜爱和接受。香港各种文化活动丰富、中西文化交融，有 1000 多个文艺团体，每年文艺活动多达 9000 余场，吸引观众 300 多万人。到 2021 年 10 月，香港与 20 个国家签订了文化合作的备忘录，内容涵盖了人员交流、教育、培训、研究和业务配对等。通过与世界进行频繁的文化交流互鉴，香港正日渐成为展示中华文化、开展中外文化艺术交流的重要窗口和枢纽。因此，在现代社会，城市在开展对外文化交流和文明交流互鉴中发挥着越来越重要的作用。

二 新阶段深圳推动文明交流互鉴新发展

对外开放是经济特区的基本功能，推动城市国际化建设是深圳的基本定位。在新时代，深圳加快对外文化交流互鉴，强化多种文明和谐相处基础，密织全球朋友圈，推动城市高质量开放发展。

1. 通过积极开展对外文化交流互鉴，进一步提升深圳文化的国际影响力

深圳作为我国对外开放的重要窗口，始终把服务国家文化外交和国际化城市建设摆在重要位置，注重积极开展对外文化交流与合作，讲好中国故事、深圳故事，不断提升深圳在全球的文化软实力。2019 年，积极参与“海外欢乐春节”活动，深圳艺术团体在挪威、瑞典、德国等国的 10 个城市举办了 20 场多姿多彩的文化活动，例如，深圳星辉合唱团在挪威国家歌剧院的精彩演出，非遗精品展在德国柏林、纽伦堡的精彩亮相，展出了富有浓郁中华民族特色的染织绣艺术、银器艺术、剪刻艺术、中医推拿等项目，向德国观众讲述了中国故事、中华文明。“深圳旅游文化周”、深圳旅游推介会、“美丽中国”图片展在拉脱维亚、爱沙尼亚成功举行。成功举办了深圳“一带一路”国际音乐季，共有 41 个国家（地区）的 1000 多位艺术家参加了 23 场精彩演出和 7 场相关艺术延伸活动，名家荟萃，内容多彩，涵盖歌剧、古典音乐、爵士乐、世界音乐、中国民乐、地方戏曲、流行乐、跨界音乐等多种音乐形式，彰显丝路文化风格。“一带一路”国际音乐季成为深圳重要的文化名片。成功举办“鹏城春荟法兰西·中法文化之春”艺术节，通过展出国际摄影大师的作品，展现我国改革开放和深圳发展的光辉足迹。成功举办“中法手工艺之美”展览。2020 年，在新冠肺炎疫情全球蔓延的严峻形势下，深圳依然积极推进对外文化贸易工作，深化调研，积极推进艺术品消费市场建设，着力策划和打造国际艺术品交易中心。继续做好培育文化出口重点企业的工作；对市级文化出口重点企业开展认定奖励工作；制定相关办法，实行境外展会资助，扶持和鼓励文化企业走向国际。

2. 通过有影响的文化品牌和载体，推动对外文化交流

充分利用深圳文博会等会展，加强与海外的文化交流与合作。文博会作为国家级综合性文化产业博览交易会，从 2004 年首届举办就具有国际化特点，当时有 102 家海外企业参展；到 2019 年，前来参会、参展和采购的海外客商达 22167 位。文博会的国际化平台功能正在逐步显现。优质文旅品牌也是文明交流互鉴的重要形式。例如，深圳锦绣中华·民俗村是我国第一家大型文化主题公园，它以独特的艺术魅力和文化风采吸引着世界各地的游客，成为展示中国优秀传统文化及深圳改革开放和现代化建设成就的重要窗口。锦绣中华于 1989 年 11 月 22 日正式开业，其姊妹篇中国民俗文化村于 1991 年 10 月 1 日隆重开业。到 2020 年 2 月，锦绣中华·民俗村已累计接待外国游客 1000 多万人次。其中包括尼克松、布什、卡斯特罗等 200 多位国家政要及知名人士，获得了良好声誉，2019 年被评为“中国华侨国际文化交流基地”，也是深圳重要的外事接待基地。

3. 建设国际化街区，构筑多种文明交流互鉴支点

人是文化的根本载体，不同国家的人住在一起，必然带来多种文化的交流互鉴。把国际化街区建设摆上议事日程，是深圳国际化、现代化创新型城市建设的一个创举，是深圳推动“双区建设”、实现国际化城市治理和文化高质量发展的探索实践，也是深圳积极推进多种文化相互交流借鉴、不断扩大文化领域对外开放和包容发展的重要体现。

早在 2014 年，中共深圳市委、深圳市人民政府就制定和发布了《深圳市国际化城市建设重点工作计划（2014—2015 年）》，首次提出推动建设八个“国际化试点社区”，这八个社区包括福田东海、水围，罗湖百仕达，南山沿山、水湾，龙华观澜，盐田梅沙，龙岗华为。并以试点为基础不断推广，进一步提升深圳社区的国际化治理水平。2019 年，经全市 10 个区（新区）以及各相关街道申报，首批 20 个国际化街区创建工作有序铺开。这 20 个国际化街区（按当时区划）分别是：福田区的香蜜湖街区、深港科技创新合作区（福田保税区）和华强北街区；罗湖区的翠竹街区、东门街区和桂园街区；南山区的蛇口街区、招商街区、粤海街区和桃源街区；盐田区的梅沙街区和海山街区；宝安区的宝安中心区和会展新城；龙岗区的坂田街区；龙华区的民治街区和观澜街区；坪山区的坪山街区；光明区的公明街区；大鹏新区的大鹏街区。这些街区彰显着创新、多元、开放的特色和深圳城市文化的国际化水平。例如，福田区的深港科技创新合作区（福田保税区），聚焦国际人才队伍，突出打造国际化科研环境，努力营造开放包容、宜居宜业的氛围；罗湖区的东门街区，拥有“东门墟”的历史文化积淀，着力打造承载深圳记忆、历史传统和文化特色的国际化现代化商业街区；龙岗区的坂田街区，以华为等龙头企业主导的高新产业集群为依托，充分发挥5G、大数据等优势，提升街区生活的智慧化、现代化、国际化水平，不断推进新型智慧城市标杆片区建设；龙华区的观澜街区，拥有富于本地特色的碉楼、客家民居等物质文化遗产和舞麒麟、赛龙舟、客家山歌等非物质文化遗产，还有观澜古墟、观澜原创版画基地，这些资源对国际化街区建设弥足珍贵，而国际化街区的规划和建设也会进一步活化街区资源。根据2019年深圳发布的《关于推进国际化街区建设提升城市国际化水平的实施意见》，第一步，到2022年，在深圳市建成首批15个国际化街区；第二步，到2025年，形成全市国际化街区网络；第三步，到2030年，建成集聚全球先进技术、生产要素与高端人才的国际化城市“微载体”。深圳多种文化交流互鉴将在国际化社区建设中进一步显现。

4. 在国际上传递深圳强音，努力打造深圳新的国际形象

通过承办城市主场外交活动，进一步提升深圳的国际知名度和文化软实力。2018年，深圳成功举办了中国共产党和世界政党高层对话会专题会议，增进了世界政党高层对深圳的认识和了解。放眼世界、立足深圳、积极筹划，加强国际间城市交流与合作，拓展国际友城格局，传递好深圳声音、中国声音。截止到2021年底，深圳对外建立的国际友好城市与友好交流城市总数已达88个，获得了全国对外友协的“人民友谊贡献奖”。围绕深圳建设全球创新之都的要求，主动担当作为，聚焦全球创新资源，积极融入全球

创新城市网络，努力推动筹建“世界创新城市合作组织”。这个组织的诞生将有利于全球创新要素的流动和配置，进一步加强各国创新城市间的交流互鉴、合作共赢，形成全球创新的新动能、新突破、新境界。这对于增强深圳创新优势、发挥深圳先行示范作用、服务国家对外开放和创新发展大局、提升深圳全球影响力和话语权，都具有重要意义。在全球抗击新冠肺炎疫情期间，深圳以先行示范区的责任担当认真贯彻中央省市工作要求，积极开展国际抗疫援助活动，努力对疫情肆虐的国际友城及地区提供抗疫物资援助，认真向世卫组织等分享、交流防疫工作经验。

三　思考与对策

1. 进一步增强城市文明引领力

深化对文明多样性、平等性、包容性理念的认识，进一步提高深圳城市文明发展的质量和水平，是深圳加强文明交流互鉴的基础。40 多年来，深圳在物质文明、政治文明、精神文明、社会文明、生态文明建设中取得了骄人成绩。进一步增强城市文明引领力、打造城市文明典范，是深圳城市文明建设的基本概括和诉求。打造城市文明典范，就要创造性继承、创新性发展中国优秀传统文化，积极借鉴人类文明的有益成果，深入研究全球各先进城市文明建设的经验，突破固有的城市发展框架和理念，努力推进深圳文化特色和个性的建设和发展，积极探索城市文明未来发展的新形态、新方向，为人类文明新形态提供重要支撑。当前，深圳宣传文化界正以城市文明典范为统领，全力打造“五个典范”，即新时代研究阐释和学习宣传习近平新时代中国特色社会主义思想的典范、新时代国际传播典范、新时代“两个文明”全面协调发展典范、新时代文化高质量发展典范、新时代意识形态安全典范。打造“五个典范”是推动深圳城市文明新发展、新跨越的主要抓手，对做好主题宣传、加强对外文化交流具有主导作用。

2. 进一步充实和优化文明交流互鉴的载体和平台

一是充分利用深圳文博会聚集效应和辐射功能，按照国家对外政策格局导向，进一步提高境外政府机构、文化机构、文化企业在文博会展位的比例，突出和扩大港澳地区、周边国家、“一带一路”沿线国家、上合组织国家、金砖国家的文化交流与合作，积极引进和展示世界各国优秀文化成果。文博会的内涵和格局是开放的，对文明交流互鉴具有重要支撑和拓展功能。二是通过国际化街区建设推进多样文化交流互鉴、和谐发展。国际化街区是城市国际化、现代化建设的微型标本，也是文明交流互鉴的重要载体和平台。国际化街区建设重在实际内容，营造与国际接轨的营商环境、宜居宜业的社会环境、多元文化和谐相处的国际交往氛围，展示充满生机、文明和谐、共建共享的社会治理状态。三是进一步加强对外文化交流平台的协作与配合。依托优质文化品牌，加强文化领域联络的稳定性和长期性，加大文化对外交流合作的广度和深度，增强文化供给的反馈和互动，完善对外文化交流机制体制，逐步构建政府统筹、社会参与、市场运作、多元并进的对外文化交流格局，加强政府各部门之间、各运作平台之间、各种体制之间的协作与配合，推进资源互补、资源整合、资源共享、资源优配，实现文化平台建设水平的提升。

3. 进一步增强国际传播力

在价值观上，积极塑造人类共同价值，大力倡导“人类命运共同体”理念，并把价值理念融入当代中国发展实践，融入千千万万百姓的日常话语和生活，融入人类生活的基本取向和内在诉求，把理论与实践、宏观与微观、国内与国际贯通起来；加强价值理念的具体化、故事化、情感化的加工和再创作，尤其注重在深刻触动上形成对接点，通过精彩演绎传播好深圳故事、中国故事。在渠道上，充分运用新媒体技术，积极进入国际传播网络，掌握战略传播渠道节点，使中国声音在国际上有效传播，并形成良好的经济效益，保证传播主体的可持续性发展。对传播中国好声音的民间传播主体予以支持，增强中国形象的亲和力和立体感，扩大国际传播影响力。

B.3
粤港澳大湾区文化“走出去”实践路径研究*

秦　晴**

摘　要： 粤港澳大湾区已形成相对成熟的文化市场和文化产业发展模式，为粤港澳大湾区文化“走出去”奠定了良好的基础。然而宏观经济环境，粤港澳大湾区城市间存在着文化合作机制不成熟、文化产业发展不平衡不充分等问题，给粤港澳大湾区文化“走出去”带来一定的挑战。积极发挥粤港澳大湾区文化贸易龙头区域的优势，讲好“湾区”故事，应在以下几个方面实践着力：形成共建、共融、共享的文化创新合作机制；形成“政府、企业、平台”三位一体高效联动；在优先发展优势产业基础上合理布局产业发展；挖掘、整合和发挥各要素资源的“聚合”作用；发展和传播“湾区”特色优秀文化，发挥香港国际文化交流中心的重要作用；瞄准行业发展趋势，长期培育文化出口原创品牌，拓宽传播渠道，共促粤港澳大湾区文化产业高质量发展，为文化强国建设做出湾区贡献。

关键词： 粤港澳大湾区　文化“走出去”　深圳文化

---

* 本文系国家社会科学基金重大项目“文化产业数字化战略实施路径和协同机制研究”（项目编号：21ZDA082）阶段性研究成果，深圳市哲学社会科学规划课题2021年度项目“粤港澳大湾区文化‘走出去’实践路径研究”（项目编号：SZ2021C004）阶段性研究成果。

** 秦晴，传播学博士，助理研究员，深圳大学文化产业研究院教育培训部主任，研究方向为文化产业、国际传播。

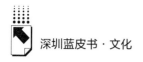

一　粤港澳大湾区文化“走出去”背景与意义

如何构建中华优秀文化传承与创新，弘扬中华优秀文化，实现中华文化“走出去”战略，是近年来我国高度重视的问题。习近平总书记在党的十九大报告中强调中华文化“走出去”战略，展现真实、立体、全面的中国。2021 年 5 月，习近平总书记在主持十九届中共中央政治局第三十次集体学习时再次强调“讲好中国故事、传播好中国文化”。夯实文化“走出去”战略，推动中华文化最本质、最优秀、最精华的部分“走出去”，在当前全球消费主义和数字化浪潮中增强中华文化在国际的传播力、影响力和辐射力，已经成为当前最具战略意义的时代命题。

“十四五”时期，是我国开启全面建设社会主义现代化国家新征程的第一个五年，作为我国文化产业发展和文化“走出去”的重要阵地，粤港澳大湾区承担着重大的历史使命。在新一轮的全球化动能转化过程中，文化资源成为国际竞争的重要部分，粤港澳大湾区文化作为中华文化的重要组成部分，应勇于走在前面，加快文化“走出去”的探索与实践。

二　粤港澳大湾区文化“走出去”发展现状

自 2017 年 3 月“粤港澳大湾区”写进国务院政府工作报告以来，粤港澳大湾区城市群不断加强深化交流合作，求同存异，共谋发展，不断提升其在国家经济发展和对外开放中的整体地位与功能。粤港澳大湾区的长足发展，不仅仅单靠经济动能，还必须同时以文化为重要引领力量，文化与经济是粤港澳大湾区的“双翼”，二者并驾齐驱，缺一不可。

（一）粤港澳大湾区文化产业发展为文化“走出去”奠定坚实基础

广东省文化产业多年来稳居全国第一。经国家统计局核定，2020 年广东文化及相关产业实现增加值 6210.60 亿元，占地区生产总值的比重为 5.6%。[①] 粤港澳大湾区“9+2”城市群[②]涵盖了广东省文化产业发展核心城市深圳、广州，以及文化创意产业发展实力雄厚的香港、澳门两个特别行政区。为此，粤港澳大湾区文化产业发展为粤港澳大湾区文化“走出去”奠定了良好的基础。

1. 粤港澳大湾区文化产业全面发展

从文化产业发展门类来看，粤港澳大湾区文化产业发展势头良好，在互联网与数字产业、动漫游戏、创意设计、影视产业、文化装备制造、会展节庆、文化旅游、体育与时尚产业、手工艺品等方面全面发展，优势产业突出。从文化产业发展区域来看，香港、澳门、深圳和广州属于文化产业发展的核心城市和地区，珠海、东莞、佛山和中山属于文化产业发展新兴城市，惠州、江门和肇庆三地文化产业与前两个批次相比稍显落后，但是文化产业发展后劲十足。

总体而言，粤港澳大湾区文化产业已经形成了相对成熟的文化市场和发展模式，具备一定的竞争力。粤港澳大湾区文化产业依托市场、产业和科技优势，率先在全国探索出“文化+创意设计”“文化+科技”“文化+旅游”“文化+金融”“文化+影音”“文化+创客”“文化+会展”等“文化+”的发展模式，使文化产业在促进经济转型升级和结构调整中发挥出重要的示范作用。

表 1　粤港澳大湾区文化产业发展模式

“文化+”模式	代表城市 1	代表城市 2	代表城市 3	代表城市 4
“文化+创意设计”	深圳	香港	澳门	/
“文化+科技”	深圳	香港	广州	/
“文化+旅游”	深圳	香港	澳门	广州

① 《2020 年广东文化及相关产业运行简况》，广东统计信息网，http://stats.gd.gov.cn/tjkx185/content/post_3818468.html，最后访问日期：2022 年 2 月 23 日。

② “9+2”城市群指由广州、深圳、珠海、佛山、惠州、东莞、中山、江门、肇庆九市和香港、澳门两个特别行政区形成的城市群。

续表

“文化+”模式	代表城市 1	代表城市 2	代表城市 3	代表城市 4
“文化+金融”	深圳	香港	/	/
“文化+影音”	深圳	香港	珠海	佛山
“文化+创客”	深圳	广州	香港	/
“文化+会展”	香港	深圳	广州	珠海

2. 粤港澳大湾区文化出口优势明显

在产业基础方面，以粤港澳大湾区文化产业发展为基础，粤港澳大湾区文化产品和服务出口得以蓬勃发展。在区位优势方面，依托早期港澳、东南亚等国际市场基础，粤港澳大湾区与“一带一路”沿线国家日益成为重要的文化贸易伙伴。

首先，粤港澳大湾区文化出口的优势领域在互联网和数字创意产业。以广州为例，广州天河区集聚了酷狗音乐、荔枝、UC 等知名互联网企业，积极拓展海外市场并获成功。2021 年广州市数字服务贸易规模达到 235.84 亿美元，数字服务出口辐射全球 200 多个国家和地区。①

其次，粤港澳大湾区文化出口的优势领域在动漫游戏。2021 年，广东的游戏业收入 2322.7 亿元，产值占全国逾七成；电竞收入达 1236.3 亿元，占全国的 73.6%。粤港澳大湾区游戏产业基础为游戏出口奠定了良好的基础，深圳和广州汇聚了一批游戏企业，如深圳的腾讯、第七大道、创梦天地，广州的网易、趣炫、三七互娱、星辉天拓，等等，积极引领中国游戏出海，占据中国游戏出海重要市场份额。广州天河区国家文化出口基地积聚全国知名游戏企业、电竞游戏研发团队、电竞专业人才，打造粤港澳大湾区世界级电竞中心。2020 年网易全球电竞赛事《第五人格》系列比赛吸引了 207 个国家和地区共 266 万名选手参赛，在全球产生广泛的影响力。粤港澳

① 冯芸清：《千年商都通达世界　综合门户枢纽加快构建》，《南方都市报》2022 年 6 月 30 日。

大湾区共有 18 家游戏企业入选《2021—2022 年度国家文化出口重点企业》，占比为 31%。

再次，粤港澳大湾区文化出口的优势领域在节庆会展。近年来，粤港澳大湾区培育打造了一批文化产业品牌展会，香港巴塞尔艺术展、中国（深圳）国际文化产业博览交易会、中国（东莞）国际影视动漫版权保护贸易博览会等，成为粤港澳大湾区文化“走出去”的重要平台。香港为国际知名展会集中地，以巴塞尔艺术展为例，即使在疫情期间，2022 年 5 月举办的香港巴塞尔艺术展仍旧吸引了全球观众的目光，来自 28 个国家及地区的 130 家画廊参展。中国国际航空航天博览会［简称中国（珠海）航展］经过 26 年的发展，已成为世界五大最具国际影响力的航展之一。2021 年第十三届珠海航展吸引了逾 9 万名专业观众和 12 万名普通观众，来自世界各国及地区的 312 家媒体、2630 名记者莅临航展现场采访。① 创办于 2003 年的中国（广州）国际纪录片节，为全国首个引进方案预售国际模式，其征片数量、覆盖国家范围为亚洲第一。2020 中国（广州）国际纪录片节吸引了来自全球 126 个国家和地区的 3227 部作品参评、参展。

此外，文化装备制造业也是粤港澳大湾区文化出口的优势领域，文化艺术设备和玩具制造等在全国领先。成立于 1956 年的珠江钢琴，为中国首家实现 A 股整体上市的乐器文化集团，2020 年其国内市场占有率高达 41.54%，全球市场占比为 31.1%，营销和服务网络覆盖全球 110 多个国家和地区，连续 20 年产品销量及市场占有率位居全球第一。广州番禺研发生产的游艺设备占全国 60%的市场份额，占全球 20%的市场份额，拥有宝辉科技、华立科技等近千家动漫游戏企业。中山大象艺术每年完成的项目近 300 例，其服务对象遍布美国、新加坡、俄罗斯、马来西亚、迪拜、约旦、泰国、土耳其、日本、韩国等十多个国家。广东可儿玩具有限公司是国内首批通过 CCC 认证的企业，并通过了最严格的欧洲 EN-71 测试认证，

---

① 《签约超 125 亿美元！第十三届中国航展圆满闭幕》，南方网，https：//www.southcn.com/node_ 0183de080d/da8c0bcc0c.shtml，最后访问日期：2021 年 10 月 4 日。

产品工艺处于国际领先地位，远销欧美多个国家。佛山的新石湾美术陶瓷厂有限公司和蒙娜丽莎集团股份有限公司生产的艺术品出口至美国、东南亚等多个国家和地区。

最后，粤港澳大湾区影视产业文化出口将有巨大的发展空间。香港、广州拥有丰厚的影视产业发展基础，连同湾区影视新秀之城佛山、深圳、珠海，有机会形成“五城”联动，促进湾区影视产业大发展。2019 年，中共中央、国务院印发的《粤港澳大湾区发展规划纲要》中提到“要充分发挥香港影视人才优势，推动粤港澳影视合作，加强电影投资合作和人才交流”。近年来，粤港澳大湾区影视产业交流互动频繁，香港英皇娱乐等企业进驻广州，在经验和技术上实现共享互助、强强联合，更有效地整合粤港澳大湾区影视资源，共同振兴湾区影视产业。广州目前拥有超过 600 家影视企业，2022 年广州市政府拟发 500 万元扶持电影产业发展。自 2016 年南方影视中心落户佛山以来，佛山出台影视产业扶持政策，全市影视企业从 65 家增长到 1700 家，影视产业园区 10 家，佛山公司参与出品院线电影累计票房超 50 亿元，出品票房破千万元的网络电影超 40 部。①

综上所述，粤港澳大湾区文化出口优势明显，并取得了一定的成绩，具有一定的国际影响力。目前，粤港澳大湾区拥有若干国家级文化出口基地和众多国家文化出口重点企业。在商务部、中央网信办、工业和信息化部等四部委联合认定的 29 家国家文化出口基地中，粤港澳大湾区占有两席。2021 年，商务部、中央宣传部、财政部、文化和旅游部、新闻出版广电总局五部委联合公布认定《2021—2022 年度国家文化出口重点企业和重点项目》名单，广州市 14 家企业和 2 个项目获评，深圳 19 家企业、4 个项目获评，珠海市 2 家企业获评，粤港澳大湾区占据全国文化出口重点企业的 10%。

---

① 《广东佛山影视企业 4 年从 65 家增长到 1700 家》，腾讯网，https：//new. qq. com/rain/a/20201221A036S700。

表 2　粤港澳大湾区国家级文化出口基地一览

序号	名称	入选时间	类别	概况
1	广州天河	2018 年 4 月	国家文化出口基地	依托文化、科技类企业集中的天河软件园、羊城创意产业园、天河智谷片区、珠江新城—天河路商圈片区和沙河片区等五大文化产业片区,形成以游戏动漫、电子竞技、数字音乐、创意设计等新兴文化创意产业引领发展,演艺、影视、图书批零等传统文化娱乐业辅助发展的文化产业发展格局。以游戏动漫、移动数字营销服务、虚拟现实技术研发和应用服务等数字文化产品为主要的出口内容
2	广州番禺	2021 年 9 月	国家文化出口基地	以“文化+设计”“文化+艺术”“文化+数字”理念,初步形成以珠宝设计生产、灯光音响、动漫游艺、互联网新业态等为主的文化业态,培育聚集一批出口文化龙头企业,目前全区拥有规上文化产业企业 308 家。2021 年全区文化进出口额达 43.75 亿美元,文化出口产品和服务辐射全球 150 多个国家和地区
3	天河中央商务区	2020 年 4 月	国家数字服务出口基地	形成了数字创意和数字贸易两大总部集群,数字服务出口业务遍布世界 35 个国家和地区
4	广州经济技术开发区	2022 年 3 月	全国首批知识产权服务领域特色服务出口基地	集聚知识产权服务机构 300 多家,形成代理、法律、信息、商用化、咨询、培训等全链条服务体系。打造国家海外知识产权纠纷应对指导中心广东分中心等知识产权服务平台,建设粤港澳大湾区首个国际知识产权服务大厅。构建企业出海知识产权服务体系,为企业“走出去”保驾护航。成立全国首家知识产权保险中心,构建覆盖 6 大洲 63 个重点国家和地区的知识产权保护全球服务网络

（二）机遇与挑战并存

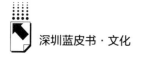

当前世界经济发展总体趋于平缓，新冠肺炎疫情仍在持续，吞噬全球多年发展的成果，各国经济发展面临前所未有的挑战。与此同时，以中国为首的新兴市场国家和发展中国家在慢慢崛起，占据全球重要的位置，新一轮科学技术革命给各国带来新的发展机遇。

“后疫情”时代，如何在利用全球关注中国、热议中国文化的时机中把握变革发展机会尤为重要。2022 年 2 月，冬季奥林匹克运动会在北京召开，让世界对中国文化有了更进一步的了解，世界在热议中国，越来越多海外消费者对中国文化产生浓厚的兴趣，对中国文化产品及服务有强烈的需求。未来一段时间内，将引发中国文化消费市场持续“升温”。粤港澳大湾区有着独特的地缘优势，坐拥世界最大海港群和空港群，为文化“走出去”提供了重要的发展基础和发展空间。据统计，粤港澳大湾区对外贸易总额超 1.8 万亿美元，成为中国文化出口的重要阵地。粤港澳大湾区文化出口将成为新一轮国际文化消费的重要来源。为此，粤港澳大湾区文化“走出去”进入重要的历史机遇期。

与此同时，粤港澳大湾区文化“走出去”面临巨大的挑战。自 2019 年成立至今，粤港澳大湾区发展也不过短短 3 年的时间，经济和文化融合发展还处于进一步磨合阶段，仍有长足的发力空间、发展潜力。受近几年世界宏观经济下行趋势以及两年多新冠肺炎疫情的影响，文化产业发展总体放缓，尤其是文化旅游、演出等行业遭到重挫，为此对粤港澳大湾区文化“走出去”也产生了一定的阻碍作用。

综上，粤港澳大湾区文化产业发展和文化“走出去”正迎来历史性的机遇和挑战。如能以跨界、整合、创新的思路重新谋划新的文化“走出去”发展路径，则能为粤港澳大湾区文化“走出去”带来新的动力源泉和发展动能，在新一轮的国际文化竞争中抢占关键点。

（三）粤港澳大湾区文化“走出去”存在的问题

粤港澳大湾区在文化产业发展和文化“走出去”过程中存在着文化合

作机制不成熟、发展不平衡不充分等问题。

首先是文化合作机制不成熟的问题。粤港澳大湾区涉及内地 9 个城市，以及香港和澳门两个特别行政区，由于制度、文化等因素差异，使得粤港澳大湾区城市之间的融合存在一定的问题。

其次是文化发展不平衡不充分问题。粤港澳大湾区涉及的 11 个城市之间的发展差距悬殊。如前文提到的，粤港澳大湾区既有文化产业市场发展成熟的香港、深圳和广州，也有仍处于文化产业发展初期的惠州、肇庆、江门，发展差距大。这将进一步拉大粤港澳大湾区文化“走出去”的城区差距，未来粤港澳大湾区文化“走出去”亟须解决以强带弱、均衡发展的问题。

三　粤港澳大湾区文化“走出去”实践路径

（一）通过协同创新与发展，打造协同产业链，提升湾区综合竞争力

在未来的发展中，粤港澳大湾区需要在多元文化中求同存异，加强对话，寻求共建、共融、共享的文化创新合作机制，协同创新与共同发展，让湾区迸发出新活力、新动能。粤港澳大湾区文化“走出去”需要各城市间加强政府、企业、社会团体合作机制，在互利互惠的基础上协同创新发展。粤港澳大湾区应避免“各自为政”“各谋其路”的发展局面，应在文化“走出去”上形成合作共识，组合各自优势文化“走出去”的优势产业，致力文化“走出去”的系列品牌工程，合力打造文化“走出去”“组合拳”，完善文化产业“走出去”全产业链，提升整体文化“走出去”的竞争力。

（二）形成有效的政府、企业、平台“三位一体”联动模式

粤港澳大湾区文化“走出去”，需要政府、企业、平台三者共同发力，形成高效联动的互动格局。首先，政府应发挥指导作用，创新管理思维，制定相关法规政策，引导产业发展，资助文化“走出去”新兴企业。其次，

企业应积极发挥主观能动性，担负起粤港澳大湾区文化“走出去”主体力量，加强原创品牌打造。近一两年来，有不少粤港澳大湾区新兴文化产业企业在积极探索国家文化市场，如深圳原创动漫 IP 魔鬼猫、深圳来画视频等。未来，应鼓励和发动越来越多的粤港澳大湾区文化企业将具有中华文化及粤港澳大湾区地域特色的产品和服务推向国际。最后，应积极发挥文化贸易相关中介组织和平台等第三方桥梁作用。除了积极发挥现有的深圳市文化产品进出口行业协会等文化出口中介组织、深圳文化产权交易所等金融平台、中国深圳（国际）文化产业博览交易会等展会平台的作用外，应积极创建粤港澳大湾区文化贸易协会等一批新“湾区”文化“走出去”平台，进一步提升粤港澳大湾区文化资源整合与协作能力，有效地发挥整体优势。总而言之，政府、企业、中介组织三者间要进行有效的互动和联动，各司其职，合理分工，协同创新与发展。

（三）优先和重点发展数字产业，合理布局其他产业发展

在未来的发展中，粤港澳大湾区应重点把握好文化“走出去”的优势，优先发展优势产业，并在此基础上合理布局产业发展。

粤港澳大湾区数字文化产业出口在全国占据优势地位，拥有腾讯、虎牙直播等一大批文化新兴业态文化企业，深圳南山区、广州励丰文化等 5 家单位获评国家文化和科技融合示范基地。2020 年以来，受新冠肺炎疫情不利因素的影响，数字文化出口反而发展势头良好，逆势上扬，文化进出口实现了恢复性增长。以广州为例，2021 年上半年文化和娱乐服务贸易进出口 4619.78 万美元，同比增长 20.79%，其中文化出口 2265.58 万美元，同比增长 311.89%。因此，粤港澳大湾区更应抓住时机，趁势而上。

未来发展中，重点优先推动粤港澳大湾区数字产业发展，并带动创意设计、文化旅游、文化装备制造等其他产业发展，充分整合湾区文化产业资源，形成优势互补，合理布局文化贸易发展。

（四）发展“湾区特色”中国优秀传统文化

文化是中华民族的血脉、根基和灵魂，是人民的精神家园，党的十九大报告提出了“弘扬中华优秀传统文化，重点做好创造性转化和创新性发展”的“双创”精神。

粤港澳大湾区文化多元，应因地制宜合理发展与繁荣湾区优秀的特色传统文化，让传统文化形成良好的创新性转化和发展，让传统行业再创辉煌。比如顺德的陶瓷、广州和肇庆的玉石、肇庆的端砚、中山的红木、深圳的香云纱等，应在此基础上形成拳头组合产品，合力发展，共同推进粤港澳大湾区优秀传统文化“走出去”，把更多具有“湾区特色”的优秀文化产品推向世界。

（五）积极发挥香港国际文化交流中心的重要作用

香港在粤港澳大湾区有着重要的地位，作为国际文化交流中心、亚洲新兴艺术和文化枢纽，起着重要的对外文化交流和桥梁纽带作用。经过这几年的发展，新兴的西九文化区基本上已经建设完成，涵盖各种世界一流的文化艺术场所，如香港“故宫”文化博物馆、M+博物馆艺术街区、戏曲中心、艺术公园和海滨长廊等。香港将推动中国文化艺术的世界欣赏，促进世界与中国文化的“对话”，让中国文化更好地走向世界。

（六）挖掘、整合和发挥各要素资源的“聚合”作用

在未来的发展中，要积极挖掘粤港澳大湾区资源要素，聚合要素资源，实现资源共享、项目合作，促进粤港澳大湾区各大城市的有效联动，以期达到共赢局面。

首先是人力资源。利用粤港澳大湾区人力资本要素，形成文化“走出去”的人才聚集高地。粤港澳大湾区高校林立，集聚了全世界的精英人才，为文化“走出去”储备人才，有利于形成粤港澳大湾区文化人才培养、培育高地。其次是平台资源。目前，中国（深圳）国际文化产业博览交易会有专门的“粤港澳大湾区馆”，对吸引外商来投资文化产业项目有重要的促

进作用。除此之外，还应多利用新媒体等资源，如羊城晚报报业集团主办的“云上岭南”文化博览会，通过“视频+直播+文图报道+线上展示”向全球五大洲25个主要国家和地区传播岭南文化。2022年初，深圳成立全国文化大数据交易中心（试点），这将为粤港澳大湾区文化出口提供新的平台资源。此外，还应发挥“粤港澳大湾区文化产业创新研究联盟”等各类中介组织和行业协会优势，整合相关资源要素。如“粤港澳大湾区文化产业联盟”“深港澳创意设计联盟”“一带一路国际合作发展（深圳）研究院”等行业及研究组织，加强文化领域合作，打造国际知名文化产业资源集聚中心。再次是科技资源。在未来的发展中，应积极探索文化科技融合发展道路，充分利用粤港澳大湾区科技发展优势，发展文化产业，促进文化出口。

（七）有效发挥国家文化出口基地等集聚作用

粤港澳大湾区应积极发挥和利用现有国家文化出口基地等平台资源，如深圳国家对外文化贸易基地，广州天河、广州番禺国家文化出口基地，等等，有效发挥其重点企业、重点园区、重点项目的资源集聚优势，提高生产效能，加快推进对外文化贸易发展步伐。

深圳国家对外文化贸易基地为全国3个对外文化贸易基地之一，其重要作用和效能仍有待发挥，应积极创新其管理方式、提升其综合服务能效，为粤港澳大湾区文化企业提供更优质、高效的服务。

此外，粤港澳大湾区应进一步利用好前海、南沙、横琴3个自贸区及香港国际港口的重要作用，通过创新文化合作制度，联袂打造湾区文化产品和服务“走出去”的开发、创作、发行和集散基地。

（八）瞄准行业发展趋势，加强内涵建设，拓宽传播渠道，积极推动文化产业和服务“走出去”

首先，瞄准行业发展趋势，优选有前景的世界前沿行业领域，如人工智能、元宇宙等新兴业态，重点构建“全球游戏电竞之都”“粤港澳大湾区影视产业基地”“粤港澳大湾区演艺之都”“粤港澳大湾区艺术时尚之都”

“粤港澳大湾区高端工艺美术集聚区”等。

其次，加强内涵建设，建立粤港澳大湾区文化出口重点企业培育制度，争创更多国家文化出口重点企业和重点项目，推动粤港澳大湾区文化企业、文化产品和文化服务“走出去”。随着市场细分不断深入，除了重点发展湾区文化出口龙头企业，未来应该拓宽视野，鼓励更多有活力的新兴文化产业中小型企业走向国际市场。

再次，加大力度培育和推进文化出口原创品牌工程，尤其是对符合全球文化潮流的文化原创品牌应予以重点关注。未来 5~10 年，应重点打造一批体现中华优秀文化、传播当代中国价值观念、顺应行业潮流趋势的优质文化原创精品。

最后，拓展传播渠道，促进优秀文化产品的多渠道传输、多平台展示、多终端推送。充分发挥和利用香港、澳门等国际港口、国际都会优势，将粤港澳大湾区文化产品和服务输出国际市场；充分发展数字文化产业，利用大数据、人工智能等新技术向世界推广文化产品和服务；充分鼓励和支持大中小文化出口企业赴境外参加国际知名展会，利用新媒体进行国际营销；协助文化出口企业通过跨境电商、游戏出海、全球巡演、中外共建文化项目等新渠道新模式拓展国际业务。

四　结语

新时代、新方位背景下，粤港澳大湾区文化“走出去”将面临新的发展机遇，同时也面临许多新的艰难险阻和挑战。在未来的发展中，应发挥粤港澳大湾区文化“走出去”核心引擎，整合区域文化产业资源，推动人才等要素在粤港澳大湾区的自由流动，坚持湾区协同，不断实践和探索，“让粤港澳大湾区走向世界，让世界了解大湾区”，搭建一个为中国城区开拓国际交流、国际传播和国际外交的有效平台。在践行中不断提升粤港澳大湾区文化“走出去”实力和文化国际竞争力，构筑中华文化“走出去”的桥头堡，讲好“湾区”故事。

B.4
深圳文化治理现代化的先行示范路径探索*

宗祖盼　刘欣雨**

摘　要： 深圳建设“中国特色社会主义先行示范区”对文化治理现代化提出了新要求，主要表现在构建城市文明典范，实现文化软实力的跃升，发挥“人文湾区”引擎作用。经济特区成立40年来，深圳文化治理在先行先试、以人为本、产业振兴方面提供了“深圳经验”。探索文化治理现代化的先行示范路径，深圳应着力提升城市文化国际传播能力，推进公共文化服务体系创新，促进粤港澳大湾区文化创新协同发展。

关键词： 深圳文化治理　先行示范区　湾区文化

党的十九届四中全会提出，“发展社会主义先进文化、广泛凝聚人民精神力量，是国家治理体系和治理能力现代化的深厚支撑”。① 这一重要论断，深刻阐明了文化在推进国家治理体系和治理能力现代化中的重要功能和作用。具体到一个城市，文化治理更是城市治理的核心与灵魂，其治理能力的好坏直接关系到城市文脉的赓续、城市市民的幸福感和城市品牌的构建。深

* 本文系深圳市哲学社会科学规划2021年度课题“深圳文化治理现代化的先行示范路径研究”（项目编号：SZ2021C005）阶段性成果。

** 宗祖盼，文学博士，深圳大学文化产业研究院研究员，硕士生导师，研究方向为艺术学理论、文化产业；刘欣雨，深圳大学艺术学部硕士研究生，研究方向为区域文化产业。

① 《党的十九届四中全会精神宣讲提纲》，《时事报告》2019年第6期。

圳作为中国首个经济特区和最年轻的一线城市，短短40年在文化建设上谱写了灿烂多彩、绚丽夺目的华章。文化事业不断进步，文化产业跨越式发展，公共文化服务体系不断完善，文化品牌活动影响日增，文化“走出去”步伐不断加快，为全市经济社会发展提供了坚强的思想保证和良好的文化条件。本文拟对深圳40年文化治理经验进行总结、研究和推广，并为深圳在文化治理现代化方面如何进一步“先行示范”提供路径选择。

一　深圳“先行示范”对文化治理提出的新要求

“文化治理”作为一个现代学术概念被提出来，是非常晚近的事情。它是指“特定时空条件下政府为实现国家目标而对文化进行干预”[①]，一般拥有政治、经济、社会“三副面孔”，实质都是要透过文化和以文化为场域达致治理，体现了政府文化职能从传统管理向现代治理的根本转变。[②] 历史地看，新中国70年来的文化政策遵循着国家从站起来、富起来到强起来的大逻辑，与之相对应，国家文化治理也经历了从政治治理、经济治理，走向文化治理。[③] 可以说，在当下的中国语境中，文化治理具有典型的现代化内涵，即旨在通过建构现代化的文化治理模式与治理机制，释放公民个体及群体的文化创造力，提升公民的主体意识和主体能力，从而在促进文化创新发展的基础上，全面发挥文化在现代经济社会发展和国家治理过程中的结构性力量。[④] 2013年11月，党的十八届三中全会审议通过了《中共中央关于全面深化改革若干重大问题的决定》，提出“完善和发展中国特色社会主义制

① 廖世璋：《国家治理下的文化政策：一个历史的回顾》，《建筑与规划学报》（中国台湾）2002年第2期。

② 吴理财：《文化治理的三张面孔》，《华中师范大学学报（人文社会科学版）》2014年第1期。

③ 胡惠林：《新中国70年文化政策发展的历史逻辑与基本特征》，《上海文化》2019年第12期。

④ 蔡武进：《我国文化治理现代化70年：历程和走向》，《深圳大学学报（人文社会科学版）》2020年第3期。

度，推进国家治理体系和治理能力现代化”。文化治理作为一种现代化治理模式在政策话语的推动下得到了积极推动和支持，并深入具体的城市治理机制。现代城市文化治理主张与城市化发展阶段相适应，与城市问题的解决相结合，包括宏观层面的精神水平提升、中观层面的城市文化的塑造以及微观层面的基层文化建设。①

城市治理是国家治理体系和治理能力现代化的重要内容。自 1979 年经济特区建立以来，深圳在经济、政治、文化、社会、生态等各方面都取得了飞跃式的发展，使世界见证了深圳由一个落后的边陲小镇到具有全球影响力的国际化大城市的历史性跨越，为中国特色社会主义实践积累了宝贵的经验。随着中国特色社会主义进入新时代，深圳也迎来了新使命。2019 年 7 月，习近平总书记主持召开中央全面深化改革委员会第九次会议，审议通过了《中共中央 国务院关于支持深圳建设中国特色社会主义先行示范区的意见》（以下简称《意见》），提出支持深圳高举改革开放的旗帜，建设具有中国特色的社会主义先行示范区，并为其打造五大战略定位：高质量发展高地、法治城市示范、城市文明典范、民生幸福标杆、可持续发展先锋。② 全方位为深圳先行示范区设立了新目标。其中，《意见》格外重视深圳先行示范区的文化建设，大篇幅提及了深圳文化发展，并提出了“2025 年，深圳文化软实力大幅提升，公共服务水平达到国际先进水平；2035 年成为全国高质量发展城市典范，建成具有全球影响力的创新创业创意之都”的发展目标。在此基础上，深圳“十四五”规划和 2035 年远景目标也对深圳文化发展做出相应部署，对深圳文化治理现代化提出了新的要求。

（一）构建城市文明典范

《意见》要求深圳率先打造城市文明典范，这是中共中央、国务院对深

① 宋道雷：《从城市生产到文化治理：中国城市文化建设实践的历史、现实和机制研究》，《山东大学学报（哲学社会科学版）》2021 年第 6 期。

② 《中共中央 国务院关于支持深圳建设中国特色社会主义先行示范区的意见》，《人民日报》2019 年 8 月 19 日。

圳在城市文明和文化领域的新期待，也对深圳的文化治理提出了更高层次、更高水平、更具示范性的新要求。一方面，在城市精神文明的建设上，要求深圳既要高举习近平新时代中国特色社会主义思想伟大旗帜，培育和践行社会主义核心价值观，又要在此基础上发掘深圳自身的精神特质，不断创造新的时代观念，进一步弘扬多元开放、兼容并蓄的城市文化以及“敢闯敢试、开放包容、务实尚法、追求卓越”的“新时代深圳精神”，并将其融入城市文化治理工作的方方面面，形成由内而外的精神支撑。另一方面，在物质文明的发展上，要求深圳创新文化治理机制，进一步规划城市文明建设。摆脱以往重视地标性文化空间建设局面，推动文化产品与文化服务向基层拓展。以满足人民文化需求和增强人民文明素养为出发点，扩大优质文化产品和服务供给，提升深圳的文化生产力及消费力，促进文化事业以及文化产业的双重繁荣。如此，才能实现成为新时代中国特色社会主义发展进程中举旗帜、聚民心、育新人、兴文化、展形象的引领者这一总的全面发展目标任务。

（二）实现文化软实力的跃升

站在社会主义先行示范区这一新起点上，深圳需加快提升自身的文化软实力，建设区域文化中心城市以及现代文明城市，为建设中国现代文明城市提供精神动力和文化支撑，续写深圳引领先进文化发展“春天的故事”。在深圳市委六届十八次全会报告中，明确提出“加快提升城市文化软实力”的要求，实施“文化软实力跃升行动”。积极谋划《新时代深圳文化软实力跃升行动纲要（2021—2025 年）》，着重推进包括思想传播、国际传播、文化人才等方面的十大工程，聚焦于文化软实力的全面布局。改革创新是加快文化发展的根本出路，文化软实力跃升行动意味着深圳需致力于文化治理模式现代化进程，超越传统的“文化管理”模式，注重多元主体共同参与文化治理过程，彰显社会个体、组织、企业的能动性，深化国有文化企业改革，持续实现深圳文化发展从“高速度”到“高质量”的切换。同时，深圳应积极建设国际文化品牌，加强国际文化交流合作，提升深圳文化的国际影响力。

（三）发挥“人文湾区”引擎作用

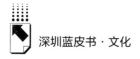

2019 年，中共中央、国务院印发《粤港澳大湾区发展规划纲要》（以下简称《纲要》），提出要“共建人文湾区”，包括塑造湾区人文精神、推动文化繁荣发展等。[①]《纲要》指出，作为经济特区、全国性经济中心城市和国家创新型城市，深圳需要发挥引领作用，成为具有世界影响力的创新、创意之都。同时，《意见》也指出深圳要大力弘扬粤港澳大湾区人文精神，加强与港澳的文化交流合作，这体现了国家对粤港澳大湾区文化协同创新建设中深圳角色的高度重视。粤港澳大湾区文化虽然具有同源性和相似性，但是由于不同的政治背景、文化环境以及地域特征，仍存在着发展不平衡、缺乏共识、制度障碍等问题。而深圳作为粤港澳大湾区的核心城市之一，应推进湾区优秀传统文化传承，以自身的文化底蕴及文化资源促进粤港澳大湾区政、产、学、研的文化交流与合作，从而凝聚文化共识、消除文化隔阂，弘扬湾区人文精神。[②] 除此之外，深圳也需为湾区文化治理提供“深圳经验”，通过文化治理机制的创新，发挥自身文化创意产业对周边地区的辐射作用，释放大湾区文化遗产与文化创意的发展潜力，发展成为粤港澳大湾区文化创意产业的“核心引擎”。

二　深圳经济特区40年文化治理的经验

深圳作为我国改革开放的窗口，不仅是探索中国特色社会主义制度的“试验田”，而且文化软实力稳步提升，逐步实现由“文化沙漠”到“文化绿洲”的转变。总体来说，自经济特区成立以来，深圳文化治理机制的进步大概可以分为三个阶段。第一阶段为特区成立初期至 21 世纪初。此时深圳相对重视经济建设，在文化治理方面以构建社会主义精神文明为主，文化

① 《粤港澳大湾区发展规划纲要》，人民出版社，2019，第 19 页。

② 李凤亮：《粤港澳大湾区文化创新协同发展的新格局与新路径》，《中国文化报》2021 年 9 月 26 日。

产业及文化事业处于萌芽期。第二阶段为2003~2010年。深圳文化治理以重视发展速度为主，确立文化立市战略，致力于构建现代公共文化服务体系、现代文化市场体系、优秀传统文化传承体系、对外文化传播和对外话语体系以及文化政策法规体系“五大体系”。第三阶段为2010~2020年，深圳文化治理重点从速度向质量转变，随着文化强市战略的确定，深圳文化体制改革不断深化，逐步形成完备的公共文化服务体系以及优质文化产业集群，实现深圳文化发展由“小城叙事”到“大国故事”的蜕变。如今，作为“社会主义先行示范区”的深圳再度出发，其社会主义文化繁荣发展为中国文化治理机制提供了“深圳经验”。

（一）先行先试：文化体制改革的创新者

我国改革开放的“经济特区—沿海开放城市—沿海经济开放区—内地”推进历程，在一定程度上促进了深圳不断以经济体制改革引领文化体制改革，走在我国文化体制改革前沿。“自觉、系统、到位”是深圳文化体制改革最为显著的三大特点。[①] 自2003年被确认为文化体制改革综合性试点地区以来，深圳自觉遵循中央的要求，文化体制改革不断向纵深推进，兼顾宏观的管理体制以及微观运行机制的方方面面，为文化发展创造了良好的体制机制环境。2009年、2011年和2012年深圳被中央授予“全国文化体制改革先进地区”称号，其文化体制改革主要包括以下三个方面。

1. 文化管理体制改革

逐步实现政府由文化“管理”向文化“治理”转变。一方面，提高政府管理效能，强化政府政策调节、市场监管、公共服务等职能，加快完善文化法律法规体系，营造良好的文化发展环境。同时，持续提高公共文化服务水平，完善城市公共文化服务体系，使文化产品的数量和质量都得到显著提升。另一方面，转变政府职能，促使政府文化治理方式以行政手段为主向以经济、法律手段为主转变，文化治理角色由“执行者”向“监督者”转变，

① 姜媛：《深圳文化体制改革呈现三大特点》，《深圳特区报》2009年8月17日。

以减少政府的“越位”行为，并降低文化市场准入门槛，促进市场在文化资源配置中发挥积极作用。

2. 文化事业单位改革

深圳着力创新文化事业单位的微观运行机制，构建现代文化企事业制度。通过对国有文化事业单位（如深圳文艺院团，深圳报业、广电、出版发行三大集团，等等）管理体制机制的改革，促进政府引导与市场驱动相结合，激发国有文化事业单位的活力，并利用扶持精品创作、加大资本运作力度、促进媒体融合等方式，加大对公益性文化事业单位的扶持力度并调整其资源配置手段，同时促进经营性文化事业单位向企业转变，从而提高事业单位运行机制效率，推动事业单位资源配置社会化以及管理体制的法治化，提升文化事业单位的实力以及影响力。

3. 文化投融资机制改革

在公益性文化领域如公益文艺展演、文化基础设施建设等，形成以各级政府为主导、鼓励社会捐助以及各民营文化企业承办的融资局面，突破公益性文化项目单纯依赖国有资产的困境。在经营性文化领域，深圳率先探索“文化+金融”创新模式，搭建金融服务平台，吸引更多资本进入文化产业领域，为文化企业提供多元化投融资主体以及多样化投融资渠道，以解决中小文化企业融资难问题。除此之外，深圳还着手健全保障体系，通过完善政策法规、发展中介体系的方式为文化领域提供良好的投融资环境。

（二）以人为本：城市人文精神的守护者

文化的中心是人，人的需要导致文化的产生，满足人的需要是对文化最小限度的要求。因此，文化治理是一种更基础、更广泛、更深厚的“软治理”，其本身是现代人文精神的产物。深圳在文化治理现代化进程中，始终坚持铸造城市人文精神以及满足人民群众的文化需求、保障群众基本文化权利，将“以人为本”理念贯彻到底。

1. 不断重塑城市人文精神内涵

从特区建立之初的一个边陲小镇，到现在的全国超大城市，深圳的城市人文精神不断被赋予新的时代内涵。1990 年，深圳初步形成“开拓、创新、团结、奉献”的八字特区精神，鼓励人们积极进取、奋发向上。2003 年，凝练出“开拓创新、诚实守信、务实高效、团结奉献”十六字深圳精神，融入志愿精神、关爱精神、慈善精神与宽容精神之内核，注重市民物质需求和精神需求的综合发展。[①] 2010 年，深圳由民间评选出影响深远的“深圳十大观念”，包括“让城市因热爱读书而受人尊重”“实现市民文化权利”“来了，就是深圳人”等，蕴含着市民的共同愿景。2020 年，“新时代深圳精神”新鲜出炉，即“敢闯敢试、开放包容、务实尚法、追求卓越”，成为新时期深圳人的重要精神动力。可见，深圳精神不仅蕴含着城市发展路径的缩影，而且基于自身的实际情况，在提炼过程中涵盖了市民在思想、文化、生活等各方面的价值选择，体现了深圳人民共同的价值追求。这使得深圳成为一座独具人文精神的城市。

2. 持续实现市民基本文化权利

在 40 多年的发展历程中，深圳坚持以市民为中心，提高公共文化服务的普惠性及可持续性，使市民的文化活动和文化场所得到不断的丰富和拓展。

首先，从公共文化设施来说。深圳不断更新城市公共文化设施，走过“四大文化设施”、“旧八大文体设施”以及“新八大文体设施”几个建设阶段，致力于建设更高水平的文化服务阵地。2020 年 7 月，深圳市原则审议通过的《深圳加快建设区域文化中心城市和彰显国家文化软实力的现代文明之城实施方案》中，计划全面建设“新时代十大文化设施”，改造提升“十大文化街区，优质打造国际一流城市化地标”，进一步满足市民日益增长的精神文化需要。其次，从公共文化活动来看。一方面，深圳持续推进基层特色文化品牌的不断丰富，如福田区针对青年文化和都市文化设立的中国嘻哈文化节，南山区针对传统文化举办的“传统文化进社区”戏曲专场，等等。各区结合自身的特色和优势资源，创新公共文化服务活动内容，深入

① 杨华：《新时期深圳精神之思想探源》，《中共天津市委党校学报》2013 年第 4 期。

社区、街道的基层民众，有效满足不同市民的文化需求。另一方面，深圳也着力打造一批优质国际性文化品牌活动（如深圳文博会、“一带一路”国际音乐节等），提升深圳文化品牌活动的世界影响力。

（三）产业振兴：新型文化业态的引导者

自特区成立以来，文化产业从特区成立初期的萌芽阶段，到 2004 年成为深圳四大支柱产业之一，再到 2018 年文化创意产业被列入深圳七大战略性新兴产业，深圳逐步成为全国文化产业发展的先锋。2020 年 1 月 18 日，深圳市委、市政府联合出台《关于加快文化产业创新发展的实施意见》提出，未来“深圳应抢抓粤港澳大湾区和中国特色社会主义先行示范区‘双区驱动’重大历史机遇，发展更具竞争力的文化产业，加快建设区域文化中心城市和彰显国家文化软实力的现代文明之城”，“构建以质量型内涵式发展为特征的高水平现代文化产业体系”。可见深圳对文化产业振兴之重视。

深圳文化产业的高速发展以及瞩目成就的取得离不开深圳文化治理体系对文化产业发展的有效支撑。首先，深圳率先探索文化与科技融合路径，坚持实施创新驱动战略，涌现一批“文化+科技型示范企业”，催生出智能文化设备制造、创意设计、数字内容等文化新业态。以文化为元素、以创意为驱动、以科技为支撑、以市场为导向的新兴业态迅速崛起成为深圳文化产业近年发展的最大亮点。① 其次，深圳积极构建现代文化产业体系，打破文化产业与其他产业之间的壁垒，促进文化产业跨界融合，形成“文化+旅游”“文化+农业”“文化+金融”等业态融合发展，延伸产业链条，赋予传统行业以文化价值。再次，深圳不断构建完善的产业支撑体系，建设粤港澳大湾区文化产业合作平台、文化产业金融服务平台、知识产权服务平台等，不仅为文化产业发展提供有力支撑，而且通过产业集群效应，联动粤港澳三地，

① 钟雅琴：《文化产业升级与城市文化创新——以深圳为个案的研究》，《深圳大学学报（人文社会科学版）》2016 年第 6 期。

全面提升深圳及整个湾区的文化产业竞争力。其中，深圳文博会作为全国唯一一个被国际展览联盟认证的文化产业博览交易会，不仅能为文化产业发展搭建有效的沟通展示平台，使深圳文化产业不断“走出去”，而且能培育文化产业发展要素，将技术、人才、市场等引入深圳，成为深圳文化产业发展的重要引擎。最后，深圳着力培育文化市场主体。重点扶持能够引领现代文化产业发展方向的一批重点企业、龙头企业，培育具有国际影响力的文化市场主体。同时发挥大型企业的带动作用以及影响力实施产业发展聚集计划，从而形成重点行业领域以及产业发展优势。

三　打造深圳“先行示范”的文化治理路径探索

新的时代和历史机遇赋予深圳建设中国特色社会主义先行示范区的重大使命。在深圳经济特区建立 40 周年庆祝大会上，习近平总书记强调：“作为中国特色社会主义先行示范区，深圳要创新思路推动城市治理体系和治理能力现代化，要强化依法治理，要科学化、精细化、智能化治理，要努力走出一条符合超大型城市特点和规律的治理新路，并要率先实现社会主义现代化。”① 这也要求深圳积极探索“社会主义先行示范”的现代化文化治理路径，在部分领域打造现代化文化治理体系的“深圳样本”。

（一）提升深圳城市文化国际传播能力

“兴文化、展形象”是深圳文化治理的重要任务。深圳作为社会主义先行示范区，要将深圳 40 年取得的成就传播得更远，这需要在文化治理（尤其是思想宣传工作）方面下功夫。目前，深圳作为“经济特区”“设计之都”等在国际上具有了一定知名度，但纵观深圳文化国际传播现状，仍存在着一定提升空间。一方面，深圳城市文化对外传播主体及渠道较为单一，

① 习近平：《在深圳经济特区建立 40 周年庆祝大会上的讲话》，《人民日报》2020 年 10 月 15 日。

利用新媒体所铺设的文化传播渠道稍显不足。另一方面，深圳文化国际传播需要打破内容浅表的局限，避免“经济”“科技”等符号成为国际看待深圳的“文化标签”，从深层次构建文化认同，塑造深圳城市文化品牌。

第一，在“新媒体赋权”时代，传播主体的多元化倾向使得话语权逐渐实现由精英到大众的转向，传统媒体“主流叙事”的单一权威遭受了相应的挑战。[①] 目前，深圳城市文化对外传播以主流媒体（如《深圳特区报》、英文《深圳日报》、英文门户网站 Eyeshenzhen）为主，注重从政治维度构建“深圳形象”。对此，深圳应拓宽文化传播主体，塑造高质量个体传播范例。尤其应利用“Z 世代”在国际文化交流活动中的高参与度及强大的人际传播能力，发挥其在深圳文化国际传播过程中的积极作用。推动个体传播成为“主流叙事”话语框架的有效补充，构建多层次、多维度的深圳城市形象。

第二，创新文化传播方式和传播渠道是深圳向世界展现其城市文化形象的重要途径。文博会作为国家级文化产业线下国际交流平台，在传播深圳城市文化上做出了重大贡献。然而，除线下文化交流活动外，深圳应积极拓宽线上传播渠道，在技术优势的支持下，搭建及拓展线上文化交流平台，如海外短视频平台、社交网络平台以及直播平台等，并加强与国外线上媒体的合作，促进国家对外传播、个体媒介传播以及外媒传播多渠道融合联动。从而促进线上线下国际传播渠道互动创新，全方位、多角度地讲述“深圳故事”。

第三，深圳城市文化形象的塑造不能仅仅依靠浅表的文化符号，而是需要深挖深圳城市文化中所蕴含的民族精神、价值观念和人文情怀。在复杂的文化格局中把握交集因子，从而促使深圳城市文化与国内各区域文化以及世界文化在交流交互过程中相融共生，增强深圳城市文化的亲和力和亲切感。[②] 由此，才能在立足于“深圳故事”的基础上构建符合国际话语体系的文化传播链条，不仅能借力“他者”视角对深圳的浓厚兴趣推动深圳文化

① 史安斌、廖鲽尔：《国际传播能力提升的路径重构研究》，《现代传播（中国传媒大学学报）》2016 年第 10 期。

② 张晓红：《新媒体时代讲好中国故事，提升深圳城市文化国际传播力》，《文化深圳》2021 年第 9 期。

国际传播，而且能体现出深圳深厚的文化底蕴与文化魅力，潜移默化地形成国际对于深圳文化的深层文化认同与情感共鸣。

（二）推进深圳公共文化服务体系创新

满足市民对美好文化生活的向往是深圳文化治理的根本出发点。深圳率先提出“实现市民文化权利”的观念，重视对公共文化领域的管理，不断提升公共文化服务水平。但深圳作为一个新兴城市，其文化底蕴与北京、上海等基础深厚的都市相比仍存在着一定差距，其公共文化服务体系与《意见》指出的社会主义先行示范区的定位相比仍有不足。这要求深圳文化治理重视创新发展公共文化服务体系，建成普惠性、高质量、可持续的城市公共文化服务体系。

1. 立足先行示范区目标，打造高质量的公共文化服务内容

包括高质量的公共文化服务设施、高水平的公共文化服务活动、高标准的公共文化服务政策以及高层次的公共文化服务人才体系等。[①] 要求深圳加快“新时代十大文化设施”等重大文体设施建设，利用科技优势，早日建成一批现代化、智能化、具有国际竞争力的大型公共文体设施。同时，打造优质城市文化品牌活动。在确立城市文化形象定位基础上，挖掘自身的文化资源以及文化特色，立足读书月、“一带一路”国际音乐节以及深圳钢琴音乐节等重大文化活动，打造一批国际性、惠民性、差异化的城市文化品牌活动。除此之外，深圳还需注重公共文化服务的顶层设计与人才队伍建设，培养基层公共文化服务从业者，为公共文化服务的进步提供全方位的政策引领以及优质人才保障。

2. 增强深圳公共文化服务的普惠性

推动深圳城市文化治理实践向基层拓展，从重视建设地标性公共文化空间向重视建设基层公共文化空间（如街区文化空间、社区文化空间等）转型。

---

① 唐霄峰：《先行示范区建设与深圳文化发展策略》，《深圳文化发展报告（2020）》，社会科学文献出版社，2020，第 44 页。

与具有象征性的地标性文化空间不同，深入城市毛细血管的基层文化空间与市民的日常生活息息相关，能有效提升文化设施与活动的参与度，增强城市文化空间与市民的人文情感互动。同时，在智能时代，深圳要以“新基建”为契机，推进公共文化数字化建设，不断提升文化数字化治理水平，让公共文化与市民零距离接触，[①] 真正实现公共文化服务满足市民基本文化权利的目的。

3. 推进深圳公共文化服务体系可持续发展

一方面，建立有效的反馈和评估机制。科学利用大数据、政府门户网站以及三方评估机构等渠道充分有效了解市民的文化服务需求及满意度，及时帮助政府部门对服务政策、设施以及内容进行调节，确保公共文化服务措施落到实处。另一方面，推动公共文化服务市场化、科技化。突破政府对公共文化服务供给的垄断局面，形成以政府为主导，企业、非政府组织等多元主体共同参与的公共文化建设体系，为市民带来多样化的文化产品及高效率的文化服务。同时，利用科技创新公共文化服务的内容及载体，开创数字服务、智能服务平台，实现服务对象的个性化、线上化、便捷化的体验，以促进公共文化服务的可持续性发展。

（三）促进粤港澳大湾区文化创新协同发展

“共建人文湾区”，是深圳文化治理的重要使命。在深圳经济特区建立40周年庆祝大会上，习近平总书记强调了粤港澳大湾区的重要性，深圳需要发挥自身之于大湾区的“重要引擎”作用，积极作为深入粤港澳大湾区建设。在新的时代背景及发展机遇下，深圳需积极推动粤港澳大湾区文化创新协同机制发展，共建“人文湾区”。

1. 促进深圳与湾区间的政、产、学、研合作交流

在政府层面，以《纲要》为核心，促进政府间配套政策对接，在三地政府的共同领导下规划与建设更多有利于湾区文化合作的重点项目。同时，共

① 宗祖盼：《抢抓“先行示范”重大机遇，大幅提升文化软实力》，《深圳特区报》2021年10月26日。

享、共建湾区基础设置，如港深交通设施一体化等，以补全其他地区基础设施短板，带动湾区间文化合作。在社会层面，加强对第三方组织的监督和培养，扶持一批包含信息服务、金融服务以及知识产权交易等方面的专业性平台及机构，协助湾区建立高质量文化创新基地及科技走廊，为湾区文化创新机制协同发展“保驾护航”。在高校层面，依托深圳本地的高校资源，加强与湾区高校甚至企业的合作办学、人才交流、科技创新。打破湾区高校与高校之间、高校与文化企业之间的合作壁垒，培养具有创新思维、文化内涵、产业运作知识的复合型人才，使人才培养与企业需求相结合，以促进湾区的文化创新成果转化。

2. 发挥深圳文化产业的创新引领以及辐射作用

深圳自身应加强对龙头企业、重点行业的培养和推广，着力发展国家级文化产业示范基地、文化与科技融合示范基地等。同时，承接湾区大型文化项目，并利用文化产业合作交易平台（如文博会、深圳文交所以及文化艺术节等）展开与湾区文化产业之间的跨区域互动和合作，发挥深圳大型文化产业在科技创新、运作模式、业态融合等方面的优势辐射作用，促进文化产业生产要素的高效流动。从而带动粤港澳大湾区文化产业新业态发展以及传统文化产业的转型升级，实现湾区文化产业的创新协同发展。

3. 协助构建粤港澳大湾区非遗共同体

湾区非物质文化遗产是“共建人文湾区”的珍贵资源，深圳与粤港澳地区同属于珠江三角洲文化圈，在文化方面具有高度的同一性，拥有血脉相亲的优势。因此，深圳一方面应注重展开对潮俗皮影戏、沙头角鱼灯舞等非物质文化遗产的保护工作，利用“非物质文化遗产周”等活动，为非遗提供国际化展示平台，提高市民对湾区非遗的认同感；另一方面可采用“非遗文化+创意”“非遗文化+数字”“非遗文化+商业”等的“非遗文化+”多模态融合方式积极推动非遗文化产业的可持续发展。[①] 在传承湾区优秀非遗的同时为其注入新的生机，使非遗真正融入群众现代生活，从而构建湾区非遗共同体。

---

① 许结玲：《构建粤港澳大湾区非遗共同体》，《中国社会科学报》2021 年 6 月 3 日。

B.5

人文湾区“大文化圈”建设研究*

王焱麒**

摘　要： 共建人文湾区是以文化的方式实现粤港澳大湾区凝聚人心、汇聚力量的重要路径。人文湾区的提出，是对粤港澳大湾区作为一个文化整体从古至今历史延续的确认。在新的历史阶段，粤港澳大湾区肩负着支撑引领国家经济发展和对外开放的历史重任，人文湾区，正是指向产生正向关系作用的结合机制，以文化联结关系，以联结创造价值，以创造实现发展。因此，不应该将粤港澳大湾区仅仅视为区域经济联合体，还应该看到其作为文化共同体的价值和功能，二者是人文湾区“大文化圈”建设的核心议程。

关键词： 粤港澳大湾区　人文湾区　大文化圈

一　作为文化共同体的“大文化圈”

（一）粤港澳大湾区的历史文化源流

粤港澳大湾区所处的地理空间属于历史上岭南地区的地域范畴。据文献记载，岭南是指中国五岭（大庾岭、骑田岭、萌渚岭、都庞岭、越城岭）

* 本文为深圳市哲学社会科学规划课题“人文湾区‘大文化圈’建设研究”（项目编号：SZ2021D009）阶段性成果。

** 王焱麒，中共深圳市委党校在站博士后，研究方向为宗教哲学。

以南的地区，从地理版图来看，岭南作为地域性概念，包括今天的广东省、海南省、香港、澳门和广西壮族自治区大部分地区，涵盖粤港澳大湾区的整个区域。粤港澳大湾区特指包括香港、澳门和广东省九市——广州、深圳、珠海、佛山、惠州、东莞、中山、江门、肇庆（以下称珠三角九市）的广阔区域，总面积达5.6万平方千米。这块区域的划定除了基于区位优势、经济基础、生产要素、商业体系等因素的考虑，更重要的是港澳两地与珠三角九市文化同源、人缘相亲、民俗相近，是一块有着共同历史文化基础的文化整体——岭南文化区。

从地理版图上看，五岭是南亚热带与中亚热带的地理分界线，从文化版图上看，五岭也是一道重要的人文分界线。由于地势的阻隔和自然的气候条件，在岭南地区形成了与中原文化有着显著差异的原生文化。百越文化是岭南地区西周初期到战国晚期时的文化形态，随着历史的发展，逐步吸收荆楚文化、吴越文化，特别是中原文化，到明末清初，又较大范围受西方文化的影响，形成了既具中华文化内涵，又具开放性、包容性、多元性的地域文化特色。岭南文化与华夏文化有着千丝万缕的关系。岭南文化并不独立于中华传统文化之外，相反，是不断与汉文化融合发展延续至今的文化形态。百越与华夏之间的联系源自一个传说，夏禹六世孙少康的庶子无余封于越，其后裔长久隔绝于岭外，逐渐蛮夷化，又与中原汉文化交融的历史。

岭南文化的发展、繁荣与汉文化的传入密切相关，尤其是大庾岭新道和北江浈阳峡道的开辟，活跃了岭南地区的商贸往来，随着几次移民潮，中原腹地的汉文化被带入岭南地区。在唐、宋、元时期，岭南文化与汉文化不断的交流与融合，一方面促使岭南文化成为构成中原主流文化的有机组成部分，在地方上建立起与国家正统与王朝秩序相配合的社会，另一方面与汉文化融合的过程增强了岭南文化自身的开放性和对外来文化的兼容性。

自古以来，香港、澳门与广东地区就是一个文化整体，地域上的紧密联系使它们在文化上都表现出岭南文化的特征。香港的文化与广东移民有密切关系，考古发掘证明了香港、澳门和珠江下游地区古代居民之间的关系和交往。香港新界与大屿山岛之间的马湾岛东湾仔北，发现新石器时代中晚期至青铜器时代早期的居住遗址、葬墓和大批文物就是有力证明。[①] 澳门发现新时期时代的彩陶文化与环珠江口的彩陶文化属于同一区域性文化，澳门黑沙遗址中辘轳轴承器及玉石作坊的发现，勾勒出澳门与珠江出海口处文化的基本图像。[②] 明中期以后，西方文化随着传教活动被带入岭南，开始了西学东渐、东学西传的文化交流过程。鸦片战争彻底打破了中国传统文化的格局秩序，澳门、香港相继成为葡萄牙和英国的殖民地，广东沿海地区成为西方侵略中国内地的前沿阵地，西方文明以胜利者姿态冲击和瓦解着中国传统社会的经济关系、社会结构及主流文化。

（二）文化共同体的“大文化圈”

经历殖民历史的香港和澳门在文化上明显异于广东地区，两种历史境遇使它们之间的文化发生巨大差异。但是毋庸置疑的是，粤、港、澳作为一个文化整体的内聚力始终缓慢地在历史中延续，正如布罗代尔所描述的那样，“在过去（即使遥远的过去）和现时之间，绝没有完全的断裂、绝对的不连续或互不干扰”。[③] 从历史再看今天，党中央赋予深圳的重要使命——建设中国特色社会主义先行示范区，以高质量发展高地、法治城市示范、城市文明典范、民生幸福标杆、可持续发展先锋等五个战略定位，目的是增强深圳的引擎作用，进一步增进珠三角九市与港澳之间的密切联系。在“双区”建设规划基础上，又提出了共建“人文湾区”的文化发展目标。

为什么在今天更加强调粤港澳作为文化整体的重要意义？对这种关系的描述不得不提到共同体的概念。马克思、恩格斯的著作中表述过“共同体”的概念，从政治经济意义的角度区分了两种共同体——“虚假的共同体”

① 参见邹兴华、吴耀利、李浪林《香港马湾岛东湾仔北史前遗址发掘简报》，《考古》1999年第6期。

② 参见邓聪、郑炜明《澳门黑沙》，香港中文大学出版社，1996。

③ 〔法〕费尔南·布罗代尔著《十五至十八世纪的物质文明、经济和资本主义》，顾良、施康强译，商务印书馆，2018，第xxiv页。

和“真实的共同体”，指出统治阶级将自身利益伪装成公共利益，建构虚假的意识形态，以抽象普遍的形式制约人们的社会关系，而真正的真实共同体，则应以人的自由全面发展为终极目标。[①] 追溯共同体概念的学术史会发现，现代社会以前，这一概念更倾向于指某种情感关系的共同体，具有浓厚的文化意义。工业革命以来的城市兴起则是以工业化生产为基础，对共同体的描述普遍倾向于在规范化社会的意义上使用。雷蒙·威廉斯在分析共同体概念时指出，“它总是过去的事情”。齐格蒙特·鲍曼对此补充说，“或者它总是将来的事情”。二者的共同之处，在于都强调了共同体内在的延续性关系的结合，维系延续性关系的是一套世代相传的精神文化系统。杨庆堃指出，“在社会组织结构当中，超越家族系统、社会和经济群体存在着更大的社会单元——地域性的社区”。[②] 古今中外都有关于共同体的讨论，尽管对其争议不断，但有一个基本的共识，都将其描述为一种关系的结合。对关系本身的理解和描述就产生不同的概念。从文化关系的阐述称为文化共同体，即将文化作为区域单位，而不是以行政区属为单位。在文化共同体内，有着共同文化传统和生活习俗的群体，共同的文化体认，共同的文化记忆。

粤港澳大湾区，可以理解为带有上述文化共同体性质的“大文化圈”，人文湾区是对这个“大文化圈”的统称。“大文化圈”是在同一地域空间内具有相同或相似文化特征所构成的有机体，包含着物质文化、社会生活、道德、宗教等各种文化范畴。改革开放以来，粤港澳地域逐渐形成了以广州、深圳、香港、澳门四座城市为核心的文化格局，它们以岭南文化为共同基础，同时又各具特色。与广州、香港和澳门相比，深圳既没有悠久的城市历史，也没有深厚的文化底蕴，而它快速发展的城市化进程却始终置身于“大文化圈”之中。深圳文化不是无中生有，而是岭南文化共同体的历史延续，深圳文化所表现出的包容、开放、创新、多元、务实、灵活等特征都是岭南文化精神经历不同历史阶段迭代演变流传至今的新的文化形态，也是最

① 参见臧峰宇、赵嘉《〈德意志意识形态〉中的“共同体”概念》，《马克思主义与现实》2020年第2期。

② 杨庆堃：《中国社会中的宗教》，范丽珠译，四川人民出版社，2016，第64页。

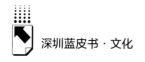

具传承性和生命力的。深圳文化的发展历史诠释了“大文化圈”在当代的新活力。

二 深圳：“大文化圈”的新活力

（一）文化活力的源头

从地理位置上，无论是历史上的岭南地区还是今天的粤港澳大湾区，深圳都处于较为核心的位置。深圳优越的地理位置，使其有条件成为各种文化的交会地。文化交会不是在今天才发生，事实上，在历史上早有先例。例如，深圳有一座始建于宋代留存至今的赤湾天后宫，它地处古代官方航运通道的必经之地，曾是南来北往的交通中心枢纽。明清时期，因海洋贸易的繁荣，往来商船会聚于此，不同文化在这里发生交会。与中原地区以农为本、重农抑商的社会气氛不同，活跃的商贸活动成为这里人们谋生不可缺少的方式之一，形成了岭南地区独特的重商传统。所以，在地域性格上，也更富有冒险精神和变革创新意识。深圳在“大文化圈”中孕育的文化性格基因，在今天深圳的文化精神中也清晰可见。

深圳的文化精神是在摸索创建现代社会主义市场经济体系的背景下形成的，市场经济使深圳从生活必需品时代迈向消费品时代，它不仅导致了经济增长模式和条件的根本性变化，也影响着整个社会秩序。市场经济是现代工业的产物，它建立在高度工业化的生产方式之上，科技与大规模生产相结合，产品源源不断地生产，不仅能满足人们的日常物质生活，还大量积累了社会财富。其结果是，导致了经济因素成为各因素中一个主导性因素，影响和制约着社会结构、社会秩序、社会运行等方面。但需要注意的是，社会主义市场经济与资本主义市场经济是两种完全不同的社会制度下的经济体制，在市场运行机制上有相通之处，但最大的不同是，资本主义市场经济运行以资本为核心要素，核心动力是资本的力量，而社会主义市场经济运行动力核心是人民的需要，政府作为保障社会公义性的核心调节部门，这一功能实现的可能性在于社会主义制度的根本是以人民为中心，这既是无产阶级政党的制度优势，也是克服市场经济运行中可能性危机的制胜法宝。

社会主义市场经济体制是深圳实践的重要成果，表现着深圳人不断变革与更新的奋斗轨迹。这个过程借用吉登斯关于现代社会脱域机制的观点来说明，即深圳在社会主义市场经济体制不断深入探索的过程中，打破了过去计划经济时代的思维模式，解放人的思想，然后在市场经济条件下形成的自觉的理性化的抽象体系再嵌入社会发展模式。一系列市场经济体系的建立为深圳深化配套改革和体制创新奠定了良好基础，市场经济运行调动了主体的能动性、创造性和创新能力，这些能力的发挥共同构成了深圳文化活力的源头。

（二）文化活力的动力

深圳在改革开放的背景下应运而生，在文化上最突出的表现为文化转型的特征。文化转型发生在新旧两种文化之间的冲突、反思与批判发展到一定的阶段，一方面因对习以为常的主导性文化模式产生怀疑、批判而在个人的观念和行动上与其发生断裂，另一方面开始形成不同于旧观念的、获得越来越多人认可的新的文化观念，在社会发展与历史演进中发挥着举足轻重的导向作用。

深圳文化转型的动力来自改革实践。深圳的改革开放，需要突破僵化的体制性禁锢，这个答案不是既有的，也没有现成的经验可学。邓小平强调，“我们只能在干中学，在实践中摸索……关键在于不断地总结经验”。[①] 深圳“杀出一条血路来”的冲劲，包含着探索中国改革开放和现代化建设之路，更充满人们对美好生活的理想追求。改革是一个涉及经济、政治、思想和体制等多方面的极为复杂的重大课题，一点失误就可能会造成巨大的损失。为了降低改革开放的风险、提高改革开放的效率，就必须有一个探寻历史方向的实践者，深圳这座城市承担了寻求答案的实践者角色。深圳在追逐理想城

---

① 《邓小平文选》第三卷，人民出版社，1993，第258~259页。

市的过程中形成的文化精神，作为一种无形的、极具塑造性的主导力量，引导着城市现代化建设与发展的社会实践。

深圳文化转型的需求来自深圳人的时代需求。创造奇迹的深圳人来自中国的五湖四海，移民占据深圳总人口的九成，一方面，移民的集聚带来的是不同地域文化的杂糅与融合，另一方面，活跃的国际间经济活动使深圳与世界交往的渠道纵横交错，这就导致了中国的与世界的元素同时被浓缩到同一个空间，差异与对比更容易产生超强的学习能力和趋利避害的自由结合力。正是深圳本土没有强势的文化根脉，由移民带入的中国广阔土地上的各种优秀文化基因才能够更轻松地在深圳落地开花。当这枝饱含中国文化养分的花朵受到其他文明威胁时，它要汲取更多的文化养分，捍卫自己作为这枝花的身份。市场经济体制培育了以现代科学技术为背景的理性精神，同时，人本精神代表着自由自觉的主体的创造精神，二者共同构成了深圳的文化精神和价值导向，也是深圳文化保持活力的动力源泉。

（三）文化活力的保障

随着对市场经济体制认识的加深，深圳逐渐意识到在经济决策、经营管理、制度细化、交易规则等软件条件上的科学化更有利于市场经济秩序的健康发展。深圳利用自身优势推动软件条件的科学化进程。在政策环境方面，深圳是改革开放的前沿，有更大的试探空间；在经济结构方面，深圳的经济组织以民营企业居多，生产与交往远离亲缘关系，以经济关系为主，有助于用制度规范秩序；在文化传统方面，深圳作为城市的文化根基先天不足，看似难以弥补的弱项，却因更具开放包容的特质成为吸纳多元文化的沃土。由此，深圳产生更强的规则观念、创新观念、争先观念、竞争观念、时间观念、学习观念等，它们共同构成的价值观基础，从内在机理和文化模式上建立人性化的公共生活领域，来表达人的诉求和需要，约束和监督城市权力的合理运行。

以深圳行政管理领域改革为例：深圳在建设发展过程中积极摸索科学化的管理方式，采用党政分开、简政放权等方式以减轻二者之间的不适应性。

城市的行政管理涉及社会运行机制和制度安排等方面的深层管理机制，高度理性化、高效的行政管理机制有助于极度复杂化的城市有机体实现合理化运行。行政管理趋向合理化为深圳高速平稳发展奠定良好的规则基础，行政管理领域改革在客观上促进了深圳文化镶嵌于社会生活内在的运行机制。

在规则秩序和价值共识等文化软实力建设上，深圳经济特区自建立起就坚持物质文明与精神文明两个文明建设一起抓的指导思想，1985 年 11 月，《深圳经济特区社会主义精神文明建设大纲》颁布实施，深圳特区精神文明建设向目标明确、有步骤有计划、科学合理的方向发展。1990 年起，深圳开始积极创建文明城市，以“建设社会主义现代化文明城市”为发展目标，着力提升城市文化品位。1999 年，深圳首次提出“文化立市”战略，2004 年正式确立实施旨在增强深圳可持续发展能力的“文化立市”战略，在 2012 年，进一步提出“文化强市”的目标，足以见得对文化要素的重视，始终贯穿深圳社会经济发展的全过程。文化软实力的不断提升，增强了深圳人的社会参与意识，提高了深圳人对社会发展的关注程度，激发了创业者们的创新意识，增进了深圳内在凝聚力和外在的吸引力。

三　人文湾区：“大文化圈”的新定位

深圳在粤港澳地域“大文化圈”的滋养下，在改革开放的实践中，逐渐形成了极具创新精神的城市文化，取得了举世瞩目的发展成就。习近平总书记在深圳经济特区建立 40 周年庆祝大会上总结说，“深圳是中国特色社会主义在一张白纸上的精彩演绎”。这意味着，深圳社会经济的发展与深圳文化的建设从来不是深圳一座城市的事情，它代表的是对中国道路的前沿探索。粤港澳大湾区重大发展战略的提出，便是探索中国道路的大胆尝试。2019 年 2 月 18 日，《粤港澳大湾区发展规划纲要》（以下简称《纲要》）重磅出炉，它明确了以香港、澳门、广州、深圳四大中心城市作为区域发展的引擎，构建极点带动、轴带支撑的网络化空间格局。粤港澳大湾区不仅是一个区域经济联合体，更是一个文化共同体，“文化决不能游离于经济关系之外或只作为经济关系的派生物”。[①] 文化共同体的意义就在于它具有超越经济利益的共同立场，将人们以一种文化的方式凝聚在一起，影响着这个区域的日常生活和经济活动。共建“人文湾区”，即是增强粤港澳大湾区“大文化圈”的价值、功能作用，以同根同源的文化贯通制度等方面的差异，推动粤港澳三地共同发展，共享发展成果。

（一）价值定位

党的十八大以来，习近平总书记多次提到文化自信的问题，并指出“增强文化自觉和文化自信，是坚定道路自信、理论自信、制度自信的题中应有之义”。[②] 国家的强大、民族的复兴，是文化底气的政治和经济支撑。建设与世界四大湾区相媲美的粤港澳大湾区，是国家强大、民族复兴的重要战略，是彰显新时代中国文化自信的底气，共建人文湾区，就是总体上把握粤港澳地域文化精神和文化自信的当代价值。

回顾历史，秦汉以来珠三角以至岭南地区的“大文化圈”文化基础是岭南文化，地域文化核心城市是广州，明清以后，地域文化的核心城市从一个广州扩散成与香港和澳门联合组成的三点式的地域文化核心。香港和澳门都是以中外多元文化为特色的。从文化的属性和地位来看，岭南文化圈是两地社会文化的重要底色，长久的殖民历史、广泛的商贸活动、频繁的中西文化交流等因素又影响了两地具体的文化特性。在共同的文化圈中，多种文化汇聚—并存—融会，使粤港澳地域在文化既同根同源，又各具特色。

“塑造湾区人文精神”是在历史中自然形成的粤港澳地域“大文化圈”的新的价值定位。创新发展是粤港澳大湾区自觉关注和追求的目标，发展动力和发展重心决定着发展的方向和发展方式。粤港澳大湾区战略的提出，是为了让港澳同胞同祖国人民共担民族复兴的历史责任、共享祖国繁荣富强的伟大荣光。在粤港澳大湾区发展规划中，始终把人民放在发展目的的核心地

---

① 〔英〕迈克·克朗著《文化地理学》，杨淑华、宋慧敏译，南京大学出版社，2005，第132页。

② 习近平：《在文艺工作座谈会上的讲话》，人民出版社，2015，第25页。

位，人民性决定了粤港澳大湾区的价值原则必然是以人民的需求和全体人民的意志为最高利益，自觉地产生自我更新的力量，以克服被不利因素支配。共建人文湾区的价值目标指向与“人民日益增长的美好生活需要”具有内在的同一性，人民的需要在多大程度上的实现，是衡量塑造湾区人文精神的根本标准。经济增长是发展的基础，但不是发展的唯一内涵和目标。单纯的经济发展不但无法长期维持，而且容易引发一些现代化和工业化的负面效应，给社会的发展带来沉重的代价。因此，人文湾区的价值核心定位是人民性，即以文化凝聚粤港澳三地人民的力量，以人民的需求为发展动力，激发生产源源不竭的发展活力，实现不同阶段的发展目标和发展任务。

（二）功能定位

“大文化圈”功能的发挥，需要落实到人文湾区的具体建设上。《纲要》中明确提出“共建人文湾区”的四个实施方向，即塑造湾区人文精神、共同推动文化繁荣发展、加强粤港澳青少年交流、推动中外文化交流互鉴。人文湾区建设已进入落实阶段，相继开展文化建设工作。建设重点是以岭南文化为纽带，促进粤港澳三地传承发展中华优秀传统文化，全方位开展文化交流合作，切实增强港澳同胞对国家的向心力和对“一国两制”的认同感，发挥“大文化圈”在粤港澳大湾区建设中的核心与灵魂作用，增强香港、澳门和珠三角九市之间的黏合性。

1. 融合功能

在共同的“大文化圈”地域空间内，总是有具有同一或相似象征性的文化活动，如戏剧、艺术、文学、诗歌、民俗活动等。在公共文化场所也会呈现某种相似或相近性，如博物馆、美术馆、图书馆、音乐馆等，这些是“大文化圈”共同的社会文化产物。文化是日常生活的介质，吃、穿、住、行等消费习惯，对艺术审美的认知，对城市建设的理念，对创业就业空间的想象等，都在相似与相近的文化底蕴中得到更好的贯通。如粤剧文化受到越来越多消费者青睐，它的文化基础是以粤语为本土方言的语言系统，欣赏粤剧会产生很强的文化共识和情感共鸣，使文化跨越距离产生联系。通过对这类文化项目的挖掘和重现，可以培养粤港澳地域人民之间的文化认同感，增进同一文化圈内不同文化要素之间的理解和交融。

2. 交流功能

流动是现代社会的典型特征，流动使文化走出过去空间的界限，不断延伸、打破边界，在非故乡的地域也能找到故乡的感觉。文化的交流性功能在今天更容易获得新的机遇和兴奋点，文化随着人的跨区域流动创造出的联系，形成了非故乡但又能寻得故乡影子的第三空间，文化的创造力和生命力在这里获得自由土壤的滋养。如打造粤港澳大湾区1小时交通圈，搭建粤港澳三地文化交流平台、整合三地特色文化资源、建立文化教育交流中心、促进三地文化团体的交流与对话等。“大文化圈”文化交流道路的铺设，有助于文化之间的交织与更新，为共建人文湾区奠定良好的渠道基础。

3. 产业功能

“大文化圈”的文化是在一定历史阶段与之相关联的规范、行为和期待所构成的复合体，规范、行为和期待都伴随着某种象征意义的文化产品，文化产品的生产和消费又复建文化的意义，通过产品融入日常生活，变成文化互动的方式之一。产品的需求刺激了相关产业的形成，文化富矿的有效挖掘也将产生更持久的经济价值。如打造大湾区文化旅游项目和旅游产业，开发精品历史文化遗产路线、创意文化和旅游产品，发展数字化沉浸式旅游项目，打造中医药、传统武术康养旅游品牌，等等，都是在用文化为产业赋能，用产业扩大文化的传播力和影响力，展现极具科技感和创新性的人文湾区。

4. 民生功能

人文湾区“大文化圈”的价值定位的核心是人民性，基于“大文化圈”共同的历史基础，更容易在民生福利和文化供给方面达成共识。《纲要》中提出“共享发展，改善民生”的发展原则，“让改革发展成果更多更公平惠及全体人民”，这是对民生功能的总体定位。展望未来人文湾区的发展图景，城市文明程度、公共文化服务水平、文化产业高质量发展，着重打造以市民精神需求为导向的、普惠性、可持续的现代公共文化服务体系。发挥“大文化圈”的民生功能作用，放大湾区居民的获得感、幸福感、安全感。

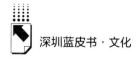

文化机制与对策

Research on Cultural Mechanism and Countermeasures

B.6

深圳城市文化对外传播的媒体策略*

陈 寅 张 琦**

摘 要： 加强深圳城市文化的对外传播，是贯彻落实习近平总书记关于文化建设和国际传播重要讲话精神的必然要求，有助于深圳建设高质量文化强市、打造中国特色社会主义城市文明典范。本文归纳了深圳城市文化对外传播的特殊使命、特别条件和差异成因。本文认为，主流媒体要增强文化传播意识、创新对外传播机制，坚持以人为本原则、锚定独特文化生态，以人格化策略推进城市精神的沟通和认同，加快推进媒体融合、拓宽对外传播主体。此外，要支持主流媒体参与公共文化服务和文化产业建设，加强组织、政策、资金、研究保障。

关键词： 深圳文化 对外传播 媒体融合

---

* 本文为深圳市哲学社会科学规划 2021 年度课题“加快提升深圳城市形象全球传播力研究”（项目编号：SZ2021B040）阶段性成果。

** 陈寅，深圳报业集团党组书记、社长，研究方向为新闻传播学；张琦，深圳报业集团深新传播智库研究员，研究方向为媒介史、城市传播。

引　言

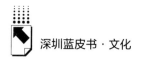

根据1982年世界文化政策大会的定义，文化“已经成为社会或社会群体独特的精神、物质、智力和情感特征的综合体。它不仅包括艺术和文字，也包括生活方式、人类的基本权利、价值体系、风俗习惯及信仰”。①

广义的城市文化是“城市各个要素相互作用的总和，几乎涵盖整个城市人类的所有生产、生活方式”②。狭义的城市文化，仅指城市人类生产生活的精神意识形态。本文所指的“城市文化”既包括意识形态、学术文化、文学艺术、精神文明等精神层面的内容，也包括与之相关的产业、设施、活动等物质层面的内容。

城市文化的生成和传播，是历史、地理、政策、媒介、技术等因素共同作用的结果。以传统媒体（报纸、广播、电视、电影）和方兴未艾的移动互联网为主的大众媒介，既是不可或缺的城市文化构成，也是城市文化对外传播的重要渠道。新传播革命背景下，媒体格局和舆论生态发生显著变化，大众媒介与城市文化产生了更为紧密的互动和交融。加快推进媒体深度融合、提升城市文化对外传播力、构筑现代文化传播体系更加迫切和任重道远。

深圳经济特区是中国改革开放的前沿阵地，深圳城市文化是中国城市文化发展的独特样本，是中国国际传播的重要资源。关于深圳的媒体融合、国际传播和城市文化建设，相关学者已有了很多研究成果。本文讨论的是，深圳主流媒体如何提升深圳城市文化对外传播效果。研究思路为，一是归纳深圳城市文化对外传播的特殊使命；二是归纳深圳城市文化对外传播的特别条件；三是分析深圳城市文化对外传播的差距和成因；四是探讨深圳主流媒体提

① 1982年世界文化政策大会：《文化政策墨西哥宣言》，1982年8月，https：//m.zhangyue.com/readbook/11816660/14.html? p2=104108，最后访问日期：2022年4月25日。

② 杨章贤、刘继生：《城市文化与我国城市文化建设的思考》，《人文地理》2002年第4期，第25~28页，转引自徐晓迪《全球标杆城市比较视角下的深圳文化辐射力研究》，《特区经济》2022年第1期，第9~12页。

升城市文化对外传播力的有关对策。本文既是对深圳加强和改进国际传播工作的一些思考，也意在为本城主流媒体加快推进媒体深度融合提供意见或建议。

一　深圳城市文化对外传播的特殊使命

（一）重要性和必要性

新时代的文化自信，来源于改革开放快速催生的现实力量和强大支撑。中国成为世界经济增长的主要动力源和稳定器，国家文化软实力大幅提升，文化“走出去”步伐不断加快。我国高度重视国家形象建构与国际传播能力建设，有力推动了社会主义文化繁荣进步。

2021 年 5 月 31 日，中共中央政治局就加强我国国际传播能力建设进行第三十次集体学习。习近平总书记在主持学习时强调，讲好中国故事，传播好中国声音，展示真实、立体、全面的中国。他指出，“要更好推动中华文化走出去，以文载道、以文传声、以文化人，向世界阐释推介更多具有中国特色、体现中国精神、蕴藏中国智慧的优秀文化”。

人是传播关系的总和，是对外传播中的活跃因素。人民至上，是中国共产党性质宗旨的集中体现，是人民是历史创造者的唯物史观的集中体现，是习近平新时代中国特色社会主义思想的鲜明特征和理论品格。加强对外传播，既取决于人，也是为了人的生存发展本身。新形势下，通过提升中华文化的国际影响力展示国人形象、增强国家软实力，是我国文化建设的重大课题，是以人民为中心的发展思想的体现。

城市是人类活动的重要场所，是信息流动的聚集节点，是国家形象的名片和国际交流的载体。以城市为主体的对外传播，在加强国际传播能力建设中具有重要位置。深圳是建设中的中国特色社会主义现代化强国城市范例，加强深圳城市文化的对外传播，是贯彻落实习近平总书记关于文化建设和国际传播重要讲话精神的必然要求，有助于深圳建设高质量文化强市、打造中国特色社会主义城市文明典范。

（二）特殊使命

当前，深圳正以习近平新时代中国特色社会主义思想为指导，抢抓“双区驱动”的重大历史机遇，继续当好向世界展示中国改革开放成就、国际社会观察中国改革开放的“两个重要窗口”。

2019年8月出台的《中共中央　国务院关于支持深圳建设中国特色社会主义先行示范区的意见》，赋予深圳“城市文明典范”的战略定位，提出大力弘扬粤港澳大湾区人文精神，加快建设区域文化中心城市和彰显国家文化软实力的现代文明之城，率先塑造展现社会主义文化繁荣兴盛的现代城市文明。

深圳文化的“全球地位”，规定了对外传播的定位和目标。全面提升城市文化对外传播的能力和水平，是深圳建设现代化国际化创新型城市文化的重要举措。在对外传播层面，深圳要紧扣改革创新的永恒主题，坚持以人为本，挖掘和运用对外传播中人的因素，强化创新优势，形成创新方法，打造城市文化对外传播的深圳方案，构筑中华文化“走出去”的重要基地。

总之，全力当好“两个重要窗口”，为展示真实、立体、全面的中国，塑造可信、可爱、可敬的中国形象做出新的更大贡献，是深圳必须坚定扛起的重要责任。城市文化对外传播，承担着这座城市加强新时代文化建设、当好“两个重要窗口”的特殊使命。只有全面提升城市文化对外传播的能力和水平，才能够真正切实推动深圳加快建设区域文化中心城市和现代文明之城，在全国文化改革发展中先行示范。

二　深圳城市文化对外传播的特别条件

（一）历史条件

1. 深圳自古以来的地理条件培育了开放包容的文化基因

早在西晋时期，深圳便设有郡县，因其三面临海，陆续有广府、客家、潮汕人来深，形成较之于相邻区域更为多元的“咸淡水文化”。当代深圳文化的兴起，来自改革开放以来的经济特区实践。深圳利用毗邻港澳的地理条件，立足国内外两种环境，探索中外合作的多种经济模式，广泛开展国际交流和合作。

2. 深圳的改革开放实践蕴含着现代化的文化符号

创立特区以来，深圳在国家设立的特定区域，施行一套特殊的经济和管理制度，探索社会主义市场经济体制等一系列制度改革。“30 余年间，深圳不仅实现以市场为导向推进经济体制改革，建立与社会主义市场经济体制相适应的行政管理体制，在建设‘法治政府’‘服务型政府’和‘和谐深圳’等政治与社会建设领域也取得了突破性进展。”[①] 独特的治理体系和经济体制，蕴含着现代化的文化符号，例如创新、多元的社会理念。

开放包容的文化基因、现代化的文化符号体现了深圳文化的国际化特质，有利于实现跨文化视角下的对外传播。

（二）现实条件

1. 深圳处于世界聚光灯下，对外传播是其核心任务之一

深圳是外界观察中国改革开放的重要窗口，也是向外界展示中国改革开放和中国特色社会主义伟大成就的重要窗口。深圳的一举一动，都能引起世界各国的密切关注。深圳改革发展的着眼点，也在放眼世界、放眼国际，力图打造全球标杆城市。目前，深圳在国际形象传播方面已经形成了一定基础。

2. 深圳人口资源明显，具有吸引和培育人才的优势

根据《广东省第七次全国人口普查公报》，深圳的人口总量位居省内第二。深圳已经是“最青春”城市，集中了大批海内外优秀人才，形成了“深圳十大观念”等高度浓缩的文化和价值体系。随着一系列人才政策的出

① 李丹舟：《城市文化治理的深圳经验：以“图书馆之城”建设为例》，《深圳社会科学》2019 年第 1 期。

台，深圳正朝着会聚高水平人才的创新高地迈进。深圳市民的数量、结构和精神特质，影响和塑造着特区精神和新时代城市精神，是城市文化对外传播极为重要的创造力和活力来源。

3. 深圳具有雄厚的平台、媒体资源

一是，深圳是“最互联网城市”，拥有腾讯、华为等全球一流的互联网、技术公司和在全国数量领先的上市企业，这些机构拥有国际化的信息服务、品牌营销和传播平台。二是深圳作为中国对外文化贸易的黄金口岸，核心文化产品和服务出口约占全国的1/6。三是深圳主流媒体集团影响力在全国位居前列。主流媒体曾塑造了深圳作为中国改革开放“排头兵”的城市形象。例如，《深圳特区报》自创刊起，就以介绍深圳改革经验为主要内容，文艺副刊浓缩了特区创立以来的文化历程。新形势下，深圳主流媒体继续在城市文化交流中发挥着关键作用。华南首个对外英文门户网站EYESHENZHEN（谐音“爱深圳”）、英文《深圳日报》、《香港商报》、深圳卫视《直播港澳台》等平台和栏目的对外传播力不断提升。四是深圳拥有数量庞大的自媒体网红、高质量艺术团体和人文社科学者，这些群体能够发挥在人文艺术传播、学术交往中的独特优势。

4. 深圳城市文化建设和对外文化交流成果丰硕

随着“文化立市”“文化强市”等方针政策的确立和落实，深圳的报纸、广播、电视等文化事业和文化产业建设逐步完善，演艺、音像、艺术品、文化旅游市场迅速发展，创意设计、休闲旅游等产业形成一定规模。新时代的深圳，建设健全了文博会、高交会、读书月、深圳书展、创意十二月等文化品牌，推出“城市文化菜单”，逐渐形成以国际先进城市为标杆的城市文化品牌体系。另外，深圳极力扩大对外文化交流，重点推进与联合国教科文组织、友城、创意城市网络、世界文化名城的交流合作，精心制作“五个一”外宣品，举办“深圳国际文化周”等重点活动，积极参与世界城市文化论坛，等等。例如，深圳交响乐团曾于2016年、2018年、2020年三度赴北美地区执行“欢乐春节”演出任务，赢得当地媒体和民众的赞誉。

三　深圳城市文化对外传播的差距和成因

（一）深圳对外传播能力与国际地位不匹配

研究表明，深圳的对外传播能力仍为短板。深圳市决策咨询委员会的《深圳突破文化短板研究》指出，深圳“与时俱进的国际传播体系与传播能力构建不足”。在相关数据上，深圳在海外媒体关注度、报道量等指标上落后于北京、上海等城市。北京师范大学《2021 中国城市海外网络传播力建设报告》[①] 显示，深圳居全国城市传播力综合指数第五名。人民日报海外网发布的《2020 中国百强城市海外传播影响力指数报告》（第一季度）中，深圳居全国第九位，次于上海、北京、武汉、西安、成都、广州、南京、杭州。

另外，深圳城市文化在海外平台的关注度不够。有关研究表明，从 1978 年至 2021 年 10 月，国际媒体有关深圳的报道，主题最多的是证券市场，其次包括政治、科技、医疗以及文化旅游类的主题。2021 年 1～10 月，深圳被国际社交媒体提及总量达 100 多万条，主要关键词有市场、大数据、科技、投资等。有研究认为，“相比经济、科技领域，国际媒体对深圳文化的关注度并不高”。[②]

（二）成因

1. 市民文明素养参差不齐，文化素质有待提升

深圳作为典型的移民城市，一是外来务工人员和大专（不含）学历以下人员占据相当比例。二是不同市民的社会经历、文化背景、知识结构各异，这一特点造成城市开放多元的同时，凝聚力、向心力不强，在城市文化

---

① 该报告由北京师范大学新媒体传播研究中心、中国日报网、光明网、北京师范大学教育新闻与传媒研究中心以及北京师范大学新闻传播学院国际传播策略与效果评估研究中心联合发布。

② 乔丽娟、吴瑛：《从大数据看深圳国际传播的优劣势》，《新传播》2021 年第 6 期。

的整合上未能形成高度认同。

2. 文化设施、文化节庆的质量水平有待提升

文化事业和文化产业能够介入城市文化的公众感知和发展律动。目前来看，深圳的公共文化设施在不同城区分布不均衡，与公众需求错位，不够精细化，影响市民的文化体验和对外传播的主观能动性。另外，深圳有影响的重大文化节庆国际化程度不够，海外知名度不强。

3. 文艺院团、文艺群体和人文社科研究等基础匮乏、实力薄弱

文艺精品创作和文科研究代表了城市文化的高度和深度。目前来看，一是深圳文艺院团数量少，缺乏队伍、人才和精品创作，获得国际性奖项少，影响力小。二是深圳人文社科研究机构和研究人员总量不足、研究体系不健全，缺乏具有国际影响力的理论创新等重大成果。

4. 主流媒体集团对外传播思维滞后，不够重视文化传播，国际影响力不足

首先，随着新媒体崛起，传统媒体受众大量流失，影响力和效益明显下滑，主流媒体集团亟待加快深度融合发展。其次，主流媒体集团在对外传播中较多采用宏大叙事，倚重城市形象宣传片等传播手段，缺乏故事化思维，传播效果较弱。再次，主流媒体集团偏向于政治、科技、财经等内容，缺乏文化维度的城市形象传播，“相对忽略文化和市民微观生活的呈现”①。有研究抽取了《深圳特区报》2014 年的 407 份报道样本，文化报道仅 16 份，大部分为 1000 字以内的短消息②。

5. 城市文化对外传播的资源投入不足

一是深圳尚未形成独特、有吸引力的文化核心标识，尚未组建统筹城市文化传播资源的组织管理机构，尚未形成城市文化对外传播战略体系。二是深圳主流媒体集团是承担对外传播任务的重点单位，相关部门对其政策和资金支持力度有待加大。

① 乔丽娟、吴瑛：《从大数据看深圳国际传播的优劣势》，《新传播》2021 年第 6 期。

② 穆玉洁：《深圳城市形象的媒体表达和传播》，硕士学位论文，内蒙古大学，2015。

四　深圳城市文化对外传播的媒体策略

（一）增强文化传播意识，创新对外传播机制

城市文化的产生、变迁、转型与传播紧密相关。增强文化传播意识，既有利于展示城市文化形象，亦能促进文化的交往沟通，塑造多元活跃的城市文明。

1. 强化舆论阵地意识

深圳毗邻港澳，是改革开放和意识形态斗争的“两个前沿”。一是主流媒体要认真剖析意识形态工作，牢牢把握正确舆论导向，巩固壮大主流舆论。二是对照深圳“文化强市”战略，设立对外传播目标。主流媒体要立足国际视野和自身特色，制定与现代化国际化创新型城市文化相匹配的对外传播规划，打造融合发展的对外传播矩阵。三是要激活文化创新发展“五大体系”的传播机能。将对外传播原则贯穿到城市文化生产和创新的全链条、全环节、全层次，强调在城市精神体系、文化品牌体系、现代文化传播体系、公共文化服务体系、现代文化产业体系中确立对外传播的系统思维和整体策略。四是坚持文化传播的改革创新精神。改革创新是深圳经济特区的永恒主题，是深圳实现新跨越的必由之路。主流媒体要注重对外传播工作的创新优势和思路，在推动中华文化“走出去”的工程中先行示范，走出深圳道路。

2. 创新对外传播的机制保障

文化的对外传播，既有文化产品和服务的输出，也是情感、知识、价值观的共享，具备多元化的复杂诉求。增强文化传播意识，要广泛开展在意识形态引领、传播规划、全体系传播机能等方面的调查研究，推动相配套的体制机制创新。

（二）坚持以人为本原则，锚定独特文化生态

清晰准确的原则和定位，是传播主体提升传播效果的有力保障。深圳主

流媒体基于城市的资源条件开展对外传播实践，就要坚持以人为本，明确内容定位，提升城市文化对外传播力。

1. 主流媒体要坚持以人为本原则，以人民为中心

其一，关注人的生活和价值，激活人与传播的密切关联，在传播主体、内容和策略上以“人”打动“人”。其二，注重用户分析，讲好讲活“人”的故事。城市文化对外传播的目标群体，以在深外籍人士和关注深圳文化的境外受众为主。深圳主流媒体要关注国际性文化消息和事件，充分考虑受众的信息、情感和文化需求，阐明深圳态度和立场，传播深圳文化。

2. 主流媒体要锚定深圳独特的文化生态

“讲好中国故事要立足共同的价值、关切、目标、利益、挑战等。”① 有研究指出，深圳已呈现出鲜明的文化个性：移民文化、窗口文化、青春文化、现代文化。按照深圳文化发展规律和对外传播经验，现代文化所蕴含的符号、话语和观念，更有可能和海外受众产生共情。主流媒体要大力挖掘和发展深圳现代文化，构建现代文化传播体系，推动深圳打造中华文化现代化转化的核心区域。

（三）以人格化策略推进城市精神的沟通和认同

各国民众的思维模式、文化理念等存在较大差异。主流媒体要重视不同国家、地区受众的特殊性，分析海外受众的地域、历史和观念，运用人格化传播策略，展现深圳城市文化形象，推进城市精神体系的沟通和认同。

1. 以城市精神体系为内容核心

城市精神是城市文化最核心的层面，彰显着城市的独特风貌和气质。深圳积极创新思想理论载体，大力构建以社会主义核心价值观为引领的城市精神体系，培育形成了“新时代深圳精神”。主流媒体要以深圳城市精神体系为城市文化对外传播的核心层，讲述兼具趣味性和高价值的真正好故事。

---

① 陈寅、刘军锋：《创建讲好中国故事的国际传播体系》，《新闻战线》2021 年第 17 期。

2. 运用人格化的传播策略

人格化传播，是指“将传播主体、传播符号和传播内容进行人格化处理，从而增强亲近性与交流感的传播策略”①。一是传播主体的人格化处理，即以生动、亲切、可感的个体形象作为传播主体。例如，李子柒从个人经验讲述美食和乡土生活故事，成为对外传播中华文化的经典案例。二是由个体参与传播过程。例如，澎湃新闻的“市政厅”“城市漫步”等栏目，聚拢有共同兴趣和价值观的市民通过城市行走实践、学术论坛等方式理解城市文化。三是个体化、故事化的叙事角度。例如，短视频《来了就是深圳人》的主角是在深圳定居 8 年的德国人奥熙，其在深圳当过白领、住过城中村、踏上说唱歌手之路的故事激起广泛共鸣，该视频海外播放量超过 1 亿。

3. 利用全媒体技术带来的丰富表达手段

全媒体技术支持文、图、画、视、音等各种文本形式的制作和产出，使新闻生产和传播更为丰富、立体。基于移动互联网、视听制作等平台和技术的播客、vlog，为讲好中国故事提供灵活、新颖、年轻的表达手段。主流媒体可以利用全媒体技术，设计深圳城市文化传播的结构、比例和分寸，提高深圳城市文化传播的精度、深度和厚度，展示真实、立体、全面的深圳文化故事。

（四）加快推进媒体融合，拓宽对外传播主体

新传播革命条件下，传播权力迁移②，城市成为协作式新闻布展③的舞台，城市文化对外传播的主战场由传统媒体转向互联网新媒体。为应对这一形势，深圳主流媒体要加快推进媒体融合，拓展对外传播主体。

---

① 强月新、杨雨凌：《人格化：主流媒体新闻短视频传播策略创新》，《未来传播》（浙江传媒学院学报）2022 年第 2 期。

② 李良荣、袁鸣徽：《论报纸再造：从“信息媒体”到“意义媒体”》，《现代传播（中国传媒大学学报）》2017 年第 8 期。

③ 陆晔、周睿鸣：《新闻创新中的“协作式新闻布展”——媒介融合的视角》，《新闻记者》2018 年第 9 期。

1. 推进相关媒体整合，形成深圳文化的对外传播矩阵

一是统筹 EYESHENZHEN、英文《深圳日报》、《香港商报》、深圳卫视《直播港澳台》等主流媒体平台的对外传播资源，建设高效运作机制，实施重点工程项目，集中力量做大对外传播核心品牌。二是运用海外社交平台，建设多语种账号群，壮大城市文化对外传播阵地。以英文《深圳日报》为代表的深圳外宣媒体，已经建立了 Twitter、YouTube、Facebook 等境外账号群，形成了英文融媒体平台。主流媒体要以互联网思维实现传播资源的汇集优化，激发与海外用户的良好互动，充分发挥海外社交平台对城市文化传播的推动力。

2. 推进与海外传播机构和公众的协同生产

一是主流媒体要加强和全球上游传媒集团的合作，借助其垄断性的全球影响力，扩大深圳城市文化对外辐射能力。二是利用外事系统的友城网络、联合国教科文组织创意城市网络和媒体行业组织网络等，与全球知名文化创意企业联合开展深圳城市文化项目。三是发挥海外知名人士、知名记者的作用。四是开发 UGC 平台，为海外国家地区的驻深机构、协会、办事处和外资企业、公众等提供城市文化生产和参与渠道，传播更为鲜活和丰富的城市文化形象。

3. 开发区级融媒体中心的社区传播优势

社区被定义为“开放式的网络”，能够“通过协商、调节、互相妥协以维护社会和谐”①，储存城市文化的原始养分。区级融媒体中心作为打通媒体融合“最后一公里”的主流媒体，与区域组织和居民处于同一生态圈，是社区传播的重要承担者和引导者。目前，深圳已出台《关于推进国际化街区建设提升城市国际化水平的实施意见》，以国际化街区为重要载体，促进海内外居民的沟通和往来。深圳主流媒体、区级融媒体中心可与国际化街区合作提升城市文化的对外传播力。例如，坪山融媒体中心与坪山国际化城

① 〔美〕罗威廉：《汉口：一个中国城市的冲突和社区（1796—1895）》，鲁西奇、罗杜芳译，马钊、萧致治审校，中国人民大学出版社，2008，第 416 页。

区推广中心合署办公，将国际传播作为重要战略，开展中外文化交流活动，形成深圳城市文化对外传播的“坪山实践”。

4. 发掘和培育深圳文化“网红”自媒体

中国“网红”以海外社交媒体为平台，以个体话语下的中国美食、文化、地理为主要内容，发掘不同群体的共享观念，得到海外受众的充分认可。主流媒体应引领、统筹对深圳文化“网红”自媒体的发掘培育，为“网红”自媒体提供优质平台和孵化机制，从而增强传播主体的多元性，丰富对深圳城市文化的个体化解读，探索城市文化对外传播的创新路径。

（五）支持主流媒体参与公共文化服务和文化产业建设

有研究认为，城市“不仅是自身存在的事物，而应该将其理解为由它的市民感受到的城市”[①]。街区、地标、道路、建筑因为“很容易被识别”，形成了人们眼中的城市意象。都市景观是“赋予都市特定文化意义的重要话语资源”[②]，丰富了公众的城市体验，是城市文化的标志。提升深圳城市文化对外传播力，要支持主流媒体参与主导文化事业和文化产业建设，强化都市景观的对外传播意涵。

1. 参与主导城市文化品牌体系建设

城市文化品牌是城市文化形象的重要标识，是城市文化要素的整合创新。深圳主流媒体对城市文化有充分的认识理解，也有对文化品牌建设的丰富经验。例如，《深圳商报》的“文化广场”直接推动了深圳全民阅读形象的营造，参与讨论“深圳十大观念”和申报“设计之都”[③]。《晶报·深港书评》为城市阅读文化不断注入活力。深圳城市文化的对外传播工作，要支持主流媒体参与主导城市文化品牌体系建设。一是整合认知、理解城市文化的精神观念，统筹生产独特性、差异性的城市文化形象标识。二是由主流

---

① 〔美〕凯文·林奇：《城市意象》，方益萍、何晓军译，华夏出版社，2001，第 2 页。

② 陆晔主编《影像都市：视觉、空间与日常生活》，复旦大学出版社，2018，第 240 页。

③ 刘依一、庄向阳：《从“文化广场”看深圳城市文化的发展与构建》，《深圳信息职业技术学院学报》2021 年第 3 期。

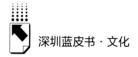

媒体参与深圳文化活动、文化节庆、文艺创作、文体院团和文化产品的对外传播工作。

2. 完善公共文化服务的对外传播环节

城市的公共文化服务（尤其是城市文化地标），是彰显城市文化国际形象的重要因素。为充分发挥公共文化服务的对外传播价值，可支持主流媒体参与城市文化地标等公共服务的对外传播工作。一是主流媒体主导制定公共文化服务的传播制度、标准和工作方案，在策划设计、工程建设、运营维护、宣传推介等环节突出对外传播工作的重要意义，推动公共文化服务的社会化治理。二是主流媒体参与公共文化服务的数字化建设，加强主流媒体对外传播矩阵与深圳公共文化数字服务的对接和融合，扩大深圳城市文化服务的全球影响力。例如，基于“新闻+政务服务商务”的运营模式，主流媒体可参与探索深圳“图书馆之城”数字服务平台与海外用户的连接。

3. 挖掘文化产业建设的对外传播功能

文化产业具有不可替代的社会效益，具有打造文化品牌、扩大文化影响力等效果。例如，文博会通过展会品牌，搭建起国际化展示交易平台，助推“一带一路”沿线国家和地区文化交流与合作，推动中华文化产品和服务“走出去”。深圳主流媒体拥有一批具有国际影响力的文化产业，在全市文化产业对外传播工作中可以发挥更突出的作用。一是提升文博会国际化水平，增强文博会在国际文化产业界的知名度，推动文博会作为城市文化品牌在海外的传播力和影响力。二是充分发挥“国家对外文化贸易基地（深圳）”的对外传播平台效能，组织一系列推介深圳城市文化的高端论坛和活动，支持鼓励文化创意企业的海外营销。三是参与打造“深圳设计”等知名文化品牌，加强“设计之都”全球推介，向全球展示一座创意城市的文化理念。

（六）加强组织、政策、资金、研究保障

提升深圳城市文化对外传播力，是一项多元主体共同参与的系统工程，必须以创新思维和创新举措，建立高效的组织和政策保障体系，确保各项举

措落地生效。

1. 加强组织领导保障

提升深圳城市文化对外传播力，要建立深圳对外传播组织机构，成立深圳国际传播联合会，健全宣传文化部门统筹协调各部门参与主导的协作机制，充分发挥各级政府、媒体、企业、专家学者、文艺工作者及不同社会力量的功能作用，汇聚讲好深圳故事的强大合力。

2. 加强政策法规和资金保障

一是完善公共文化服务、文化管理、文化行为规范等相关政策法规，基于本国政策寻求各国之间开放包容的对外文化贸易和传播机制。二是根据文化对外传播需要，加大市、区财政投入力度，充分发挥市相关宣传基金、文化产业专项基金、国际传播基金对主流媒体的鼓励、引导和杠杆作用，培育优秀人才。

3. 加强对外传播理论和业务研究

由市里牵头，支持高校、媒体、智库等相关机构设立专项研究课题，研判新形势下城市文化对外传播的主体、用户、内容、渠道、形式，发现对外传播实践的问题和难点，探寻发展趋势和传播规律，推动理论进步，提供解决方案。

B.7

以文化软实力助推深圳优化营商环境的思考

毕绪龙*

摘　要： 城市文化软实力的提升与开放包容的人文环境营造是优化营商环境的基础性战略性要素。以文化软实力助推深圳优化营商环境，要充分认识深圳在改革开放中创新创造的“深圳精神”“深圳观念”是深圳内生的、独创的而且仍在持续发展的文化软实力优势。在国际比较视野中，深圳营造城市人文环境在国际化程度、文化多样性、创新创业环境、国际型消费体验、企业人才生活环境结构性优化、国际传播能力等方面还有差距。

关键词： 营商环境　文化软实力　城市人文环境　深圳

文化和经济都是城市发展的基本功能，它们之间的良性互动是推动城市高质量发展的基础。优化营商环境是中共中央、国务院的重大决策，涉及城市文化建设和经济发展的有机互动，特别是城市文化软实力的提升与开放包容的人文环境营造。目前，这一方面的研究还大都集中在文化产业与文化消费等专门领域，对城市文化软实力与营商环境关系的研究较少，以城市文化软实力助推优化营商环境的实践还没有引起城市管理者足够的重视。中央赋予深圳建设中国特色社会主义先行示范区的光

* 毕绪龙，文学博士、研究员，中央文化和旅游管理干部学院党委委员、党委办公室主任，研究方向为文化政策、文化艺术。

荣使命，深圳市提出建设“全球标杆城市”的远景目标，正在加快建设区域文化中心城市和彰显国家文化软实力的现代文明之城，为提升城市文化软实力、优化城市营商环境提供了良好的历史机遇和政策环境。本文拟在厘清文化软实力营商环境的关系基础上，结合深圳市文化软实力建设状况，对深圳市以文化软实力助推优化营商环境做出思考，以供决策参考。

一　文化软实力与营商环境的关系

（一）营商环境是城市发展的重要软实力，也是核心竞争力

经济高质量发展建立在正确处理政府和市场关系的基础之上，在发挥市场在配置资源的决定性作用的同时，“更好发挥政府作用”是指要转变政府职能，由管理型政府向服务型政府转变，这一转变的实质是为市场主体创建良好的营商环境。在优化营商环境过程中，城市管理者很容易理解并贯彻“以经济发展为中心”的理念和思路，但在充分理解“营商环境是软实力”上存在一定程度的偏差和误区，不能主动把优化营商环境和文化软实力联系起来，并通过提升文化软实力夯实营商环境软实力的基础。从文化的角度来看，营商环境作为软实力，本身就是一种文化创造或者文化环境的重塑。这种创造或重塑原则性地体现为“政府里的人”和“企业等市场领域的人”的关系处理，即“构建亲清政商关系”；具体体现为，政商双方在平等关系（市场化）和契约（法治化）基础上，恪守自己的行为边界，共同参与城市治理和经济发展，并在更大的范围内（国际化）体现这种以市场化、法治化为主要特征的营商文化。

（二）开放包容的城市人文环境的基础是文化软实力

从理论上讲，优化营商环境不仅是一个经济问题，而且是一个文化问题。一个城市的文化有它历史的和现实的基础，城市文化传统的承续和创造

性转化构成城市的文化软实力，支撑城市实践它的政治、经济、文化基本职能。一个城市开放包容的人文环境，是优化营商环境的基础性要素，并且必定有它历史的和现实的基础，不能凭空构建，只能是基于历史和现实而形成的城市文化软实力。反过来讲，作为一种软实力构建，开放包容的人文环境又是激活、提升城市文化软实力的一个重要维度和方向，因为这种构建强烈要求超越传统的行政和行业管理的边界藩篱，从促进经济高质量所需要的新的"软件"的深处，内在地把城市的政治、经济、文化基本功能连接在一起。

党的十八大以来，随着一系列"放管服"改革措施的落实和深化，围绕从企业开办到退出全生命周期的政府服务明显加强，"最多跑一次"，甚至足不出户就可完成商事办理的举措成为"放管服"的目标，而且在一些城市已经实现，并取得了显著成效。这些成效的取得是建立在"政府要千方百计为企业提供良好服务"的理念基础上的。从这一角度来讲，有的城市管理者把政府的角色定位为"甘当服务企业的'店小二'"，这是"全心全意为人民服务"在城市优化营商环境中的具体体现。从坚持以人民为中心的城市建设理念继续深入思考，我们就会意识到需要重新审视看待企业及其人才的态度。从文化的角度上，我们不能以户籍关系把企业等市场主体里的"人"看作这个城市的"外来者"，区别于城市的原住民。他们不仅是要来这个城市就业、创业，需要良好的就业、创业环境和条件，而且要在这个城市"生存""生活"。他们虽然大部分时间是在工作场景中，但作为城市群体，他们在创造经济价值的同时，通过创造企业文化、生活时尚实际参与城市文化的建设与创新。他们的工作区域、生活区域既是城市里的特殊社群，更需要融入城市社区，共同参与城市文化的传承、传播创新。正是在这一层面上，优化营商环境才强调城市人文环境建设和包容普惠创新，才更加意识到在服务质量好、办事效率高、投资成本低与资金、人才、技术要素集聚之间，还存在一个把企业及其人才作为城市的"生活者"并为其营造开放包容的城市人文环境的问题。

（三）以城市文化软实力助推优化营商环境是一项基于历史的现实的文化基础来营造城市人文环境的工作

这项工作的核心内涵就是文化开放与包容，即与城市居民人文环境营造相协调，围绕市场主体生产生活高质量服务所创造的开放包容的价值观念、宜居宜业的人文环境和文化共享的幸福感、获得感。我国营商环境评价不仅关注市场主体全生命周期营商环境的优化，而且重视城市高质量发展中开放包容的人文环境对市场主体选择城市、选择厂址、安心舒心生产生活的基础性作用，只不过对于后者，目前来看还远不如前者做得更系统、更完善。

内涵决定外延，如果我们把文化软实力的理论转化为优化营商环境的实际支撑（即营造开放包容的人文环境），那就不仅需要明确其内涵，更需要明确其边界范围。从实践的层面来讲，以文化软实力助推优化营商环境，与优化市场环境、法治环境、投资贸易环境、政务服务环境的内涵不同，或者换句话说，营造开放包容的城市人文环境有其自身比较清晰的内涵，因而也就有着和其他营商环境建设区别开来的边界范围。各个城市的营商环境既有普遍性也有差异性，差异性往往表现在具有地方特色的营商环境营造上，而地方特色营商环境营造往往依靠开放包容的城市人文环境。这一环境建设的主要服务对象是市场主体，围绕企业和人才生产生活环境改善优化，企业和人才在哪里，开放包容的人文环境建设的触角就延伸到哪里。同时，这一环境建设并非凭空而造，而是要与城市居民人文环境建设相协调，重构以市场主体生产生活为主要服务对象、以开放包容为主要目标、以市场主体人文环境结构性优化为结果导向的机制和体系。在笔者前期研究成果的基础上，结合我国的营商环境评价实践，大致可以把开放包容的城市人文环境的边界范围界定为营造政商亲清交往环境、拓展市场主体创新创业环境、优化市场主体消费体验环境、优化市场主体人居环境。

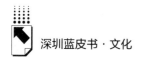

二 深圳市优化营商环境文化软实力建设状况

（一）如何看待深圳文化软实力

讨论深圳的文化软实力，本身就是一个意味深长的命题。如果从城市历史和传统文化资源的维度，或者从现在的文化设施建设和文化艺术活动的维度来讨论深圳文化软实力，即便早已不是其初建之时被讥讽为“文化沙漠”时期，深圳也因为与北京、上海等国内大城市和世界文化城市的对比仍存在比较尴尬的处境。但问题并不在于这一年轻城市如何去弥补传统文化资源不足和文化设施不足，而在于如何看待这个城市在中国式现代化进程中创造世界城市历史奇迹背后的“创新文化”。

创新文化包括但不局限于文化创新，它是创新思维渗透到经济社会发展各个行业，从而形成的全民族的创新文化氛围、意识、能力和业态。这种创新文化是加快建设创新型国家的新动力，将汇聚成为中国特色社会主义发展的强大精神力量。只有从创新文化的视野，我们才能超越深圳仅仅是一座超常规发展的经济城市的片面结论，来讨论其“代表”改革开放后的中国究竟创造了哪些观念、意识、精神，以及在新时代把这些观念、意识、精神转化为“先行区”的实践经验过程中存在哪些要解决的问题。这里所言的“创新文化”就是文化软实力。毋庸置疑，这一文化软实力是深圳独一无二的最宝贵的文化资源。正是从这一新角度，探讨深圳优化营商环境中的文化软实力状况，才成为深圳文化建设的重大命题。

（二）深圳优化营商环境具有内生的、独创的而且仍在持续发展的文化软实力优势

这种文化软实力优势集中体现在深圳通过经济创新发展而创造的价值观念精神这一文化核心层面上的优势。党和国家做出兴办经济特区重大战略部署以来，深圳经济特区作为我国改革开放的重要窗口，各项事业取得显著成

绩，已成为一座充满魅力、动力、活力、创新力的国际化创新型城市，同时培育了开放多元、兼容并蓄的城市文化和敢闯敢试、敢为人先、埋头苦干的特区精神。

有学者正确地指出，深圳作为中国改革开放“排头兵”“第一城”的城市形象，以“深圳精神”为代表的观念优势，城市综合竞争力提升的文化资本，移民城市的包容性城市性格，年轻人群造就的青春时尚的城市特色，是深圳 40 多年发展中最重要的文化成就①，而这些“看不见”的价值观念和精神气质正是深圳城市文化软实力的集中体现。我国城市化的高速发展受益于改革开放。郑永年认为，今天中国的城市化是过去数十年城市环境变化的结果，区域经济高速发展取决于当时的全球化、技术进步、人口红利和民营企业群的崛起②。深圳正是在这一时期利用政策红利创新经济发展，成为科创城市或者中国“硅谷”的。深圳创造经济奇迹的过程同时也是创造改革开放时代精神的过程，同时也是构建文化软实力的过程。2019 年 8 月，《中共中央 国务院关于支持深圳建设中国特色社会主义先行示范区的意见》提出，深圳到 2025 年实现城市文化软实力的大幅提升，要“加快建设区域文化中心城市和彰显国家文化软实力的现代文明之城”③。这一重大决策是关于深圳城市文化软实力建设和区域文化中心城市的意见，无疑是建立在对深圳 40 多年特区建设中内生的、独创的而且仍在持续发展的改革开放时代精神判断基础上的。

伴随着这一文化软实力的形成，今天的深圳已经具备经济综合实力优势，2021 年深圳 GDP 达到 3 万亿元，在国内仅次于上海的 4.3 万亿元、北京的 4 万亿元，人均 GDP 达到 2.7 万美元，为城市人文环境建设奠定了雄厚的经济基础。与其他大城市相比较，深圳还具有科技创新先发的、开放的国际化发

---

① 毛少莹：《深圳文化 40 年回眸》，《深圳文化发展报告（2020）》，社会科学文献出版社，2020，第 39~41 页。

② 郑永年：《中国城市的治理危机》，广州粤港澳大湾区研究院（GIG）微信公众号。

③ 《中共中央 国务院关于支持深圳建设中国特色社会主义先行示范区的意见》，2019 年 8 月 9 日，http：//www.gov.cn/gongbao/content/2019/content_ 5425325.htm。

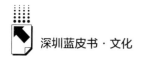

展优势，成长出华为、腾讯、大疆无人机、中国平安、招商银行等一大批优秀企业，成为国际化程度很高的城市和国内外市场主体投资兴业的沃土。

（三）深圳的文化软实力为人文环境建设提供了坚强支撑

进入21世纪，深圳这座现代化、国际化创新型城市的气质和精神不断被挖掘、提炼和升华，成为营造开放包容的城市人文环境建设的坚强支撑。笔者认为，这一坚强支撑主要体现在以下四个方面。

1. 城市精神体系建设

在经济、科技高速发展中崛起的深圳所创造的许多“深圳观念”是新时代深圳精神文明建设实践的重要资源。深圳市提出了在先发先行市场经济环境中构建以社会主义核心价值观为引领的城市精神体系，坚持以法治促进文明、以机制保障文明、以科技助推文明、以文化滋养文明、以共建共享文明、以传播弘扬文明，全面推进精神文明建设，连续六次荣膺“全国文明城市”称号。在高度市场化的社会着力塑造“新时代深圳精神”、积极培育现代文明市民等方面形成特色。

2. 创新创业环境建设

深圳的发展历史是一部吸引外来人才移居宜居、创业创新的历史。面对过千万的人口、产业升级改造等压力，深圳实施创新生态全面优化工程，打造国际一流的综合创新环境，努力提高创新能级。遴选最有城市文化积淀的历史风貌区和历史建筑保护名录，对老旧小区、城中村进行“微改造”，更新城市空间。打造坂雪岗科技城、西丽高铁新城等一批城市新空间。开展产业空间扩容提质行动，以创新导向重塑城市空间，以优质空间提高创新效率。

3. 文化创新环境建设

深圳20世纪80年代以来建设文化城市的努力以及21世纪之初提出的“文化立市”战略，是发展城市文化软实力的内在需求。深圳2016年推出《深圳文化创新发展2020（实施方案）》，提出五大体系建设①，努力构建

① 《〈深圳文化创新发展2020（实施方案）〉全面施行》，《深圳特区报》2016年1月22日。

与国际化现代化科创城市相匹配的文化建设基本格局。陆续建设以“新十大文化设施”“十大特色文化街区”为代表的重大文化设施，发布“城市文化菜单”，每年举办一系列品牌文化活动，大力实施文化惠民工程，“图书馆之城”建设卓有成效。以深圳文博会、创意设计产业等为代表的文化产业发展形成区域特点，同时加大对外文化交流合作的力度。

4. 包容普惠创新走在全国前列

作为营商环境评价包容普惠创新的标杆城市，深圳创新资源丰富，创新创业活跃度高，规模以上工业企业 R&D 活动人员、经费内部支出指标远高于北京、上海和广州。社会交流国际化程度较高，优化营商环境的法治保障处于较高水平。充分利用科技优势发展做好公共服务智慧服务，政企市民“i 深圳”综合服务平台便民、利民。近年来，深圳大力推进生态环境建设，空气质量达标天数占比、地表水质优良占比、生态环境状况指数、建成区绿化覆盖率等指标，以及路网密度、每万人公交车拥有量、公交站点 500 米覆盖率等名列全国前列①。“深圳蓝”行动、违法建筑整治、城中村综合整治、“平安深圳”建设、“健康深圳”建设等民生工程、民心工程，推动民生福利不断改善，市民获得感、幸福感、安全感不断提升。采取完善清单管理制度、鼓励社会力量参与服务供给、扩大基本公共服务覆盖面等系列举措完善城市公共服务。

三 国际比较视野中的深圳城市人文环境建设

从优化营商环境的角度来讲，营造开放包容的城市人文环境是一个打造充满人文魅力的宜居宜业城市环境，增强城市吸引力、创造力和竞争力，吸引人才、投资的过程。国际化大都市需要具备独特且富于魅力的文化品格、城市文化多样性以及和谐开放的城市氛围、良好的城市形象、市民人文素

① 《广州营商环境报告》编委会著《广州营商环境报告（2019）》，中国社会科学出版社，2020，第 40、42、43 页。

质、舒适生活环境等条件，才能吸引外来人才。以文化软实力助力营造国际一流营商环境，深圳的站位应该强调“全球格局、国际视野”[①]。笔者尝试在国际比较视野和国内先进城市比较中，对深圳城市文化软实力基础上的人文环境建设提供一些有益的思考和启示。

（一）深圳城市人文环境国际化程度需进一步提高

国际化是优化营商环境的突出特征和发展方向，促进营商环境国际化的基本路径就是开放。如纽约注重把握移民城市特点，主张“移民是城市更新和繁荣的重要财富，应为其配置与原住民一致的文化服务，生活在拥有世界级文化机构和资源的城市应有充分的自豪感”。纽约文化局发出倡议，强调“只有通过文化多元化和包容才能实现更大的公平”，并采取系列措施促进开放与包容。深圳作为科创城市的发展本身就是会聚全球人才创造经济奇迹的过程，开发程度和国际化程度较高，但存在由经济要素吸引向由经济要素和人文要素共同吸引的转变问题，国际化人文环境建设还是短板。应该从国际化角度和市场主体角度出发，了解、尊重、收集外商投资企业及在深企业人才对人文环境的感受和满意度，把外资及市场主体的人文环境建设和服务纳入城市人文环境和基本公共服务体系，并做出结构性调整、优化和布局。

（二）深圳文化多样性环境仍需持续营造

开放带来多元，多元需要包容，文化多样性环境营造就成为城市开放包容的客观要求。理查德·佛罗里达提出“三 T”理论（即人才、技术、宽容），强调吸引创意人才的关键在于建设满足他们所偏好的环境，人文环境远比商业环境更重要。美国硅谷、旧金山 SOMA、西雅图先锋广场、纽约 SOHO 等人文环境建设理念都体现了尊重创意人才所认同的多样性、包容性、能者为王的价值观，从而成为创意人才的集聚地。处于我国市场经济前

① 李小甘：《自觉承担使命任务　推动新时代深圳文化创新发展》，《深圳文化发展报告（2019）》，社会科学文献出版社，2019，第 5 页。

沿的深圳已经会聚了若干新经济组织、新社会组织以及在互联网时代产生的若干亚文化群体，在突出主导型文化引领的同时，能否形成主旋律与多样性相统一的城市文化生态，是深圳持续保持创新活力的重要问题，应努力协调主流文化与亚文化融通共进关系，以“新时代深圳精神”的引领力会聚并包容多种类型的人才，形成充满人文关怀和文化魅力的多元城市品质。

（三）深圳创新创业人文环境建设需持续完善

东京、纽约、巴黎等世界城市推动创新创业人文环境建设，普遍采取由满足“谋求生存”向满足“自我价值实现”的人才环境建设转变的思路，通过在城市更新中营造新的文化空间、建设适宜创意人才生活方式的人才社区等方式营造人文环境。一些世界城市的创新空间从“园区”向“街区”转变，从“街区”向“社区”转变，目的就是在为居民创造良好的生活和娱乐条件的同时，也为科技人才所必需的创新环境的形成创造一个理想景观。如2005年东京“秋叶原工程”，伦敦对东部与斯特拉特福海滨区域的“伦敦东岸”开发计划，巴黎的塞尔吉—蓬图瓦兹新城人文环境营造，等等。另外，高科技产业集聚区是科技人才、创新创业人才生产生活的主要区域，对高品质的生活环境、舒适的科研环境、国际化的价值实现环境要求较高，需要城市为其提供适宜的微观空间环境和社交环境。与市场化、法治化的商业环境相比，深圳创新创业的人文环境建设还是短板。原特区内外公共服务不均衡的问题比较突出，创意人文环境还不够完善，国际人才街区建设刚刚起步，从提升人居环境角度为企业和人才提供各类公共服务尚需高度重视规划、布局和建设。

（四）深圳消费体验环境需进一步升级

伦敦、纽约、巴黎、新加坡等世界城市兼有文化名城、旅游城市、消费中心的全球美誉，文化和旅游消费、时尚消费、夜经济及其消费发达，由此形成近悦远来的营商环境竞争力。深圳具有成为国际消费中心城市的巨大潜力，但消费体验环境建设与世界城市还有不小差距。目前促进消费的举措还局限于市内，缺乏国际视野和战略定位，以科技创新引领的工业智能消费及其培育的时尚消费、信息消费的优势远远没有发挥出来，夜经济（特别是围绕创意集聚区和科创区域的夜经济）消费缺乏主动布局。

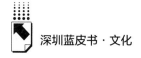

（五）深圳企业人才生活环境需结构性优化

世界城市在大“城市病”治理方面均面临中心—边缘的结构性矛盾，都在不断调整新的城市功能、布局和结构，为市场主体提供更好的生活环境。如纽约市针对不少移民为中低收入群体且居住集中在城市公共服务较为落后的区域，通过引导政府、非营利组织、企业等的资金和资源，以免费或优惠的形式扩大文化设施、工作空间和经济适用住房供应量，吸引文创企业、艺术家、公民（志愿者）积极参与移民社区文化服务供给，帮助小微文化组织能够长期落户社区。深圳城市发展的特点决定其产业发展、人才集聚及其生活环境建设的同步性要求较强，国际化程度要求较高。从人才集聚可持续发展的角度来讲，应该从公共服务层面针对企业人才的生活环境、子女教育、社会保障等方面做出新的制度安排和保障措施。

（六）深圳国际传播能力尚需增强

国际传播能力（特别是对外传播能力）既是聚合城市形象、宣传城市品质、广泛延揽人才的工具手段，是城市软实力的重要体现，本身也是扩大营商环境魅力、吸引力的重要内容。如东京着力“东京亲和力”城市形象传播，致力于以“酷文化”打造大和文化新价值，将城市精神与文化魅力传播给全世界，从而扩大城市影响力。新加坡向世界大力推广以改造儒家文化和价值观为包容各文明类型、不同族裔、不同宗教人群的共同价值观，树立多元文化的移民城市特征，成为全球国际化程度最高的城市之一。与其相比，深圳在国际传播能力方面既存在先天不足的问题，也存在能力建设的问题。可考虑以海归相关专业人才为重点，发挥其既有国外生活经历和文化习惯又熟悉国际文化交流和传播语境语态的优势，强化国际传播人才队伍建设。

四　进一步展望

新时代赋予了深圳光荣和艰巨的历史使命。中国特色社会主义先行区示范区和粤港澳大湾区这“两区”建设让深圳再次站在了中国深化改革开放的最前沿，同时也构成深圳以文化软实力助推优化营商环境的时代背景、战略定位和发展方向。当商事环境便利普惠改革达到一定深度，各城市在这一方面趋于同等水平的时候，城市宜居、宜业、宜游、宜生活的人文环境的重要性就会更加凸显，并成为城市营商环境竞争的主要方面，一个城市的文化软实力就会转化为硬实力。深圳城市文化软实力建设既有 40 多年改革开放排头兵的“当代文化遗产”，也会继续创造、创新社会主义先进文化的崭新实践，同时也与世界城市和国内超大城市一样，面临大人口规模、中心—边缘结构调整、文化多样性与价值观冲突导致文化凝聚力减弱、产业和科技更新换代导致新“铁锈带”等问题和挑战。展望未来，深圳的营商环境优势和特色将会进一步凸显，最重要的标志或许就是文化软实力基于历史和现实的基础得以大幅度提升。

B.8 深圳非国有美术馆现状分析及管理与扶持政策研究*

深圳市非国有美术馆调研课题组**

摘　要： 广东省深圳市对美术馆的管理较为落后。广东省针对具有相似行业和社会属性的民办博物馆，早在2014年就出台了“扶持民办博物馆发展的专项资金”，至2019年，省财政共下达资金4000万元，用于鼓励非国有博物馆实行免费开放、提升藏品管理、开展科学研究、公众服务等工作。政策建议围绕“以人民为中心”的发展理念，本着公益性、专业化、高质量发展的原则，旨在推动形成政治导向正确，政策依据清晰、符合时代发展趋势，适合深圳市实际，具有中国特色的非国有美术馆扶持管理制度，以期促进各类资源整合，实现有为政府与有效市场协同作用下深圳非国有美术馆行业的健康发展。

关键词： 非国有美术馆　文化深圳　艺术生态

随着我国文化艺术事业的日新月异和全球性文化创意时代的来临，不仅

* 为积极抓住“双区”建设历史机遇、提升深圳文化软实力，针对近年来深圳非国有美术馆发展迅速、亟须管理与扶持的情况，市文化广电旅游体育局艺术处于2020年11月启动了深圳市非国有美术馆调研工作。课题组深入基层一线，召开座谈会，实地走访多家本地民营美术馆，全面了解掌握深圳非国有美术馆发展现状，并赴广州、上海、南京等地考察学习外地经验，同时充分研究国家相关政策法规以及美术馆管理理论，最后，完成了《深圳市非国有美术馆发展研究报告》，本文即为调研报告缩写而成。

** 课题组领导：林清波、刘冬、张爽；课题执笔：毛少莹、任珺、宋阳。

传统意义上的国有美术馆在社会文化生产生活中发挥着日益重要的功能，大量的民营美术馆也日趋活跃。自20世纪90年代至今，在北京、上海等地的带动下，我国的民营美术馆经历了“三波发展浪潮”，如雨后春笋般，形成了数量可观、规模庞大的群体。大量的民营美术馆，在艺术品收藏、展示、公共教育、文化交流及推动文化创意产业发展等方面都发挥了不可小觑的作用，尤其是近年来艺术市场日益火爆，不少民营美术馆更是加大投入力度，频频引入国际“现象级”艺术家的展览，造就了不少具有轰动效应的“网红”大展，活跃了艺术市场，吸引了广大公众的参与，更展示了民营美术馆巨大的发展潜力和开阔的国际视野。无疑，国有美术馆与民营美术馆相互补充，相互促进，相辅相成，共同推动美术馆事业已经成为重要的发展趋势。

深圳市作为一线城市，其民营美术馆发展也十分迅速。考虑规范严谨，参照《博物馆条例》中对民办博物馆的界定，我们将民营美术馆统一称为“非国有美术馆”。界定非国有美术馆即指“利用或主要利用非国有资产在本市设立的；经登记管理机关依法登记，并取得社会组织法人登记证书的；主要以近现代以来的视觉艺术为对象，具有展览、收藏、研究、公共服务及文化传播交流等功能，并面向公众开放的非营利性文化场馆及其运营机构”，并据此开展研究。

一　深圳非国有美术馆的发展历程

深圳美术馆事业的发展和深圳的整体发展分不开。作为中国改革开放的时代产物，深圳40年发展的主轴是开拓创新，深化改革、扩大开放，建立和完善中国特色社会主义市场经济体制。伴随这一主轴，深圳非国有美术馆事业也迅速发展起来。1981年，深圳展览馆与香港博雅艺术公司合作，创办了中国第一家深港合作文化企业——深圳博雅画廊。随着博雅画廊业务的拓展，画廊更名为博雅艺术公司，也承办各种艺术展览活动，可视为开深圳非国有美术馆之先河。90年代，深圳移民会聚，并受港台及西方文化的多元影响，文化市场发展迅速、社会文化生活日益丰富，很快形成了开放多元的文化生态。[①] 市场导向下，以印刷、玩具礼品、包装、珠宝首饰、文化旅游、服装、广告、设计等行业为主要组成的深圳文化产业开始迅速发展，深圳涌现出很多文化创意园区和艺术园区。如蛇口艺术创库、大芬油画村、F518 艺术创意园、观澜鳌湖艺术村、22 艺术区、梧桐山艺术小镇、华侨城创意园等，成为非国有美术馆发展的"土壤"。而深圳美术馆、深圳画院、关山月美术馆等大型国有美术场馆的先后建成开放，也极大地改善了深圳的美术馆生态。

深圳艺术生态重大改变的起点是华侨城创意产业园及华侨城当代艺术中心的创办。华侨城集团是国内较早介入当代艺术的大型企业。1995 年 5 月，由华侨城地产承建、华侨城集团代管的国家级美术馆——何香凝美术馆经批准兴建，成为地产介入艺术的开端。1997 年，何香凝美术馆正式开馆并主办首届深圳国际雕塑艺术展，获得很大反响。2003 年，华侨城将其东部的老工业区打造成文化创意园区，创立了"华侨城当代艺术中心"（OCAT），并于 2005 年正式开放。中心策划组织了不少颇具先锋性质的展览和活动，吸引了众多设计师、艺术家、摄影师、创意人才参与。OCAT 逐渐成为深圳最重要的非国有美术馆之一。[②] 2008 年，华侨城又建成深圳首个定位于设计的美术馆"华·美术馆"，交由 OCAT 团队统一管理。2012 年，OCAT 以"华侨城当代艺术中心"之名正式注册为"民办非企业"，成为非营利性美术馆。此外，华侨城集团还先后在上海、西安、北京、武汉设立分馆，形成了"OCT 当代艺术馆群"，在全国产生了较大影响。

2005 年前后，随着深圳产业转型成功，城市规模扩大，各类公共服务日益完善，尤其是深圳文化立市战略的确立，深圳文化进入自觉成长期。[③] 包括美术馆事业在内的各项文化事业获得长足发展。在良好的社会条件下，

① 参见毛少莹《深圳文化 40 年回眸》，《深圳文化发展报告（2020）》，社会科学文献出版社，2020，第 32~43 页。

② 考虑 OCAT 主办机构华侨城为大型中央企业的背景，严格来说，OCAT 并非民营美术馆，但是，OCAT 注册为"民办非企业"，故本报告也将其归为"非国有美术馆"。

③ 毛少莹：《深圳文化 40 年回眸》，《深圳文化发展报告（2020）》，社会科学文献出版社，2020，第 32~43 页。

深圳陆续涌现了不少非国有美术馆，如雅昌（深圳）艺术中心、旭生美术馆、越众历史影像馆、太阳山艺术中心、海上世界文化艺术中心、木星美术馆、新新美术馆、祥山艺术馆等。截至2021年6月，全市共有20家正式登记注册为“社会组织”的（民办非企业、艺术基金会）非国有美术馆，并另有具美术馆功能的其他艺术空间36家。①

据不完全统计，深圳大约90%的非国有美术馆成立时间在2010~2020年，最近10年时间可以说是深圳非国有美术馆的快速成长发育期。总体来看，深圳非国有美术馆的发展虽然滞后于北京、上海、南京、成都等地，但近年来发展迅猛。总结调研情况，从收藏研究定位看，深圳非国有美术馆多数定位于当代艺术。从社会组织属性看，深圳少数馆为纯粹的民办非企业组织，多数馆为双重属性（民非+企业，一套人马两块牌子）。从年度投入资金看，每馆为200万~5000万元不等；从馆舍建筑面积看，为1000~71000平方米不等；藏品数为0~3600件；员工数为5~60人；年度展览数为1~6个；参观人数为每馆每年3000~180000人次。总之，从展览、公共教育活动、管理运营水平、综合社会影响力等看，各馆存在较大差距，整体呈现参差不齐的状况。总体来看，深圳非国有美术馆还处于快速成长发育期。

大量非国有美术馆的出现，有利于供给更多样化的公共文化艺术产品和服务，丰富城市文化生活，促进文体旅游事业繁荣发展；有利于扩大和提高艺术品收藏的数量与质量，提升城市文化资本；有利于补充公共教育不足，推动艺术普及，提高市民艺术素质；有利于吸引艺术人才集聚，引导和培养年轻艺术家及艺术管理人才；有利于扩大对外文化交流，拓展市民文化视野；有利于提供原创资源，推动文化创意产业发展；有利于丰富和完善艺术生态，提升城市人文氛围、软实力和宜居程度。总之，非国有美术馆与国有美术馆相互补充、相互促进、相辅相成，共同繁荣发展深圳美术馆事业，推动城市软实力的提升，成为我市文化艺术事业发展的重要趋势。

---

① 详见深圳市文化广电旅游体育局官网。

二　深圳非国有美术馆的发展特点及存在问题

1. 数量超过国有美术馆，位居全国前列，质量有待提升

截至2021年6月，全市美术机构69家（含各类艺术空间）中，13家为国有美术馆，20家正式登记注册为“社会组织”的（民办非企业、艺术基金会）非国有美术馆，并另有具美术馆功能的其他艺术空间36家。根据全国社会信息信用公示平台查询资料，其他城市登记为民办非企业的非国有美术馆数量分别为：北京31家，上海61家，杭州22家，广州9家，南京12家，成都13家。深圳以20家的数量成为北京、上海、杭州之外，非国有美术馆最多的一个城市，位居全国前列。整体看，深圳的非国有美术馆数量领先，但规模、水平参差不齐，发展质量有待提高。

2. 举办主体多元，资金来源单一，资金短缺明显

深圳非国有美术馆投资方有国有企业、民营企业和个人，举办主体多元，但与全国其他城市一样，非国有美术馆的资金多来源于创办公司的投入，美术馆虽然也在探索多种融资渠道（如公益捐赠、门票收入、文创产品、餐饮服务收入等），但总体看资金来源较为单一，多数不能自负盈亏，即便像OCAT这样规模较大的非国有美术馆也仍然要依靠集团公司的赞助以维持运营。单一的资金来源不利于非国有美术馆的良性发展，一旦创办公司或投资人资金困难，非国有美术馆会立刻陷入发展困境。据雅昌艺术市场监测中心（AMMA）调研数据统计，2018年，我国47%的私人美术馆每年运营费用在500万～1000万元，20%的私人美术馆投入在100万～500万元，20%年度投入在1000万～3000万元，还有8%的私人美术馆年度投入超过3000万元①，可见，美术馆资金投入的体量不算小。如同全国其他城市，深圳非国有美术馆多数也存在资金短缺的问题，即便像OCAT、海上世界艺术

---

① 高鹏：《大数据时代下的私人美术馆》，《中国民营美术馆运营及筹建研究》，四川美术出版社，2020，第303页。

中心等具有大企业集团背景的非国有美术馆，也依然存在资金不足的问题。总体来看，非国有美术馆亟须拓展融资渠道，争取来自政府和社会的多方资助和支持。

3. 双重身份，混业经营，为规范管理带来挑战

深圳非国有美术馆绝大部分是大型集团公司或私人创办，形式上脱离了原来的母公司，注册为民办非企业，但不少既是美术馆，同时又是隶属于总公司的文化分公司，即“美术馆”与“文化公司”两块牌子同一套人马，“民非”身份叠加“公司”身份，管理运作也呈现一种“混业模式”。这种模式在其他城市也存在，为规范管理带来了挑战。2018 年出台的全国首个省级美术馆管理政策——《上海市美术馆管理办法（试行）》为规范管理，首次为美术馆运营划出了“红线”，即美术馆不得从事艺术作品原作的商业经营活动。这意味着美术馆不能涉及画廊业务。如何面对这种“双重身份”存在的一定客观合理性、实现有为政府的规范管理和有效扶持、确保非国有美术馆获得的政府资助使用于公益部分需要制度设计。

4. 藏品类型多样，系统性不强，产权不够清晰

深圳非国有美术馆藏品以当代艺术为主，但显现出类型多样化的趋势，主要包括书画、雕塑、影像、出版物、装置艺术、多媒体艺术等。藏品类型与美术馆背后的企业性质和收藏家兴趣十分相关。受限于企业家眼光和个人兴趣，收藏定位不清晰、藏品系统性不强。部分馆没有自己的藏品。深圳非国有美术馆藏品情况参差不齐，一些美术馆藏品数量不足、质量不高；一些美术馆藏品属于企业家私人所有，美术馆仅作为展馆或私人仓库所用；一些美术馆仅象征性拥有少数藏品，局限于以展览馆的形式举办临时性的商业巡展。针对类似情况，《上海市美术馆管理办法（试行）》规定，“美术馆应当建有功能完善的藏品数据库。国有美术馆的藏品应当纳入国有资产管理系统，非国有美术馆的藏品应当纳入本馆的资产管理系统”。深圳在下一步规范管理扶持非国有美术馆的相关政策中也需要考虑对此做出规范管理。

5. 学术定位模糊

不少非国有美术馆源自创办时企业家的热情和爱好，发展缺少规划和管

理，收藏和研究缺少明确定位和学术基础，显得零散和不成体系。有的馆甚至根本没有馆藏，只是通过借展等方式维持。加之由于资金、人才、场地等的限制，导致不少非国有美术馆定位不明晰或变动大，影响到美术馆的可持续和特色化发展，甚至导致美术馆发展随波逐流，在营利性的商业行为与公益性的公共文化服务之间、迎合大众的娱乐性文化活动与讲求美术作为高雅艺术的专业性之间徘徊反复，甚至导致重展览、轻学术、同质化的现象，影响了整个城市的艺术发展生态。

6. 人才不足

调研过程发现，即使是独立运作、较为规范专业的非国有美术馆，由于节约成本的需要，也存在专业人员紧缺的情况。总体来看，非国有美术馆员工薪水、上升空间、管理规范性等的不足，导致其人才流动大、流失严重。如何推动非国有美术馆参与权威评估认定、形成品牌资产、推动人才职称评定、享受相关政策优惠等，成为影响非国有美术馆人才队伍的重要问题。

7. 整体运营灵活、包容，但规范性有待加强

非国有美术馆与国有美术馆相比，由于体制的差异，其管理团队、运营理念、展览策划、推广营销等活动都呈现出更加自由多样、灵活变通、时尚多元的特点。如注重新艺术理念的表达，参与式艺术体验；注重与时尚产业的结合（如有的展览直接办在 Shopping Mall 里）；等等，突破了人们对美术馆空间的传统感知，获得了很多年轻人和白领阶层的喜爱。但是，美术馆内部制度不健全的问题也较为突出，有的甚至只是一般的家族式管理，未能建立现代美术馆制度，而国外常见的基金会制度、理事会机制、策展人制度等都亟待建立完善。

8. 分布区域广阔，未形成明显的集聚区

深圳非国有美术馆体量大小不一，分布区域广阔，在南山区、福田区、宝安区、罗湖区、龙岗区均有分布，其中尤以南山、福田、宝安居多。显然，处于市中心的非国有美术馆艺术氛围更加浓厚，优越的地理位置能够带来良好的观众流量和社会效应。但总体来看，非国有美术馆在地理空间上呈现散落的状况，未能形成“集群”或“美术馆集聚区”，未能产生集群效应。

9. 缺乏行业组织，行业自治水平较低

行业自治是当代社会自我组织、自我管理的重要方式。深圳非国有美术馆缺少行业协会，导致其发展不能获得通常由行业组织代行的一些横向支持，如公共信息平台建设、行业品牌推广、行业帮扶机制建设等，总体来看，行业自治水平较低。

10. 存在一定的意识形态安全隐患

非国有美术馆管理运营人员一般政治意识不够强，引入或策划展览选择作品较为自由，难免存在把关不严的情况，加之当代艺术自身具有较强的“批判性”和艺术家个人自由发挥的艺术性、探索性，导致部分展览或其他活动具有一定的意识形态安全隐患。

三 深圳市非国有美术馆发展面临的机遇挑战及可资依照借鉴的相关政策

（一）深圳市非国有美术馆发展面临的机遇与挑战

1. 中华民族的伟大文化复兴为深圳美术馆事业发展提供新动力

党的十八大以来，以习近平同志为核心的党中央高度重视文化发展。党的十九大更强调要“坚定文化自信”，“文化是发展的目的和灵魂”，中央、省市各种支持文化发展的政策不断出台，从组织领导、政策保障、法治环境、社会参与等多个角度推动文化发展，整体文化艺术发展生态日益完善，宏观上为包括深圳非国有美术馆事业在内的文化发展提供了新的方向和指引，提供了新的历史机遇。

2. “双区”建设要求，全球文化流动加速带来了新的挑战和机遇

按照中央要求，未来深圳承担着建设“中国特色社会主义先行示范区”的历史使命，必须努力做到“率先塑造展现社会主义文化繁荣兴盛的现代城市文明”，加快建设“区域文化中心城市”，努力成为“彰显国家文化软实力的现代文明之城”。力争到2035年成为我国建设社会主义现代化强国的

城市范例，成为“粤港澳大湾区”建设的核心引擎。如何不负期待、不辱使命，大力发展包括美术馆在内的文化事业将成为必然的选择。2019 年 12 月，深圳市委、市政府印发了《深圳市建设中国特色社会主义先行示范区的行动方案（2019—2025 年）》围绕先行示范区建设的战略定位，提出了阶段性的发展目标和重点任务，其中就文化领域提出了率先塑造展现社会主义文化繁荣兴盛的现代城市文明、规划建设一批重大公共文化设施、开展跨界重大文化遗产保护、建设创新创意设计学院等措施。正在编制的深圳文化“十四五”发展规划，也对未来深圳文化艺术的发展提出了高远的目标和任务。包括非国有美术馆在内的深圳美术馆事业面临重大的发展机遇。

3. 深圳独有的城市特色和资源禀赋提供新发展空间

深圳是中国改革开放事业的一面旗帜，尽管城市历史不长，但却凝聚了中国改革开放的精神文化密码和来自四面八方的移民人口。和全国其他城市相比，深圳拓展美术馆事业有自身的优势。深圳市场经济体制确立较早，有发达的市场经济体系和相对强大的社会力量。深圳的民营经济发达，具有藏富于民、藏艺于民、藏才于民的城市特点，这构成了深圳非国有美术馆发展的经济基础和社会条件。深圳培育了一系列在国际国内市场极具竞争力的产业或行业，形成了颇具规模和影响的“总部经济”，如现代金融、高新技术、现代物流以及平面设计、时装、钟表、无人机等，它们的发展壮大为深圳美术馆观众的拓展、资金渠道多元化等，提供了潜力巨大的空间。而众多高素质的移民人口、创新开放的城市文化氛围，都与富于创新精神的美术馆事业发展具有“亲近感”。此外，深圳 50 多家博物馆，60 多项非遗项目，可为美术馆提供无形“助力”。总之，深圳独有的城市经济社会条件和未来定位，为非国有美术馆的发展提供着广阔的发展空间和重大的发展机遇。

当然，深圳非国有美术馆发展也面临很多挑战。就全球的情况看，随着信息技术、移动互联网的飞速发展带来全球化，以及包括文化信息、艺术品等在内的“文化全球化”的全面加速，后工业社会文化创意产业崛起，人们的精神文化需求飞速增长；美术以多种形式广泛地渗透到影视、出版、动漫、游戏等众多的行业之中，其所具有的文化创造、审美提升、文明积淀与传承以及满足人们日益增长的精神文化需求等重要的社会文化价值日益凸显。此外，承载文化观念的美术品可以是意识形态建构的重要载体，更可以在文化创意时代创造巨大的经济价值，成为市场热捧的投资标的。总之，美术具有高度的精神价值、审美价值、经济价值、社会价值，美术馆成为国家和地区倡导主流价值观、体现民族创造力、展示审美特色、传承精神财富、发展文化创意产业和提升城市文化形象与软实力的重要机构，甚至成为国家或城市文化软实力发展的重要标志。20 世纪 90 年代以来，全球迎来一个美术馆的快速发展期。我国非国有美术馆也是自 2010 年后进入一个快速发展期。换言之，当今时代，加大美术馆建设已经成为世界各地文化发展的一种共识和热潮。深圳非国有美术馆事业发展面临了诸多挑战。

首先是对艺术品这一稀缺资源的“争夺”带来的挑战。藏品是美术馆的核心竞争力。历史的原因，使深圳非国有美术馆起步晚，藏品资源有限。随着艺术品市场的快速发展和艺术品金融化的愈演愈烈，如何在有限的财力情况下购置好的藏品、形成有自身特色的收藏体系，成为美术馆需要面对的巨大挑战。其次是经费不足带来的挑战。非国有美术馆资金主要来源于主办方。出于种种原因，美术馆门票等收入来源很有限，经费不足成为非国有美术馆面临的普遍挑战，如何获取经费支持、如何开源节流，成为美术馆的重要挑战。再次是土地资源紧缺对深圳美术馆发展的刚性约束。多数非国有美术馆没有自有产权的馆舍，美术馆馆舍租金成为沉重的负担。又次是专业人才数量和质量堪忧。由于非国有美术馆的种种限制，专业人才流失严重，同时在人才认定、聘用、流动等方面的体制机制的不完善，对于美术馆发展始终是个制约性因素，这点在非国有美术馆领域尤其突出。最后是深圳在非美术馆的创新发展方面还存在诸多认识、体制、政策上的不足，有待进一步完善。

回顾历史，作为文化积淀较为薄弱的年轻城市，过去 40 多年来深圳文化发展实施的主要是一种“追赶”战略。总体来看，站在新的历史转折点上，深圳非国有美术馆发展仍然是机遇大于挑战。面对“示范”的新使命，深圳包括非国有美术馆在内的文化艺术发展，无疑需要“超越”与“引领”的眼光和努力，这既意味着继承、学习，更意味着创新。

（二）管理和扶持非国有美术馆可以依据借鉴的中央及其他地方政策

作为民办非企业，非国有美术馆的管理扶持主要可供援引的国家政策主要有：国务院《民办非企业单位登记管理暂行条例》（1998 年），文化部、民政部《文化类民办非企业单位登记审查管理暂行办法》（2000 年），文化部《美术馆工作暂行条例》（1986 年）。此外，文旅部近年来一直在推动非国有美术馆发展，在“全国重点美术馆评估”、“全国美术馆优秀项目”评选、“全国美术馆馆藏精品展出季”评选、“美术馆专业人才培训”及对外文化交流计划等专项工作中，都将非国有民营美术馆纳入申请范围。但是，由于国有美术馆和非国有美术馆的管理有着所谓“体制内外”的差别，与国有美术馆相比，中央政府对非国有美术馆的管理与扶持尚处于探索阶段。近年来，为适应非国有美术馆快速发展的形势，各地在如何扶持、管理非国有美术馆方面，进行了不少积极尝试，可供深圳学习借鉴。

如杭州市委办公厅、杭州市政府办公厅于 2011 年出台《关于鼓励和扶持文化类民办非企业单位繁荣发展的若干政策意见（试行）》，将民营美术馆纳入文化类民办非企业单位。每年安排 500 万元资金，以资助、贴息、奖励等方式，扶持文化类民办非企业单位。又如北京市文化局于 2012 年出台了《北京市促进民营美术馆发展的实施办法（试行）》。规定可“由市文化创意产业发展专项资金安排专项”，采用事后奖励、贷款贴息等方式对民营美术馆予以扶持。此后，北京市文旅局对美术馆的发展实施扶持计划，包括实行对优秀展览和策展人的奖励机制，扶持美术馆的学术研究、专业化建设和公共服务优秀项目，对美术馆收藏机制予以政策和资金支持。苏州市文广新局、市民政局于 2013 年联合出台的《苏州市民办美术馆管理办法（试行）》，是全国首个民办美术馆管理办法，其还配套出台《苏州市民办美术馆扶持实施细则（试行）》，江苏省其他城市也进行了参照管理，如张家港市出台《张家港市民办美术馆管理办法》。

2018 年出台的《上海市美术馆管理办法（试行）》，成为我国首个省级出台的美术馆专门管理办法。这一办法鼓励企业、事业单位、社会组织和公民等社会力量依法设立美术馆，鼓励设立公益性基金为美术馆提供经费，鼓励美术馆多渠道筹措资金促进自身发展。该办法还规定美术馆原创展览、公教活动、数字化建设和免费开放、文创产品开发及部分对外文化交流与合作项目，可分别向“上海文化发展基金会”“上海市宣传文化事业及文化产业发展专项资金”“上海推动文教结合专项资金”等申请资助。此外，2020 年，沪苏浙皖四地文旅部门还签订了《长三角地区美术馆发展合作框架协议》。

上述政策措施的出台，“因地制宜”发挥了地方的创新精神和资源优势，在一定程度上弥补了中央政策的不足，对非国有美术馆的规范管理和扶持引导发挥了积极作用，并为深圳制定相关管理扶持办法提供了良好借鉴。

相形之下，广东省深圳市对美术馆的管理较为落后。广东省针对具有相似行业和社会属性的民办博物馆，则早在 2014 年就出台了“扶持民办博物馆发展的专项资金”，至 2019 年，省财政共下达 4000 万元资金，用于鼓励非国有博物馆实行免费开放、提升藏品管理、开展科学研究、公众服务等工作。深圳市也于 2020 年，由市委宣传部、市文体旅游局等部门联合发布《深圳市非国有博物馆扶持办法》，在经费、建馆用地、寄展、业务帮扶、人才引进和税收优惠等多方面对免费开放的民办博物馆进行扶持，但对于非国有美术馆的管理扶持，则依然缺乏专门的政策法规。

四　深圳管理扶持非国有美术馆的若干政策建议

综上，围绕深圳建设中国特色社会主义先行示范区的总体要求和建设粤港澳大湾区“人文湾区”战略，我们建议研制出台相关政策，开展非国有美术馆管理扶持工作。政策应围绕“以人民为中心”的发展理念，本着公益性、专业化、高质量发展的原则，推动形成政策依据清晰、政治导向正确、符合时代发展趋势、适合深圳市实际、具有中国特色的非国有美术馆扶持管理制度，以期推动各类资源整合，实现有为政府与有效市场协同作用下全市非国有美术馆行业的健康发展。

具体建议如下。

1. 明确管理对象，确保其公益定位

准确界定非国有美术馆（即社会力量）兴办，以视觉艺术为对象开展展览、典藏、研究、公共教育、文化交流等业务，面向公众开放的，且取得“民办非企业”登记证书的公益性、非营利性机构。换言之，取得正式的“民非”登记证是非国有美术馆的认定前提。同时，应明确规定美术馆不得进行美术品原作的商业经营活动。总之，将非国有美术馆，与画廊、文化公司、社团性质的展览机构、艺术中心等区别开来，确保非国有美术馆的非营利性、公益性文化机构定位。

2. 明确政府部门的相关管理职能及分工

按照国家相关政策要求，对非国有美术馆的设立、变更、撤销等，进行双重管理。即文化部门作为业务主管部门，进行前置审批及行业管理，民政部门（社会组织管理局）作为登记审批部门进行社会组织管理。应明确相关政府部门分工，明确申请开办、变更、撤销美术馆的基本要求，明确业务主管部门前置审批内容，以相关引导扶持与监管职责。

3. 按照“属地分级管理”原则实施管理

考虑深圳市城市规模大，非国有美术馆数量多，且处于快速成长期，建议借鉴上海等城市的做法，按“属地分级管理”原则实施管理，即原则上以美术馆所在行政区域的区级文化行政部门为业务主管部门，进行相关前置审批，市文化行政部门主要负责全市包括非国有美术馆在内的美术事业的统筹规划，以更好地履行宏观管理职能。

4. 坚持党的领导，坚持正确导向，确保文化安全

当前国际国内形势错综复杂，各种社会思潮复杂多变，艺术领域尤其反映明显。美术工作应坚持和加强党对非国有美术馆工作的领导，确保意识形态安全。非国有美术馆应当坚持“以人民为中心”的工作导向，坚持“二为”方向，落实“双百”方针，培育和弘扬社会主义核心价值观。禁止出

现国家有关法律、法规规定禁止的内容，以确保文化安全。

5. 引导非国有美术馆提升自身管理水平

建议进一步规范非国有美术馆的日常运营及公共文化服务的质量。鼓励非国有美术馆健全以理事会、监事会为核心的法人治理结构，完善章程和发展规划；明确学术定位，营造品牌特色；规范非国有美术馆的日常运营及公共服务；明确非国有美术馆的开放时间、服务内容、开放公示等要求；加强内部藏品、财务、人事等制度建设，不断提高非国有美术馆管理水平。

6. 开展整体评估和奖励扶持，提高文化治理能力

政府部门切实履行公共服务职责，通过委托独立第三方开展社会调查等方式，加强非国有美术馆的行业评估、评优，探索动态跟踪把握全市非国有美术馆发展情况，奖优罚劣，科学管理、合理引导其健康发展。

7. 加强行业自治

鼓励非国有美术馆成立行业组织，加强行业互动，提高行业自治水平。发挥行业组织连通行业与政府的“桥梁”作用，鼓励其承接相关政府购买项目，提供信息、人才、藏品等各方面的行业服务。

8. 鼓励参与市、区文化发展专项资金项目申报，争取相关资助

依照深圳市、区两级财政均设有的公益类和产业类发展专项资金的相关规定，鼓励非国有美术馆精心策划、组织、开展特色展览、公共教育、文化交流等公益项目，符合条件的可向市、区两级宣传文化事业发展专项资金申请资助。鼓励非国有美术馆在文创产品开发、文化消费类拓展、文化原创出版、场馆租赁等向市、区文化产业专项资金申请相关资助，并加强政府文化资助资金的绩效管理，确保专款专用。

9. 鼓励公益捐赠、资助，鼓励美术馆提供有偿服务获取合法收入

鼓励非国有美术馆按照国家相关规定，通过接受社会捐赠、资助、项目委托、参与政府购买、提供有偿服务等方式，获得资金资助或收入，以多元化解决非国有美术馆资金不足的问题。其中，对非国有美术馆进行捐赠的企业或社会组织，可按照国家相关政策法规享受相应税收减免优惠。非国有美术馆自身通过提供有偿服务等获得的收入，亦可按国家相关政策法规规定享

受税收减免优惠。

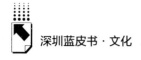

10. 以多种“评优”“评级”等形式对美术馆进行重点扶持

鼓励非国有美术馆参与国家、广东省等组织的美术馆领域各种评优、评级、评估，并争取相关扶持或奖励。积极协助非国有美术馆积极参与申报国家文旅部组织的“全国美术馆优秀项目评选”“全国美术馆馆藏精品展出季”活动，对于入选优秀项目及精品展或获得“优秀”提名的，可考虑予以一定的奖励。鼓励非国有美术馆参与申报广东省文旅厅组织的美术馆评估定级，对于获评省一级、二级、三级美术馆的（非国有），可考虑予以一定的奖励。

目前，深圳正处在“双区”驱动和“双区”叠加，建设全球区域文化中心城市的重要战略机遇期，又承担着综合改革试点的重要使命。如何在管好、办好国有美术馆的同时，加大非国有美术馆的管理扶持力度，是推动深圳美术事业健康、可持续发展的重要任务，也是深化文化体制改革、提高文化治理能力现代化、加快“双区”建设的重要内容。规范管理非国有美术馆，要注重规范管理和扶持促进并举，既发挥社会力量的积极性，又履行政府作为公共部门的职责，并鼓励美术馆积极发挥公共服务及审美教育功能，支持美术馆积极探索跨界融合，特色化、品牌化发展，走出深圳非国有美术馆管理的创新发展之路。

B.9

社会组织与城市基层文化治理

——以深圳的社会阅读组织为例

杨立青*

摘　要：　近年来，全球兴起了“治理”热潮。从社会组织角度来看“治理”，既可看到改革开放后社会力量的生长，也可揭示我国社会结构的转型和在治理体制上的调整。深圳社会阅读组织的例子说明，在加强基层治理体系和治理能力现代化建设的背景下，社会组织在城市基层文化治理中的作用日益凸显，包括推动多元共建的文化治理结构的形成，促进公共文化服务体制和机制的创新，更大程度地满足市民的文化需求，实现市民的文化权利。

关键词：　社会组织　基层文化治理　深圳　社会阅读组织

2021年中共中央、国务院印发《关于加强基层治理体系和治理能力现代化建设的意见》，要求“建立健全基层治理体制机制，推动政府治理同社会调节、居民自治良性互动，提高基层治理社会化、法治化、智能化、专业化水平”。文化治理是基层治理的重要组成部分，文化治理水平集中体现了基层治理体系和治理能力现代化的程度。本文以深圳的阅读类社会组织为例，探讨社会组织的发展及其与城市基层文化治理的关系。

---

* 杨立青，博士，深圳市社会科学院文化研究所研究员，研究方向为公共文化服务、文化体制改革。

一 从社会组织来看治理

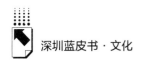

自20世纪八九十年代以来，“治理”（governance）一词在欧美社会开始流行，此后被经济学家引介到中国，如“公司治理”或“公司治理结构”这类术语被广泛使用于公司转型和企业改制领域，进入21世纪后成为中国学界的重要话语，并被政府及社会各界广泛接受。俞可平指出，从政治学意义上说，治理指的是公共权威为实现公共利益而进行的管理活动和管理过程；治理与统治（goverment）既有相同之处，也有实质区别，区别之一在于统治的主体只能是政府权力机构，而治理的主体可以是政府组织，也可以是非政府的其他组织；统治的着眼点是政府自身，而治理的着眼点则是整个社会，其目标是达致“善治”，也就是公共利益最大化的管理过程。①

从词源学上看，治理并不是个新词。早在14世纪末，英格兰国王亨利四世就开始使用这一概念，用来说明上帝赋予国王对国家的统治权力。进入20世纪80年代后，伴随着西方后工业社会的到来以及后现代文化思潮的兴起，治理的内涵发生了很大的变化，当代“治理”概念及相关理论被当成一个新的分析框架和思想体系，用来研究分析现代政治、社会结构的历史变迁及当下政治、行政系统运行的新特征，从而也就与传统的统治和政府控制或统治区别甚至对立开来，它所确立的“善治”目标，要求以更多的创造性工作、以更为有效的行政方式，应对不断变化的外部环境，实现社会的更好发展和人民生活状况的更大改善。②

“治理”词义的变化及相关理论的兴起，从根本上说是现代国家社会结构变化的现实反应。其一，从政府的角度看，随着20世纪70年代以“滞涨危机”和福利国家困境为表征的社会经济危机的出现，政府出现行政效率

---

① 俞可平主编《中国治理变迁30年》，社会科学文献出版社，2008，第1~2页。

② 孙柏瑛：《当代地方治理——面向21世纪的挑战》，中国人民大学出版社，2004，第18~19页。

低下、行政资源浪费等“政府失灵”现象。到了90年代，发达国家去工业化和全球经济一体化进程的加速，要求政府公共管理和公共服务的方式做出调适和改变，由控制和干预转向掌舵、协调冲突和促进社会资源整合，以应对新的挑战。其二，西方国家有着发达的资本主义市场经济，“市场”本身拥有最多的经济社会资源和效率较高的运营方式，是参与公共事务管理的重要力量，但随着现代社会生产和消费方式从“福特时代”到“后福特社会”的转变，以往强调标准化、程式化的生产方式和组织方式，已适应不了社会和公民需求日益多样化、个性化的现实，形成“市场失灵”。其三，西方自中世纪以来，就形成了源远流长的社会自治传统，“社会”因此也成为与国家、市场有所区隔同时又彼此关联的重要的公共事务参与主体，由此出发，从现代组织学的角度，学界将政府组织称为第一部门，将市场组织（即企业）称为第二部门，相应的，将非政府、非市场的社会组织称为第三部门。

对“治理”问题的考察，我们当然有不同的角度。基于当代治理组织载体与参与角色的多样性和多中心性是治理概念及其与传统行政思想区别开来的关键，同时，基于“治理”理念本身就要求政府放松对社会的过度管制，逐步实现向社会的分权，大力推进公民自组织的发展，使之和政府、市场组织形成相互合作的关系，共同参与公共事务管理，因此，从社会组织来看待治理，是自然合理的，这点对于西方发达国家是这样，对于我国而言，也是如此。

众所周知，在西方，这类组织的名称包括非营利组织、非政府组织、第三部门等，在我国，除了上述名称，自20世纪八九十年代以来还出现了“民间组织”等概念。而进入21世纪，上述概念逐渐被“社会组织”替代：2006年党的十六届六中全会第一次提出了“社会组织”的概念，2007年党的十七大报告又进一步阐述了“社会组织”对于社会建设的重要意义。关于使用这一新概念的原因，民政部前部长李学举2007年在全国社会组织建设与管理工作经验交流会上说：“‘社会组织’……是用中国特色社会主义理论深刻认识这类组织的基本属性、主要特征而形成的科学概括。”事实上，“社会组织”无论是作为概念还是作为事实，都是改革开放以后出现的

“新事物”，它是改革开放以来国家、市场和社会有所区隔和分际的历史性产物，其意义自不可等闲视之。

改革开放以来，经济体制改革的推进（尤其是随着“三资企业”在经济特区等沿海地区的出现），打破了“一大二公”的所有制结构，此后民营企业也随之出现并逐渐获得法律上的认可，从而吸纳了越来越多的就业者加入其中，它们与公有制企业一起，实现了多种所有制经济的共同发展，推动了社会主义市场经济的确立。为适应新的经济样态，在管理社会人口方面，僵硬的户籍制度逐渐得到改革，全社会人员和资源流动开始加速，以年轻人为主的人口红利有力地支撑了新时期工业化和城市化的起步，整个社会爆发出一股强大的动能，不仅推动了经济的强劲增长，客观上在催生出一个强大的“市场”的同时，也日益催生出蓬勃发展的社会力量，标志之一就是各类社会组织快速发展，其既可以从政府获得资源，也可以从市场获得发展资源。① 社会组织的发展无形中使得社会的自主性明显增强，它们以自身的动员社会资源、提供公益服务、推动社会协调等组织优势和功能，相对独立地参与社会管理和公共服务，在相当程度上弥补了政府组织和市场组织的不足，克服了“政府失灵”和“市场失灵”。而这种政府组织、市场组织和社会组织之间的互补结构及其对公共事务的参与，无疑正是“治理”的题中应有之义。

显而易见，从社会组织来看治理，其最大的历史价值在于改革开放以来社会的成长及其相对独立性对于国家发展的重要意义，其本身也昭示了新中国成立70多年来（尤其是改革开放后）中国经济社会结构的深刻转型及其在治理体制上的调整：“市场经济的发展是改革开放以来基层治理转型的根源……市场配置资源需要分散的、多元的与充满活力的管理体制，社区制和

① 正如李学举所指出的：“社会组织作为有别于政府、企业的‘第三部门’，联合众多群众、企业和组织，跨越不同部门、不同所有制形式，汇聚各类人才，拥有资源、技术、信息、项目等方面的优势，在科技教育、文化体育、卫生保健、扶贫开发、环境保护、法律援助、社会福利、行业管理、社区建设、农村经济等诸多领域具有很强的能量储备”，转引自陈志卫等《新社会组织：实践与研究》，中国社会出版社，2008，第17~18页。

村民自治的发展适应了社会的这一需求，不仅孕育了社会力量，增强了社会自主性，而且实现了社会更加有活力的重组，推动了基层治理现代化发展。”①

二 基层治理视域下的深圳阅读类社会组织

自20世纪90年代以来，基于较为发达的市场经济及其所推动的社会发展，深圳的社会组织发展快速。特别是在深圳市民政局2008年进行“由双重管理向直接登记管理”的社会组织登记管理体制改革后，社会组织发展进一步提速，从2011年的4442家增加到2020年的10742家。而在10742家社会组织中，按组织类别分，社会团体4742家，占44.14%；民办非企业单位5568家，占51.83%；基金会432家，占4.02%；在行业类别分布方面，经济类占比11.27%，科学研究类占比8.3%，教育（27.25%）、卫生（1.57%）、文化（10.76%）、体育（7.69%）、生态环境（0.69%）等社会事业类占比47.96%，慈善类占比20.93%，法律、宗教、职业、涉外等综合类占比11.44%。②

作为深圳社会组织的重要组成部分，文化类社会组织同时发展很快（占比10.76%，假如加上体育类的7.69%，则超过18%），其中社会阅读组织就是突出的代表。自成立经济特区以来，深圳就已经成为一个热爱阅读、学习氛围浓郁的城市：作为新兴的以年轻人为主的移民城市，深圳的社会竞争激烈，而年轻人求知欲强，这些都推动了深圳全民阅读的快速开展。同时，经济的发展也推动了社会的发展，以自组织形式兴起的社会阅读组织，就是深圳社会发展的一个缩影。据不完全统计，目前深圳拥有各类社会阅读组织超过100个，其中活跃度较高的约有50个，特别是彩虹花公益小书房、三叶草故事家族、后院读书会、深圳读书会等社会公益类阅读组织在国内皆

① 李春根、罗家为：《从总体性支配到社会化整合：新中国70年基层治理现代化的演进逻辑——国家与社会关系的分析视角》，《华中师范大学学报（人文社会科学版）》2020年第3期。

② 谭逸丹：《2020～2021年深圳市社会组织发展状况、挑战及展望》，《深圳社会治理与发展报告（2021）》，社会科学文献出版社，2021，第207～208页。

享有盛誉。此外，深圳还出现了一批线上阅读组织，如黑咖啡读书会、深圳读书群等，这类组织一般以线上讨论、交流为主，既可以有效利用网络传播的即时性和互动性，又免除了线下活动需要场地的烦恼，最大限度地降低了阅读推广的成本。它们构成了深圳基层文化治理（尤其是建设学习型社会和推动全民阅读）的重要力量。

（一）社会阅读组织推动政府文化职能进一步转变、形成多元共建的基层文化治理结构

改革开放以来，在我国的社会转型中，以职能转变为中心的政府转型是其中的重要内容，其中就包括把市场机制能自行调节、社会组织能解决的事项转移出去，特别是通过培育社会组织承担政府部分社会管理和公共服务职能，推动社会组织与政府合作伙伴关系的建立。在这方面，2012 年成立的“深圳市阅读联合会”就是其中的典型例子。作为一个沟通政府与民间的非政府组织，该会成员涵盖了学校、公共图书馆、社会阅读组织、媒体、出版、印刷、发行、网络阅读等行业以及从事阅读研究与实践的专家学者，致力于推动深圳阅读资源的整合与共享，积极组织社会阅读组织、阅读推广人开展全民阅读活动，促进了全民阅读的制度化、常态化、普及化。成立 10 年来，该会发挥了平台的桥梁纽带作用，一方面争取政府相关资源，推动社会阅读组织参与策划、实施深圳读书月等重要文化节庆活动，开展深圳公益阅读推广机制示范发展研究工作，形成一套设计科学、行之有效的公益阅读推广人服务与管理机制。另一方面支持和鼓励社会阅读组织和阅读推广人走向基层、走进民间，开展惠及全民的公益阅读推广活动，坚持开展常态化、普惠型阅读推广活动，如在未成年人阅读方面，为 0~6 岁儿童发放“阅芽包”，提供早期儿童阅读指引；开展阅读推广人下基层活动，举办小书房·家门口读书会、三叶草阅读加油站、绘本剧大赛、帐篷阅读马拉松等亲子阅读活动，深入社区、学校、家庭提供未成年人公益阅读服务；举办深圳儿童绘本创作大赛、少年诗词达人大赛，为孩子们搭建阅读、学习、交流、创作展示平台。在青工阅读方面，推出深圳青工读写素养提升计划，开展梦想讲

书人等活动，激发青工的阅读写作热情，营造深圳书香氛围。可以看到，深圳市阅读联合会事实上承担了政府文化部门的相关社会管理服务职能，在服务市民（尤其是在构建“学习型社会”）这一基层文化治理目标上甚至发挥了政府部门所难以发挥的独特作用。

（二）借助社会组织运作的灵活性，促进公共阅读服务机制的创新

作为不同于政府组织和市场组织的“第三部门”，社会组织本身具有某种组织特性，比如与社会更近，对社会发展情状和现实需求有着纤敏的触觉，因其具有相对的独立性，在开展社会服务上具有机制上的灵活性，加上其志愿性或公益性，都使得其在服务大众、促进全民阅读方面发挥着无可替代的独特作用。在此不妨以在阅读方式上最具创新意识的后院读书会为例。后院读书会成立于 2009 年，刚开始无非几个爱读书的人基于某种“游戏”态度组织读书活动，追求读书“无目的之合目的性”，想要达致的是“通过知识获得解放”，也因此在深圳这么一个商业气氛浓厚、生活节奏很快的城市，竟然聚集起一群爱阅读的深圳人，“居无定所”地开展了社会阅读。读书会成员来源广泛，部分有相关资源的会员可为读书活动提供场地、餐饮等便利条件，使得读书会成立 13 年来的活动持续而创意十足地进行下去。比如除了在室内正襟危坐，读书活动还经常走向室外，甚至走向田野，采取健康书籍分享和有机蔬果采摘相结合的方式，充满生活趣味和实感；在深圳读书月举办期间，读书会独出心裁，举办了用无人机参与的换书大会，此外还创造性地开展书在城市行走的“阅读接力”，这些极具创意的活动方式吸引了各个年龄段读者的广泛参与。在读书会创办人看来，后院读书会的实践意义在于，证明了在深圳这样一个快节奏、以经济活动为主导的城市，精神性的活动也有存在的空间，同时它还“创造了闲暇”——“不是休息，不是工作，而是闲暇。大脑在运思，我们静观默察，省思一个人在地球上存在的状态，灵魂醒觉，从各种形形色色的限囿中挣脱，体会生命的美意，这就是闲暇”。[①]

① 王绍培：《后院读书会五年》，《晶报》2014 年 10 月 20 日。

在后院读书会身上，最为集中地展现了社会组织的某些特性及社会功能，尤其是它以自身运作上的灵活性，为我们思考如何促进公共阅读机制创新、营造更多基层文化空间，提供了足够的启示。

（三）更大程度地满足市民的文化需求、实现市民的文化权利

需求决定供给。公共阅读的产品、服务供给是以公众为对象的，要提高供给水平、扩大全民阅读范围，就必须突出社会公众的真实需求，而满足市民多样化的阅读文化需求，正是全民阅读的逻辑起点。全民阅读需要政府的支持、推动，但更需要社会力量的参与，只有各类社会阅读组织的蓬勃发展，深圳全民阅读才能真正实现由政府倡导向社会自觉的转变。众所周知，深圳有个知名的文化节庆——深圳读书月。读书月在2000年的举办，是深圳文化发展（尤其是全民阅读）史上的一件大事。第一届读书月举办之日，时任深圳市文化局局长的王京生就提出要实现市民基本文化权利，而阅读权是公民应该享受并受到保护的权利，通过对文化资源的调配保证这项权利的充分实现，是政府和社会应共同担当的责任。可以说，实现市民文化权利构成了深圳政府文化部门最为核心的施政理念之一。要实现市民文化权利，除了政府，社会参与是必不可少的。得益于深圳近年来社会管理的政策创新，深圳社会阅读组织发展迅速，从自发、民间、线下的小型书友聚会到如今遍地开花的社会阅读组织，事实上已成为深圳全民阅读推广的主体力量，他们主动参与公共文化服务，把家庭阅读、社区阅读、特定人群阅读作为自己发挥作用的舞台，很大程度上填补了政府公共服务的不足。比如成立于2008年三叶草故事家族，以“童心、爱心、慧心”为价值标签，通过故事妈妈培训、阅读讲座、社区故事会、文化沙龙、新书试读会、讲述大赛、故事剧团等不同方式组织各类亲子阅读，以家庭为核心，延伸到学校和社区，同时立足深圳，向外扩展，在全国十几个省市地区设置近百个站点，成员已涵括全国一两万个家庭，服务儿童以及与儿童相关的父母及教师群体，满足了他们的文化需求，实现了未成年人的阅读文化权利。

B.10
深圳文化艺术类基金会发展报告

任 珺　黄庆平　王 芳*

摘　要： 深圳文化艺术类基金会是指利用自然人、法人或者其他组织捐赠的财产，以从事文化艺术公益事业为目的，按照《基金会管理条例》的规定成立的非营利性法人。本文通过梳理深圳文化艺术类基金会发展现状及困境，提出促进深圳文化艺术类基金会健康可持续发展的政策建议。以期建立文化艺术公益事业多元化资金支持体系及跨部门灵活协作机制，推动文化艺术公益事业向共建共治共享的方向良性发展，对标国际城市文明典范，服务深圳文化强市建设。

关键词： 文化艺术资助体系　基金会　公益事业　深圳

自20世纪以来，基金会等非营利组织对文化艺术的赞助，成为社会支持文化艺术发展的主要形式。政府及公共机构的财政资助也多以基金或基金会的形式进行。有学者指出，从我国整体来看，大概是从2008年开始艺术基金会进入快速发展期，① 国家艺术基金、省市级政府等官方（文化）艺术基金（会）相继成立，标志着我国文化艺术资助发展进入新的阶段。深入研究文化艺术类基金会等非营利部门的艺术资助机制及存在的困境，对于完

---

* 任珺，深圳市社会科学院文化研究所研究员，研究方向为公共文化政策及文化研究；黄庆平，深圳市宣传文化事业发展专项基金办公室主任；王芳，深圳市宣传文化事业发展专项基金专职人员。

① 岳晓英：《中外艺术基金会研究》，东南大学出版社，2020，第12页。

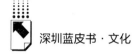

善我国文化艺术公益事业的多元化资金支持体系及跨部门灵活协作机制，具有重要的现实意义。

文化艺术类基金会采用现代公司法人治理结构，主要利用社会资源从事或资助文化艺术公益事业，成为当前我国文化艺术资助体系中一支不容忽视的新生力量。随着社会经济的发展及相关政策陆续出台，我国基金会的业务领域逐步走向多元化，文化艺术领域也成为公益事业及慈善活动关注的重要领域之一。[①] 在本研究报告中，深圳文化艺术类基金会是指：利用自然人、法人或者其他组织捐赠的财产，以从事文化艺术公益事业为目的，按照《基金会管理条例》的规定成立的非营利性法人。这里包括在深圳市民政局登记的以及广东省民政厅登记且注册地址在深圳，并已经委托给深圳市民政局管理的以文化艺术领域服务为主要业务内容或形式进行公益（philanthropy）或者慈善（charity）活动的基金会。[②]

一　深圳文化艺术类基金会发展现状

从设立目的和业务范围来看，深圳文化艺术类基金会有以文化艺术的创作、教育、保存、研究、传播、产业等领域为主要资助或支持对象的公益活动，还有以文化艺术为主要内容或形式来解决社会问题、促进社会创新的公益活动。在国家相关文化政策引导下，深圳文化艺术类基金会的关注领域比较多地集中在阅读推广、艺术教育、人才支持、文化传承、非遗保护、艺术/非遗扶贫等方面，也有资助文化（创意）产业发展的社会公益组织。其中：深圳市社会组织信息平台上标注基金会类型为“文化”的基金会共有9

---

① 比如，《中华人民共和国公益事业捐赠法》（1999年）、《基金会管理条例》（2004年）、《中华人民共和国慈善法》（2016年）等相关法律法规体系相继出台，以及文化领域深入推进全民阅读、全民美育、非物质文化遗产保护传承、文化艺术助力乡村振兴等公共政策。据《中国慈善发展报告（2020）》（社会科学文献出版社，2020）显示，中国慈善捐助的五大方向为医疗健康、教育救助、扶贫开发、救灾减灾、文化生态，其中文化生态是位于第五的重要方向。

② 这里的公益慈善活动，是指符合《中华人民共和国公益事业捐赠法》第三条对公益事业范围的规定或者《中华人民共和国慈善法》第三条对慈善活动范围的规定的。

家——深圳市新闻人才基金会（1994 年）、深圳市爱阅公益基金会（2010 年）、深圳市雅昌艺术基金会（2012 年）、深圳市三和仁爱文化基金会（2013 年）、深圳市博雅文化研究基金会（2013 年）、深圳市华唱原创音乐基金会（2014 年）、深圳市理想国文化发展基金会（2014 年）、深圳市振兴交响乐发展基金会（2018 年）、深圳市设计互联文化艺术基金会（2019 年）；宗旨和业务范围或核心项目主要为促进文化艺术发展的基金会共有 10 家——深圳市松禾成长关爱基金会（2010 年）、深圳市花样年公益基金会（2013 年）、深圳市缘聚慈善基金会（2013 年）、深圳市国际交流合作基金会（2014 年）、深圳市创想公益基金会（2014 年）、深圳市至圣孔子基金会（2014 年）、深圳市广电公益基金会（2015 年）、深圳市九藤文化教育基金会（2015 年）、深圳市越众公益基金会（2018 年）、深圳市双年展公共艺术基金会（2019 年）。此外，一些有志于赞助文化艺术的个人或机构组织，会在其认可的基金会下设立专项基金，接受捐赠并开展或资助文化艺术公益活动。因此，内设文化艺术公益基金专项或有资助文化艺术项目的综合性基金会共有 3 家——深圳市社会公益基金会（1991 年）①、深圳市慈善会（2002 年）②、深圳市关爱行动公益基金会（2011 年）③。这三家基金会业务综合性较强，故不列入此次统计分析。综上，本报告中涉及统计数据分析的内容，是基于前两类总共 19 家深圳文化艺术类基金会 2018～2020 年三个年度公开年报基础数据开展的。

---

① 深圳市社会公益基金会下设的专项基金与文化艺术领域相关的有：君行乡村数字图书馆公益基金、陶笛音乐公益基金、骆文冠文化艺术慈善基金、青苔非遗公益基金等。

② 深圳市慈善会下设立的专项基金与文化艺术领域相关的有：艺文公益基金、设计之星扶持基金、慧心艺术公益基金、满文化保护专项公益基金、田地艺术基金、潮剧基金等。

③ 比如，陈湘波艺术公益基金是深圳市关爱行动公益基金会下设立的专项基金，资助或开展与青年艺术家赋能有关的公益项目，也资助或开展与艺术乡村建设有关、与城乡艺术素养提升有关的公益项目。其他艺术家发起的，还有戴泽艺术基金、鸿泽美育基金等。该基金会下还有卢茂新、钟帆飞发起的诗歌与孩子公益基金，开展诗歌进校园活动；深圳国际文化产业博览交易会有限公司发起的文博会艺术扶贫公益基金，开展广东河源雅色村艺术扶贫；深圳市诗歌阅读馆文化传播有限公司发起的阅读馆公益基金，开展“读诗吧，孩子”公益活动；深圳市钟表行业协会发起的“时间有爱”艺术公益基金，开展星娃娃助绘班活动；等等。

二 深圳市文化艺术类基金会发展现状

（一）总体情况

19 家深圳文化艺术类基金会总体情况如表 1 所示。

表 1 深圳文化艺术类基金会概况

基金会名称	成立年份	性质	类型	净资产*（万元）
深圳市新闻人才基金会	1994	公募	其他	767.69
深圳市爱阅公益基金会	2010	非公募	教育/文化	2938.15
深圳市松禾成长关爱基金会	2010	非公募	社会服务	218.85
深圳市雅昌艺术基金会	2012	非公募	文化	329.58
深圳市三和仁爱文化基金会	2013	非公募	文化	593.87
深圳市博雅文化研究基金会	2013	非公募	文化	322.03
深圳市花样年公益基金会	2013	非公募	其他/社会服务	960.66
深圳市缘聚慈善基金会	2013	非公募	文化/社会服务	161.79
深圳市国际交流合作基金会	2014	非公募	其他/社会服务	6743.36
深圳市创想公益基金会	2014	非公募	其他/社会服务	4297.60
深圳市至圣孔子基金会	2014	非公募	文化	335.06
深圳市华唱原创音乐基金会	2014	非公募	文化	347.93
深圳市理想国文化发展基金会	2014	非公募	其他	0
深圳市广电公益基金会	2015	公募	社会服务	1665.36
深圳市九藤文化教育基金会	2015	非公募	教育	13411.32
深圳市振兴交响乐发展基金会	2018	非公募	文化	1516.76
深圳市越众公益基金会	2018	非公募	其他	6040.11
深圳市设计互联文化艺术基金会	2019	非公募	文化	255.67
深圳市双年展公共艺术基金会	2019	非公募	社会服务	192.09

*这里“净资产”用的数据为各基金会 2020 年度公布的年报年末净资产数据，引自深圳市社会组织信息平台，http://sgj.mzj.sz.gov.cn:9008/njbg.jhtml。

从表 1 中可以看到，有 5 家基金会类型有两个不同的类别，这是随着基金会业务开展和发展的需求，在新的年度类型申请中进行了调整。其中，深圳市爱阅公益基金会 2018 年度申请的类型为“教育”，2019 年将其变更为“文化”，其他 4 家均有类似情况。

由个人或企业背景出资发起的文化艺术类基金会共有 16 家，占深圳文化艺术类基金会总量的 84.2%。发起人、主要捐赠者及企业通过基金会公益平台，将捐赠资金交给专业机构开展慈善公益活动回馈社会，有助于提升企业的社会责任形象和知名度。

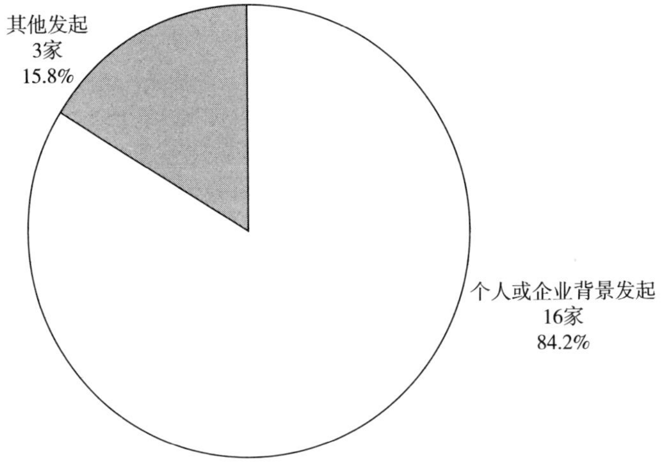

图 1　由个人或企业背景及其他发起基金会数量及占比

（二）发展趋势

截至 2021 年，深圳市文化艺术类基金会的数量为 19 家，2010 年以前成立的只有一家，即深圳市新闻人才基金会。2013~2015 年新成立基金会有 11 家，在此需说明的是国家艺术基金于 2013 年 12 月 30 日成立，这可作为我国文化艺术类基金会蓬勃发展的重要时间节点。2015 年以后文化艺术类基金会发展速度放缓，2018 年和 2019 年各有两家新成立。

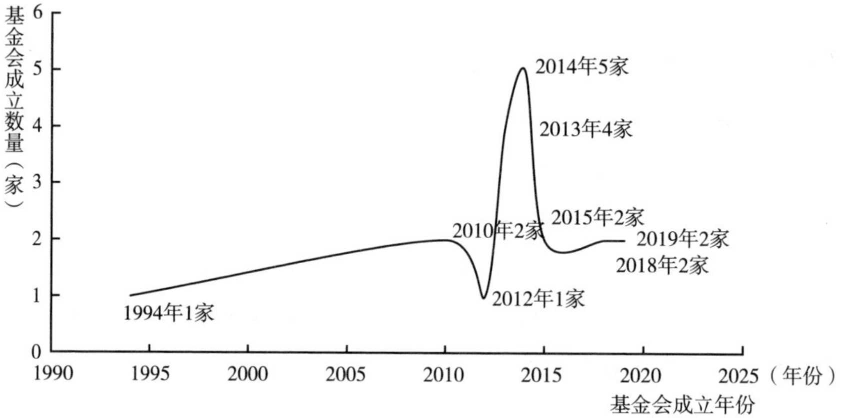

图2　文化艺术类基金会变化趋势

（三）资质获取情况

1. 公开募捐资格获得情况

深圳具有公开募捐资格的文化艺术类基金会有两家，占比为10.5%。其中在深圳市民政局登记且具有公开募捐资格的基金会一家，另一家登记管理机关为广东省民政厅，均成立于2016年《中华人民共和国慈善法》颁布前。

2. 公益性捐赠税前扣除资格获得情况

2020年5月13日，财政部、税务总局、民政部联合发布《关于公益性捐赠税前扣除有关事项的公告》，对在民政部门依法登记的慈善组织和其他社会组织，认定公益性捐赠税前扣除资格做出新的规定。增加了前置条件，要具备非营利组织免税资格；要等级评估3A及以上；要符合年度公益支出和年度管理费用比例限制，将捐赠足额及时用于公益目的；等等。除了新设立或新认定的慈善组织，其他认定则需要同时符合八项条件，相比旧规，严格不少。这在一定程度上加大了申请的难度，2020年深圳文化艺术类基金会获得公益性捐赠税前扣除资格的只有7家，占整体的36.84%。

3. 非营利组织免税资格获得情况

2020年深圳市文化艺术类基金会获得非营利组织免税资格的有16家，占整体的84.21%，其余3家基金会的免税资格已到期，需要向主管税务部

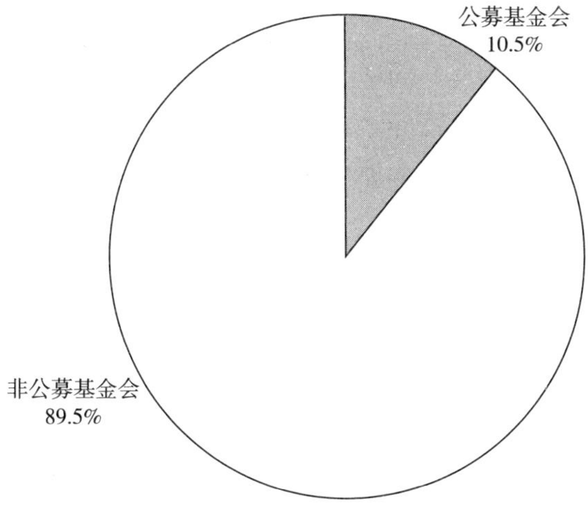

图 3　公募基金会占比

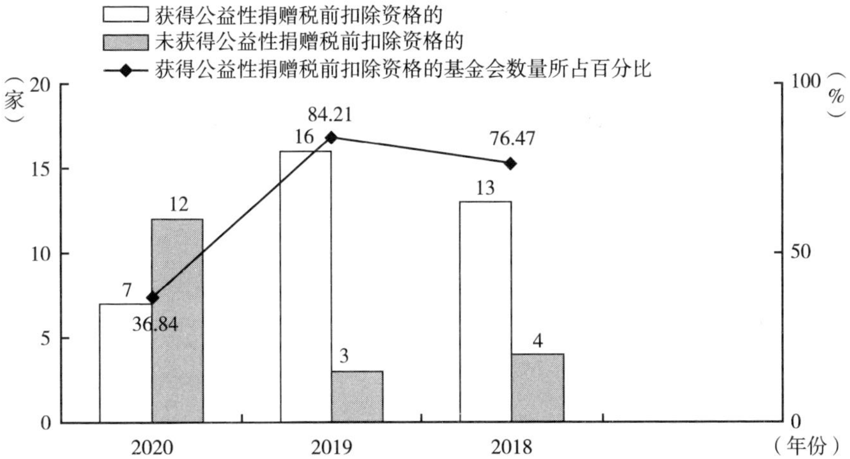

图 4　获得公益性捐赠税前扣除资格的基金会数量及占比

门提交相关材料，进行复核。大多数基金会获取了免税资格，主要是因为其对基金会免征企业所得税有很大的需求。

4. 社会组织等级评估获得情况

本次数据统计忽略 1A 和 2A 的基金会，深圳市文化艺术类基金会取得 3A 及以上社会组织等级的有 10 家，占全市基金会总量的 52.63%。

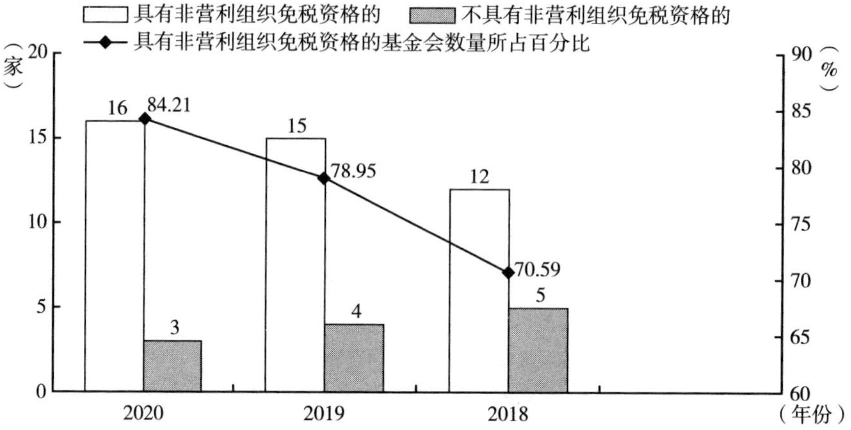

图5　具有非营利组织免税资格的基金会数量及占比

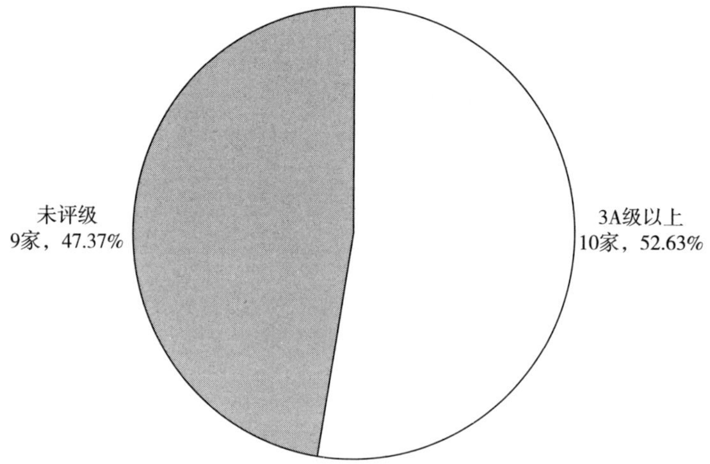

图6　基金会评级概况

3A及以上社会组织等级的基金会名录（见表2）。

表2　基金会评级概况

基金会名称	等级评定	等级有效期始	等级有效期止
深圳市至圣孔子基金会	3A	2020年12月1日	2025年12月1日
深圳市雅昌艺术基金会	3A	2021年2月21日	2026年2月21日
深圳市九藤文化教育基金会	3A	2021年2月21日	2026年2月21日

续表

基金会名称	等级评定	等级有效期始	等级有效期止
深圳市新闻人才基金会	4A	2018 年 2 月 7 日	2023 年 2 月 7 日
深圳市创想公益基金会	4A	2019 年 12 月 31 日	2024 年 12 月 31 日
深圳市爱阅公益基金会	4A	2020 年 12 月 1 日	2025 年 12 月 1 日
深圳市国际交流合作基金会	5A	2018 年 1 月 1 日	2023 年 1 月 1 日
深圳市华唱原创音乐基金会	5A	2019 年 12 月 31 日	2024 年 12 月 31 日
深圳市广电公益基金会	5A	2020 年 12 月 1 日	2025 年 12 月 1 日
深圳市振兴交响乐发展基金会	5A	2021 年 2 月 21 日	2026 年 2 月 21 日

（四）基金会资产状况

1. 注册资金情况

按照《基金会管理条例》规定，地方性非公募基金会的原始基金应不低于 200 万元人民币。故深圳有 11 家文化艺术类非公募基金会注册资金为 200 万元，占比约 57.89%。全市 472 家基金会,[①] 注册资金总计 23.94 亿元，文化艺术类基金会注册资金约占 2.64%。

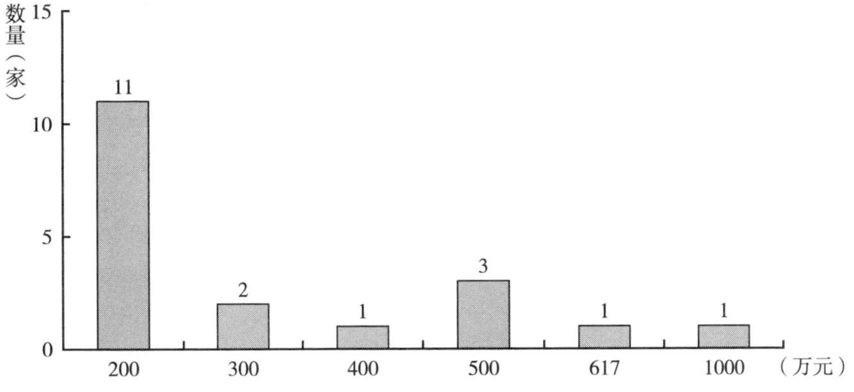

图 7　注册资金情况

① 这里 472 家基金会是依据深圳市基金会发展促进会《数说基金会：2021 年深圳基金会数据》报告统计范围确定的，包括深圳市民政局登记的 450 家基金会，以及广东省民政厅登记注册地址在深圳并且已经委托给深圳市民政局管理的 22 家基金会。注册资金总数来源于该报告统计数据。

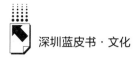

2. 近三年净资产情况

2018 年、2019 年、2020 年 19 家文化艺术类基金会净资产总额分别为 23851.17 万元、29011.85 万元和 41097.88 万元。基金会的资产能够在一定程度上反映出基金会所拥有的社会资源状况。[①] 近三年大部分资金为非限制性净资产，非限制性净资产逐年增长；2019 年和 2020 年的限制性净资产基本保持一致，略有增长。

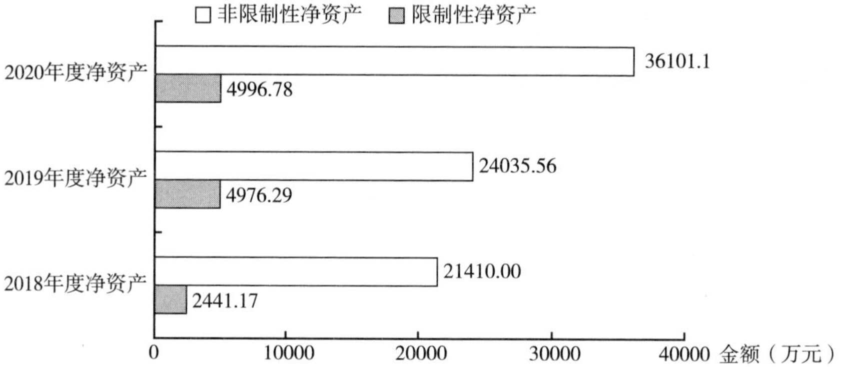

图 8　近三年净资产情况

根据近三年基金会报送的年度工作报告来看，年末净资产分布较均匀，处于 301 万~500 万元区间的基金会数量较多。2020 年净资产超过 2000 万元的基金会共有 5 家。

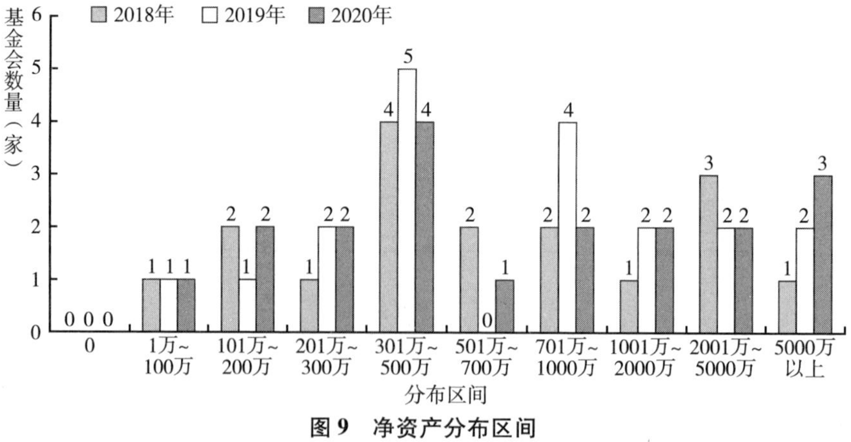

图 9　净资产分布区间

① 深圳市基金会发展促进会：《数说基金会：2021 年深圳基金会数据》2022 年 1 月 1 日。

3. 近三年收入情况

2018 年、2019 年、2020 年收入总数分别为 5349. 43 万元、12443. 87 万元、6588. 15 万元。

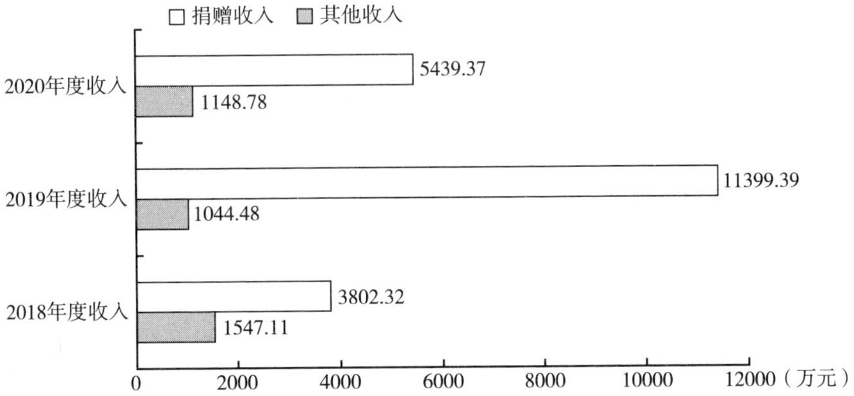

图 10　近三年收入情况

其中，捐赠收入分别占总收入的 71. 08%、91. 61% 和 82. 56%。2019 年捐赠收入骤增，是因为深圳市越众公益基金会来自境内自然人的捐赠收入高达 6943. 68 万元。

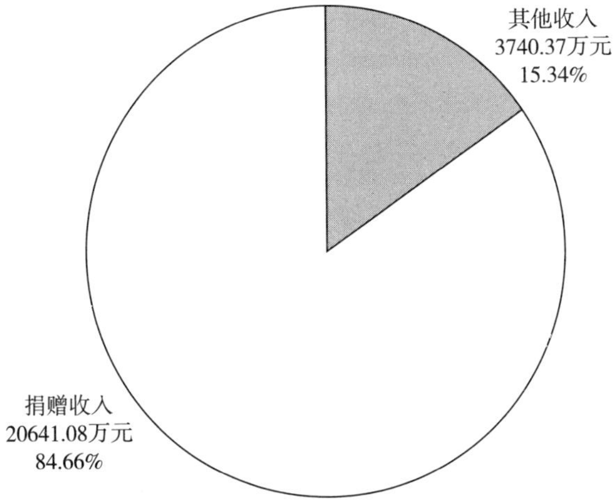

图 11　2018~2020 年三年捐赠收入占总收入比例

2020 年 19 家文化艺术类基金会通过“购买资产管理产品”和“委托投资”两种方式获取一定收入。购买资产管理产品的基金会共有 6 家，占比 31. 58%，收益 297. 09 万元；委托投资的基金会共有 2 家，占比 10. 53%，收益 114. 89 万元。

表 3 基金会数量、占比和收益

	基金会数量	占比(%)	收益(万元)
购买资产管理产品	6	31. 58	297. 09
委托投资	2	10. 53	114. 89

4. 2020年支出情况

2020 年 19 家文化艺术类基金会文化艺术类项目总支出为 4759. 11 万元，主要是慈善活动支出，共运营了 78 个项目。其中资助型项目数量为 20 个，占比 25. 64%，运作型项目数量为 35 个，占比 44. 87%，混合型项目数量为 23 个，占比 29. 49%。

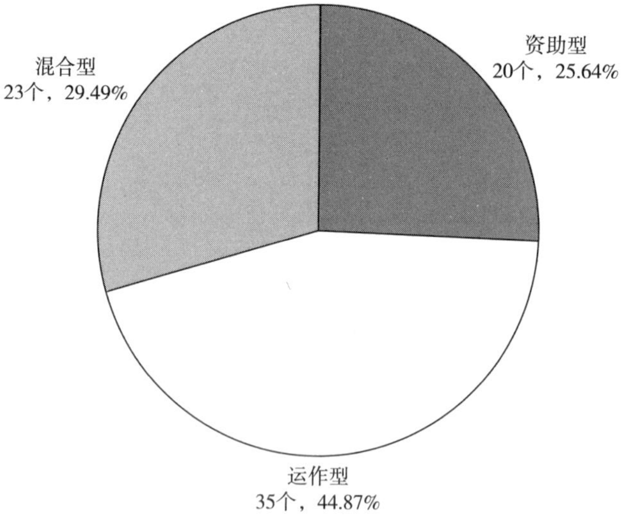

图 12 运营项目各类型数量及占比

三 深圳文化艺术类基金会发展特点

（一）深圳非公募型文化艺术类基金会近年来获得快速发展

腾讯公益慈善基金会、腾讯 CDC 及北京当代艺术基金会联合发布的《2021 中国文化艺术公益白皮书》显示，文化艺术类基金会城市分布呈聚集发展态势，主要集中在一线和新一线城市，占全国总量超一半（55.4%）；而 2018~2020 年深圳文化艺术类基金会数量均稳居全国第三位。[①] 这与深圳经济发展有着强相关性，同时与深圳相对较为浓厚的慈善公益氛围不无联系。[②] 此外，新近成立的文化艺术类基金会也是为了解决文化体制改革过程中所遭遇的资金短缺问题，以此寻求新的筹资方式或更为灵活的运作方式。如在政府相关部门大力支持和促进下成立的深圳市振兴交响乐发展基金会和深圳市双年展公共艺术基金会。从 2004 年开始，我国根据《基金会管理条例》，把基金会分为公募和非公募两种类型，实施分类管理。从基金会发展历程来看，早期成立的公募基金会基本上具有一定的官方背景，并逐步向民间化、专业化、项目化方向运作。近些年，由机构、企业及一些有社会影响力人士建立的非公募基金会，在数量和增长速度上已明显超过公募基金会。深圳文化艺术类基金会也呈现出相似的发展趋势。相对而言，非公募基金会设立门槛较低，[③] 这为社会力量参与文化艺术公益事业提供了新的渠道与方式。

---

① 腾讯公益慈善基金会、腾讯 CDC、北京当代艺术基金会：《2021 中国文化艺术公益白皮书》，2021，第 35 页。需要说明的是，该报告并没有列出深圳文化艺术类基金会具体数据和名称，所以与本研究中所统计的文化艺术类基金会口径并不一致。

② 有报道显示，深圳慈善捐赠数额、人次逐年上升，社会组织的公信力和透明度也进一步提升。《迎接第六个“中华慈善日”“慈善之城”公益氛围持续升温》，《深圳特区报》2021 年 9 月 4 日。

③《基金会管理条例》规定：地方性公募基金会的原始基金不低于 400 万元人民币，非公募基金会的原始基金不低于 200 万元人民币。

（二）深圳文化艺术类基金会的募捐渠道以企业和个人捐赠为主

有的基金会可获得其他基金会或社会组织的捐赠。比如，从 2020 年报信息中可发现，深圳市设计互联文化艺术基金会接受了招商局慈善基金会和深圳市理想国文化发展基金会的捐赠。在深圳市创想公益基金会资助下，该基金会协同设计互联开展了“首届设计策展计划”项目。由于深圳市设计互联文化艺术基金会也立足于服务蛇口社区文化发展，故其也通过项目合作的方式获得市级或区级、街道政府财政资金或其他方式的支持。《创基金 2020 年度报告》也显示深圳市创想公益基金会获得来自深圳市社会公益基金会和广州市空间设计协会的捐赠。由于非公募基金会不得向公众募捐，所以有的非公募基金会与公募基金会合作，在慈善组织互联网公开募捐信息平台（如腾讯公益）上，以项目筹款方式向公众募捐。比如，深圳市松禾成长关爱基金会借助深圳市社会公益基金会拾点公益联合募捐——拾 U 工程磨合期项目，在腾讯公益平台上发起飞越彩虹民族文化传承保护项目——“乡村小小合唱团”公众募款，并获得 48 万元捐赠额，用于 2020~2021 年飞越彩虹各“乡村小小合唱团”的教学管理、师资水平提升及交流展演。此外，有实力的文化艺术类基金会还可以通过项目合作的方式，获得各级政府部门不同形式的支持、招募志愿者的人力支持等。

（三）深圳文化艺术类基金会的资助及公益活动领域较为广泛

《2021 中国文化艺术公益白皮书》将中国文化艺术公益分为七大类别：艺术教育、人才支持、文化扶贫、艺术科技、文化传承、社区发展、公益传播。深圳文化艺术类基金会运作或资助的核心项目均有涉足，从聚焦文化艺术公益事业本身发展，到对文化艺术社会性功用的关注，表明了其关注领域正在不断扩大。以艺术教育、人才支持的公益项目数量最多。以艺术教育为例，深圳市雅昌艺术基金会资助文化艺术普及教育，“点亮孩子艺术梦想——雅昌艺术电子图书馆公益行动”即是该基金会联合各大基金会、艺术机构、出版社、艺术家及知名企业共同组织的品牌项目，通过艺术图书馆、艺术教育梦想课堂激发偏远乡村儿童艺术潜能；深圳市松禾成长关爱基金会则通过在典型民族聚居区组建民族童声合唱团，协助当地教育系统开展艺术素质教育；深圳市华唱原创音乐基金会开展乡村儿童音乐支教；深圳市花样年公益基金会联动知美术馆，资助艺术公教活动并为留守儿童举办艺术夏令营。以人才支持为例，深圳市新闻人才基金会的宗旨即鼓励和扶持深圳新闻界多出人才、多出精品；深圳市博雅文化研究基金会奖励在文史教学、学术研究中做出贡献的学者、教师和学生；深圳市创想公益基金会奖励对设计行业有突出贡献的组织、机构和个人；深圳市设计互联文化艺术基金会将“青年培育”列入其发展六大战略板块。由于深圳文化艺术类基金会总量少，且能够占据前沿领域的文化艺术类基金会并不多，发展情况不一，因此产生的社会效益和影响有待进一步提高。

（四）深圳文化艺术类基金会大多还是以运作型项目为主

以 2020 年为例，共有 4 家文化艺术类基金会几乎未开展相关文化艺术的公益项目。据年报信息不完全统计，15 家文化艺术类基金会全年共开展了 78 个文化艺术公益项目，其中 20 个为资助型项目，35 个为运作型项目，23 个为混合型项目。仅开展运作型项目的基金会有 9 家，仅开展资助型项目的基金会有 3 家，兼顾两种项目类型的基金会有 3 家。可见，深圳文化艺术类基金会大多还是以运作型项目为主。与整体基金会逐步以资助型项目为主的发展趋势还有一定距离，文化艺术类基金会运作模式相对较为传统。这里也存在年检信息报送不规范、数据填写不准确的问题（导致有些信息不能真实地反映基金会发展情况），以及 2020 年活动开展仍受疫情影响因素制约。使用筹集资金自主运作文化公益项目的基金会，如深圳市松禾成长关爱基金会仅运作一个公益项目——“飞越彩虹”，因针对特定文化艺术领域精准发力而成效显著。深圳市缘聚慈善基金会围绕珍贵古籍的抢救与修缮、翻译与出版、研究与交流、数据库建设及人才培养、非遗保护等，2020 年运作了 6 个相关公益项目。也有的基金会则使用筹集资金资助其他社会组织或机构开展文化公益项目。比如，深圳市花样年公益基金会资助知美术馆，开展公众教育活动及艺术家交流活动；深圳市设计互联文化艺术基金会也指向海上世界文化艺术中心，资助其发展部分公益项目；深圳市越众公益基金会与中华社会救助基金会关爱抗战老兵公益基金共同资助“老兵记忆博物馆”公益项目。还有的基金会采取混合模式发展文化公益项目。比如，深圳市爱阅公益基金会既资助阅读研究、社会组织开展阅读教育类公益项目和社会组织发展，又具体运作一些儿童阅读项目；深圳市雅昌艺术基金会除了资助儿童艺术普及教育以外，也自己运作“AAC 艺术中国”项目，促进视觉艺术发展。能年度运作 5 个及以上公益项目的深圳文化艺术类基金会并不多，仅 5 家，占比约 26%。

四 深圳文化艺术类基金会发展存在的问题及困境

（一）深圳文化艺术类基金会数量严重不足，与其他类别基金会相比总体发展滞后

在法国，从事文化艺术领域事业的基金会约占两成；在美国，2012 年各类基金会资助文化艺术项目的金额就达 22 亿美元，占总拨款的 10%。①《2021 中国文化艺术公益白皮书》指出，截至 2020 年，我国有超过 500 家文化艺术类基金会，在总体基金会中占比 5.5%。② 目前在深圳市民政局登记的，以及广东省民政厅登记注册、地址在深圳并且已经委托给深圳市民政局管理的基金会共有 472 家，而专门针对文化艺术发展的基金会严格来说却不到 19 家，占比约 4.0%。因为数量少、规模小，覆盖面也十分有限，所以能见度低。大部分基金会的服务地区是面向全国开展公益项目的，立足服务本地及社区文化发展的基金会较少。近年来，深圳社区型基金会发展迅速，但以艺术服务于社区的项目非常少。仅有两家社区型基金会有相关公益活

① 李治堂、何玉柱编著《公益性文化基金研究报告》，清华大学出版社，2017，第 7、114 页。

② 需要注意的是以上统计口径不完全一致，数据比较仅作为参考。

动。蛇口社区基金会建立了有关文化、艺术发展的品牌项目，并设有相关专项基金，资助以影像记录、口述史、社区活动等形式记录蛇口社区改革开放的历史和文化。还有深圳市光明新区凤凰社区基金会在持续资助“凤凰社区文化实践项目”，促进文化支撑社区产业发展。与之相比，美国社区基金会在艺术文化领域的资助金额占全部金额的12.9%。[①] 差距相当明显。由于公众对文化艺术类基金会的认知度不高，外加基金会缺乏权威性的专业引导，公众参与度自然也不高。来自个人和社区的捐款数量很少，这严重影响了文化艺术类基金会的社会服务价值及应有的社会影响力。相关政府部门针对文化艺术类基金会发展，主要侧重在监管方面，引导并促进其发展的举措欠缺，配套政策统筹推进力度不够，缺乏相关信息采集、宣传推广机制和平台。

（二）深圳文化艺术类基金会普遍存在专职工作人员数量严重不足、基金会内部机构设置不完备的情况

大多数基金会的全职员工数量在5人以下。然而无论是开展运作型项目还是资助型项目，从项目的设计到开展、验收均对工作人员提出较高要求，需要有经验的专业人士能够全过程地指导、参与或监督执行。目前整个公益慈善行业对社会优秀人才的吸引力不够，这也造成了基金会运营管理上存在诸多不规范的问题。不少文化艺术类基金会在项目运作、投资管理、筹资方式等方面均遇到不少困难，活力不足，严重影响了基金会的发展和作用的发挥。与国外成熟的文化艺术基金会相比，深圳大部分文化艺术类基金会均缺乏研究或战略部门，立足扶弱济贫的较多，着眼未来解决根本问题的研究思路较少，能够持续开展创新性项目的基金会十分匮乏。加之专业人才方面的局限，出现项目少、活动数量少且形式单一的现象就不奇怪了。

---

① 基金会中心网编《美国企业基金会》，社会科学文献出版社，2013，第3页。

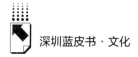

（三）深圳文化艺术类基金会普遍存在体量较小，原始基金数额偏低、资金增值困难的情况

各基金会公开年检报告显示，深圳文化艺术类基金会募集资金渠道较为单一，资金来源主要依靠捐赠收入。资金增值渠道较狭窄，增值方式主要是通过银行存款获取利息收入，也有通过金融机构委托理财来获取资金收益的。公募基金会虽然可面向公众募捐，但资金来源有较大的不稳定性，社会整体公益氛围不浓厚影响其募款规模。非公募基金会资金来源主要依靠基金会的创立资金及创办人或负责人的能力和资源，一些依托企业创办的基金会有固定筹资渠道，其他的基金会仍存在后续资金紧缺情况。基金会与市场、政府、捐赠者等各方力量的互动关系尚不足。仅有少量基金会成立以后可综合利用捐赠、扶持资金、赞助、伙伴关系等开拓资源，通过顾问咨询、项目培训和接受委托项目等增强自身造血能力，借助志愿者队伍发展公益文化艺术事业支持者，如深圳市爱阅公益基金会、深圳市创想公益基金会、深圳市设计互联文化艺术基金会。

五　提升深圳文化艺术类基金会发展水平的政策建议

1. 加强资金保障方面，建议扩大政府公益性文化基金或相关专项资金规模

2021 年深圳销售体育彩票筹集公益金 12.93 亿元，销售福利彩票筹集公益金 8.95 亿元，位居全国城市前列。① 近 5 年来，体彩公益金安排支持全市体育事业发展的预算，年均超过 3 亿元。② 中央专项彩票公益金除了用

① 《粤体彩 2021 年公益销量双丰收》，《广州日报》2022 年 2 月 25 日；《2021 年深圳福彩筹集公益金 8.95 亿元》，《新快报》2022 年 1 月 13 日。

② 《〈深圳市体育彩票公益金管理办法〉政策解读》，深圳市文化广电旅游体育局官网，http：//www.sz.gov.cn/szzt2010/wgkzl/jcgk/jchgk/content/mpost_ 9579402.html，最后访问日期：2022 年 2 月 18 日。

于社会福利事业、教育事业、体育事业，也安排了一定比例专项资金支持文化公益事业、支持地方社会公益事业中的基层公共文化服务建设。比如2020年中央专项彩票公益金165.85亿元中就安排给文化公益事业1亿元，由国家艺术基金管理中心组织实施项目资助。建议参照中央专项彩票公益金支持文化和旅游部组织实施国家艺术基金项目的方式，在地方彩票公益金中安排一定比例资金作为独立的文化艺术基金专项，或作为资助基层特殊群体公共文化服务专项，或作为配套资助、共同资助及奖励文化艺术类基金会支持文化艺术公益事业的财政资金。① 建议参照《中央专项彩票公益金支持国家艺术基金项目资金管理办法》（财教〔2021〕313号）、《深圳市体育彩票公益金管理办法》（深文规〔2022〕2号）等政策文件的规定，结合深圳市文化艺术公益事业发展的实际，及亟须优先发展的领域，制定相关管理办法，引导文化艺术类基金会向重点领域、向深圳市社区层面投入专业力量和社会资金。民政部门、文化行政部门或深圳市宣传文化事业发展专项基金办公室可作为相关资金申请的业务主管部门，负责具体管理工作。

2. 发挥示范作用方面，建议强化政府公益性文化基金的导向和杠杆作用

公益性文化基金是指由政府直接设立或者主要由政府提供资金的专项基金。国外发达国家和地区也多采用设立公益性文化基金的方式，资助体现社会公共价值追求的文化艺术领域项目和活动。通过直接拨款资助项目，或借助政府基金杠杆作用带动其他政府机构、项目单位、企业和个人对文化事业的支持，来实现对文化事业的管理。国外发达国家和地区的公益性文化基金对体现国家软实力的文化机构所组织的活动及对外文化交流项目尤为支持。注重解决社会问题的文化艺术知识利用项目，鼓励创新的解决方案并扩大其应用范围以带动相关领域创新发展。比如向数字信息技术在人文领域创新性使用提供资助；和其他机构建立伙伴关系共同为具有国际水平的创新性计划和项目提供资助；等等。建议深圳政府公益性文化基金独立化运作。健全完

---

① 彩票公益金来源于彩票发行销售收入和逾期未兑奖的奖金。根据国务院相关政策，彩票公益金在中央和地方之间按50：50的比例分配。中央专项彩票公益金占彩票公益金的15%。

善的治理结构和组织结构，建立文化智库专家委员会以备咨询和决策，细化日常管理机构和项目运作机构部门职能设置，保证管理及运作更加有效且富有战略性。强化价值取向的导向作用，执行必要的调查和研究，确定创新性项目的资助范围和资助政策。通过获取非营利组织免税资格、公开募捐资格及公益性捐赠税前扣除资格，吸纳更多社会资金，共同资助文化事业的发展和普及。同时也可通过配套比例资助的方式建立杠杆机制，撬动社会资金对创新性文化艺术项目投入，产生乘数效应。

3. 体制机制创新方面，建议完善文化资源融汇共建机制

加强市宣传文化发展专项基金与各区相关宣传文化专项资金的互动与协同发展。加强政府部门之间的合作以及对民间资源的整合，建议研究制定健全社会捐助公益性文化事业的政策。支持区级专项资金适当扩大资助对象和资助范围，以政府采购、委托授权、合作共建等方式，推动基层公共文化设施社会化运营，有序引导多元主体参与共建共享，激发社会活力和创造力，不断提高文化艺术公益事业的质量和水平。当前税收优惠幅度太小，且条件较多、程序复杂，捐赠者和捐赠企业所得税减免幅度不大，有的甚至因受捐赠的文化艺术类基金会/社会组织未获得公益性捐赠税前扣除资格，而享受不到应有的税惠政策，因此在文化艺术领域相关税惠政策对社会资本缺乏吸引力。建议建立合理的激励机制（比如发达国家经常采用的政府配比资助、设立年度荣誉艺术赞助奖等），鼓励企业和个人赞助文化艺术公益事业，以此扩大社会捐赠的效益和影响力。建议广泛宣传文化艺术公益事业的重要性及公共价值的观念，支持多措并举，激励和引导文化艺术类基金会专业化建设和创新性发展。整合用好各类文化资源，做到物尽其用、人尽其才。加强文化艺术公益项目成果管理及数据库建设，研究项目成果推广途径，使各类公益性基金社会效益实现最大化。通过市区联动、系统协同，形成文化艺术公益事业多元化资金支持体系及跨部门灵活协作机制，充分发挥公益性文化艺术基金（会）在提升深圳文化软实力方面的积极作用。

产业与未来

Industry and Its Future

B.11

从“超级数字场景”到“虚拟化生存”

——XR 技术与游戏结合的发展趋势探析

陈孟　王枢*

摘　要： 超级数字场景是对现实的模拟，是技术驱动下多人互动的超级场景。游戏作为多种现代媒介的集合体，是社会信息传播的重要渠道，也是针对社会生活方式的抽象、模拟与试验场。回溯 XR 技术与游戏产业相结合的发展历程，可以预见虚实相生的娱乐、生活与服务集成的场景，正是超级数字场景的内核。超级数字场景将带来全息、全程、全效的社会交互模式，实现从在线到“在场”的具象化自我呈现，塑造高度智能化与个性化的生活空间，以“虚拟化生存”全面服务于现实社会生活。

关键词： 超级数字场景　XR　游戏　虚拟化生存

* 陈孟，腾讯研究院数字内容研究中心高级研究员，主要研究新媒体文化、数字技术；王枢，腾讯研究院数字内容研究中心研究员，主要研究数字技术与虚拟文化。

《“十四五”数字经济发展规划》提出，要以数字技术与实体经济深度融合为主线，协同推进数字产业化和产业数字化，赋能传统产业转型升级，培育新产业、新业态、新模式，不断做强、做优、做大我国数字经济。《中华人民共和国国民经济和社会发展第十四个五年规划和2035年远景目标纲要》将虚拟现实和增强现实产业列为数字经济重点产业，同时，在智慧文旅、智慧教育等主要的数字化应用场景中，明确提出发展沉浸式体验、虚拟展厅、场景式和体验式学习等。这些都为新发展阶段正确认识和把握数字经济和实体经济深度融合新机遇指明了方向。

游戏行业属于新兴数字信息产业，与互联网的发展与信息技术的进步同气连枝。十余年来，中国游戏行业呈现出腾飞之势，日渐成为数字经济的重要组成部分。[①] 伴随游戏的发展和技术升级，“超级数字场景”的概念应运而生，游戏与未来社会的关系也因此具备更广阔的讨论空间。在这一背景下，探析XR技术与游戏结合的发展趋势，有助于探索“虚实共生”的下一代互联网演进方向，理解超级数字场景将如何“以虚促实”、构建数字经济新引擎。

超级数字场景是“对现实的模拟，技术驱动下多人互动的超级场景”，这一设想与游戏的社会功能密切相关。游戏作为多种现代媒介的集合体，是社会信息传播的重要渠道，也是针对社会生活方式的抽象、模拟与试验场。回溯XR（Extended Reality，扩展现实）技术与游戏产业结合的发展历程，不难预见XR与游戏结合形成的“虚实相生的娱乐、生活与服务集成场景”，正是超级数字场景的内核。在基于互联网的数字化生存的基础上，超级数字场景将带来全息、全程、全效的社会交互模式，实现从在线到“在场”的具象化自我呈现，塑造高度智能化与个性化的生活空间，以“虚拟化生存”全面服务于现实社会生活。

① 《助力产业共融共赢　游戏行业释放数字经济新动能》，人民资讯，https：//baijiahao. baidu. com/s？id=1716839219170033824&wfr=spider&for=pc。

一　XR技术与游戏产业的结合历程

XR技术是VR（虚拟现实）、AR（增强现实）、MR（混合现实）的合称，这一技术的发展与游戏有着密不可分的联系。某种程度上，游戏为XR提供了到目前为止最好的表现形式与落地场景。在“XR+游戏”的发展历程中，游戏作为“试验场”助力XR技术不断迭代升级，也带动了XR技术的应用与普及，帮助其持续探索社会应用场景与用户连接方式。

（一）“XR+游戏”的发展历程

1935年，美国科幻小说家斯坦利·温鲍姆（Stanley G. Weinbaum）在他的小说中首次构想了以眼镜为基础的虚拟现实概念。1965年，计算机图形之父伊万·苏泽兰（Ivan Sutherland）在他的文章《终极显示》（The Ultimate Display）中，从计算机显示和人机交互的角度提出了模拟现实世界的思想。他提出了虚拟世界的概念，并讨论了交互图形显示、力反馈设备以及声音提示的虚拟现实系统的基本设想，成为虚拟现实技术的一个重要开端。[①]

1989年美国VPL Research公司研发了第一套商业VR设备，将VR推向民用市场，也标志着“Virtual Reality”（虚拟现实）一词正式诞生。[②] 90年代VR迎来第一次热潮，飞速发展的游戏产业将VR视为一次重要创新的机会，日本游戏巨头任天堂、世嘉等开始进入VR领域。此后数十年间，游戏的市场拓展、类型创新不断带动XR技术的迭代成熟，在沉浸感、交互体验、设备便携性等方面实现了巨大提升，并借助“爆款”游戏产品走入大众视野。

1995年，任天堂推出了VR游戏机Virtual Boy，该产品被认为是游戏界

① 年素清：《开创交互式电脑绘图先河，虚拟现实之父传奇》，CSDN，https：//baijiahao.baidu.com/s？id=1680774179175385249&wfr=spider&for=pc，最后访问日期：2022年6月7日。

② 《VR科普丨一口气看完VR虚拟现实发展史播报文章》，众趣VR，https：//baijiahao.baidu.com/s？id=1722198842442607835&wfr=spider&for=pc，最后访问日期：2022年6月7日。

对 VR 技术的第一次正式尝试。Virtual Boy 的形态和当下的 VR 设备已经十分相似，用户可以在设备中进行沉浸式的游戏体验，但不同的是，Virtual Boy 只显示红黑两色画面，同时设备的便携性、轻便性较差，再加上不菲的价格，任天堂很快便停产了这一设备。[①] 此后，VR 游戏的发展进入低潮期，其间尽管有不少行业探索，但都未能实现长远发展。

进入 21 世纪，依赖于计算机性能、图形处理技术、动作捕捉技术等进步，VR 游戏迎来了蓬勃发展期。

2012 年 Oculus VR 的联合创始人帕尔默·洛基（Palmer Luckey）带领团队通过众筹的方式筹集近 250 万美元，成功制作出开发者版本的 Rift 头戴式显示设备（简称“头显”），尽管 Oculus Rift 产品于 2016 年才正式发布，并且只包含了 9 款可供体验的游戏，但促使 VR 游戏向大众视野走近了一步；2015 年游戏公司 Valve 与 HTC 合作发布了广为人知的 HTC Vive 头显；2016 年，收购 Oculus 公司后的 Facebook（Meta 公司前身）正式发售 Oculus Rift 消费者版本，这是一款真正 PC 专用 VR 头显；同年，日本索尼公司推出了一款专为游戏主机设计的 VR 头显——PlayStation VR。[②] 尽管硬件设备已经有了极大的进步，用户可以在 VR 眼镜中身临其境地感受游戏场景带来的巨大感官震撼，但市场依旧缺少一款 VR 游戏能够“破圈”为大众所接受与喜爱。

与此同时，海外众多游戏与科技公司也积极进军 AR 游戏领域，并探索出了全球性的“爆款”。2016 年，任天堂公司推出的 AR 游戏“Pokémon GO”迅速风靡全球。此后，腾讯、阿里巴巴等国内互联网公司也积极在自身产品中应用 AR 技术，前者于 2019 年上线了对标“Pokémon GO”的 AR 游戏《一起来捉妖》，布局国内 AR 游戏行业。[③] 然而由于 AR 硬件设备普及

---

① 《Virtual Boy 黑暗的过去，让任天堂不敢轻易触碰 VR?》，虎嗅网，https：//www.huxiu.com/article/120539.html，最后访问日期：2022 年 6 月 7 日。

② 《Virtual Boy 黑暗的过去，让任天堂不敢轻易触碰 VR?》，虎嗅网，https：//www.huxiu.com/article/120539.html，最后访问日期：2022 年 6 月 7 日。

③ 《AR 游戏〈一起来捉妖〉登顶 App Store 排行榜》，《驱动中国》，https：//baijiahao.baidu.com/s?id=1631227530107019997&wfr=spider&for=pc，最后访问日期：2022 年 6 月 7 日。

程度不高，众多AR游戏应用只能依托于手机终端而存在，在很大程度上限制了AR应用和技术的发展，再加上内容同质化等问题，AR游戏的热潮并未持续太久。同时，AR游戏场景与现实场景的碰撞也造成许多社会问题，用户在现实场景中进行游戏给社会治安和空间治理带来挑战，也给AR游戏的研发增加了难度。

2020年，VR游戏《半衰期：爱利克斯》在steam平台正式发布，标志着VR游戏这一领域经历多年的探索终于迎来“3A史诗大作”，创造出了具有“跨时代”意义的VR游戏体验。这款游戏细致入微的场景设计、重力手套带来的独特操控感受、射击与换弹时的真实体验让VR技术优势尽显，也为“XR+游戏”应该如何发展提供了一个可借鉴的样板。同年，Facebook推出了VR一体机Oculus Quest 2，号称能提供目前最先进、最具沉浸感的VR游戏体验。据外媒报道，截至2021年底，Oculus Quest 2的销量已经累计超过1000万台，成为当下最受欢迎的VR头显之一。①

时至今日，国内外的VR设备已经十分丰富。2021年以来，各大互联网科技公司纷纷布局XR技术及相关领域的产品，促使XR与游戏的结合再次备受市场关注。从“XR+游戏”的探索历程来看，XR技术借助游戏实现了快速落地与迭代，而游戏也促使XR技术往更深处发展，共同助力XR游戏在沉浸感、交互感、内容多元性、市场接受度等方面不断提升，持续满足游戏玩家的需求，也逐渐具备跨界应用于广泛社会领域的潜能。

（二）“XR+游戏”的特点

XR技术与游戏的结合，最大的优势就是创造了传统电子游戏所无法比拟的沉浸感和交互感，逼近真实的场景、完善的操控体验能够让用户获得身

① By Chaim Gartenberg, “Meta’s Oculus Quest 2 has shipped 10 million units, according to Qualcomm,” The verge, https://www.theverge.com/2021/11/16/22785469/meta-oculus-quest-2-10-million-units-sold-qualcomm-xr2，最后访问日期：2022年6月7日。

临其境的感受。目前，主流VR游戏主要通过头戴式显示设备，结合多种操控设备支持玩家进入虚拟世界进行游戏；AR游戏则主要通过手机镜头、专门的眼镜或头戴式显示设备，为用户呈现现实世界以及上面的一层虚拟信息，使其能够进行虚实结合的游戏操作。

1. XR游戏首先带来了场景的真实感与亲临感

早期VR游戏的视觉体验还属于“伪3D”效果，色彩比较单一，游戏界面与2D游戏设备所提供的差异不大，主要是在视觉空间上创造一个封闭式环境以获得沉浸式的效果。随着裸眼3D技术的革新，当前的头戴式VR设备可以支持用户直接感受3D效果，显示屏的分辨率和刷新率也得到极大提升。游戏界面彻底变成了三维场景，玩家可以直接“站在”场景中体验游戏。同时，场景会随着玩家的身体移动、视角转换而变化，与人在真实世界的直观感受基本一致。

2. XR游戏还促进了交互体验的完善

从间接式操控转向直接式操控，“XR+游戏”在交互与操作体验上带来的变革，是传统电子游戏所不具备的。传统游戏设备将复杂多样的游戏类型所需要的操控，抽象成几个较为简单的控制按钮方便玩家进行控制，实际上对用户的操作空间造成了一定限制。而当下的VR和AR游戏能够让玩家通过模拟真实世界中人的动作实现游戏操控，比如通过在跑步机上行走跑动来驱动游戏人物的运动，挥舞手柄实现游戏中的“出拳”“劈砍”等动作，通过“振动反馈手套”完成游戏中的“抓取”，等等。用户也不仅仅只能用文字和语言在游戏中交流，肢体动作与表情的互动也成为现实。

单从游戏类型上看，XR游戏目前在类型数量上还不能和传统电子游戏相比。但随着《半衰期：爱利克斯》《亚利桑那阳光》等游戏收获市场成功、VR设备进一步普及，各大游戏公司也会加大对这一领域的投入力度，促使“XR+游戏”的产品类型走向多元，并促使大型VR网络游戏在可见的未来出现。可以预见，随着XR技术推动游戏的流畅度、沉浸感、操作感进一步完善，“XR+游戏”造就的场景将会更加与现实世界贴近，真实与虚拟的边界将在游戏过程中被逐渐模糊。

二 “超级数字场景”语境下XR与游戏结合的趋势

近年来，在关于游戏社会价值与功能的讨论中，“超级数字场景”的概念应运而生。2021年，腾讯高级副总裁马晓轶以“超级数字场景”描述游戏产业的未来，认为在未来虚拟与真实体验融合、实体与数字全面融合的发展过程中，游戏将作为关键场景，连接现实世界中更多的领域、功能与服务，创造出更大的社会价值。① 在这一定义下，超级数字场景可以被理解为“对现实的模拟、复杂抽象的规则、技术驱动下多人互动的超级场景”，与游戏、XR技术以及更多相关技术支撑下的未来社会模式密不可分。

（一）超级数字场景的特点与基础工具

互联网时代，“场景”这一概念被赋予了更加深厚的意义，其不仅仅指代物理空间，还指代一种基于传播技术而塑造的传播环境。② 从这个视角审视超级数字场景，可以将其理解为基于数字技术而产生的数字化空间环境，是虚实相融的互联网应用和社会形态，包含了今天我们见到的多种虚实结合形态：基于XR的沉浸式体验，基于数字孪生技术生成的现实世界的镜像，以及基于游戏技术与玩法的实时互动模式。

1. 超级数字场景的本质是连接

数字技术的革新不断塑造着人们的社会生活，基于数字技术而产生的数字场景，打破了传统场景的物理边界，让一切的社会交往活动都能够在数字化的虚拟空间中进行。随着数字技术的更新迭代，一些带有融合性质的数字场景（比如网络游戏开始出现）逐渐实现了对各类型数字

---

① 《腾讯马晓轶：游戏正成为一个超级数字场景，连接虚拟与现实》，《钛媒体》，https://baijiahao.baidu.com/s?id=1699964012189715136&wfr=spider&for=pc，最后访问日期：2022年6月7日。

② 郜书锴：《场景理论的内容框架与困境对策》，《当代传播》2015年第4期。

场景的融合，并最终发展成为超级数字场景。超级数字场景包含的元素十分复杂与广泛，可以被理解为信息技术发展中多项前沿技术指数级增长的融合应用。

究其根本，超级数字场景与传统物理场景依旧有着相似之处——两者在本质上都体现为人与人、人与环境之间的连接。无论是在传统物理场景之中还是在虚拟的超级数字场景之中，人们基于不同需求开展不同类型的交往活动都是支撑场景存在的核心动力。超级数字场景与传统物理场景的区别在于，超级数字场景拓展了连接的维度，基于数字技术实现了线下场景与线上场景的“还原式连接”。当前互联网中已有的各类数字场景，大部分是对于传统物理场景的数字化，即通过数字技术将越来越多的生产、活动、价值从线下搬到了线上。在数字技术方兴未艾的今天，大量的传统社会场景将进一步被数字技术重塑，在连接的深度和广度上得到进一步拓展，汇聚成具有更多维体验、丰富连接的超级数字场景，促使人们生活在由一系列前沿技术塑造出的数字场景与现实场景相互重叠的社会之中。

2. XR 是构建通往超级数字场景的桥梁

要搭建具备广泛连接能力的场景，离不开核心数字技术的驱动与支撑。腾讯互娱副总裁沈黎认为，未来伴随光学、显示技术能力的大幅提升，以及 VR 芯片、算力的不断增强，XR 将成为构建超级数字场景的桥梁。①

一方面，运用 XR 技术能够为人们创造出沉浸式的虚拟环境，以数字场景“再现”传统物理场景；另一方面，XR 技术还能够扩展现实场景，强化人与人的连接。这两种连接能力的实现，主要依靠 VR 和 AR 两种技术类型。VR 强调给用户带来最大化的沉浸式体验，使用户能够“离开”他们周围的物理环境，“置身”于一个完全虚拟的环境，与“再现”后的物理环境

① 《2021 世界 VR 产业大会 VR+游戏分论坛举办》，凤凰网，https：//ishare. ifeng. com/c/s/v002hsB3HnQ6qUzdOwHl9sS4e4NUYKw9hekSiUVsxLoO-_ wI_ ，最后访问日期：2022 年 6 月 7 日。

以及他人实现连接；而AR能够在物理环境之上叠加生成虚拟空间，旨在充分识别和利用使用者的周围环境，优化使用者与他人、与真实环境的交互。①

当前，VR和AR技术已经在医疗、教育、电子商务、航空航天等领域实现了多元应用，并加速了这些行业的数字化转型落地。例如，VR技术和会议、会展等场景的结合，有效提升了社会沟通效率和便利性；AR技术通过将虚拟信息和真实环境融合，能够在工业领域为工厂操作人员提供更直观的信息展示，对维修人员进行实时指导、预警提醒等，降低人工操作的难度，体现了XR技术在连接虚拟与真实方面的广泛应用价值。

3. “XR+游戏”为超级数字场景提供内容与工具

游戏是融合视听、美术、文学等内容的“第九艺术”，是“科技+文化”的典型融合应用。如果XR技术是人们通往超级数字场景的桥梁，那么XR与游戏的结合，将为超级数字场景的建设提供丰富的内容与工具。

当前，游戏引擎已经成为超级数字场景内3D场景搭建的重要工具。在一些实体产业领域，游戏引擎技术是助力打造高品质“数字孪生”的重要工具。基于游戏引擎技术能够1∶1打造物理世界的数字孪生，既有高保真、栩栩如生的画面表现，同时能模拟物理定律，包括粒子物理、引力、电磁波、光、压力等。这种展示和仿真能力正在与更多传统行业进行深度结合，为超级数字场景积累丰富的内容。

另外，XR游戏也开始连接生活、工作、新闻报道等场景，不断拓展自身的应用范围，为超级数字场景的构建提供路径与经验。例如，Meta已开始从XR游戏切入，着手构建丰富的虚拟世界，该公司于2021年底上线了VR游戏平台Horizon Worlds，游戏玩家可以通过该游戏创建自己的空间，在

---

① Williams, D. and Do Own Kim, “Third places in the ether around us: layers on the real world”, in Joanne Dolley and Caryl Bosman, *Rethinking Third Places: Informal Public Spaces and Community Building* (Edward Elgar Publishing, 2019), p. 158.

虚拟世界中进行游戏、交友、观赛等各类社交活动，目前该平台月活人数已经达到 30 万人次。①

（二）“XR+游戏”助力超级数字场景构建的发展趋势

在超级数字场景逐步构建的过程中，XR 技术是人们得以进入这一场景的关键桥梁，而就目前 XR 技术的应用场景来看，大部分依旧集中在游戏领域。根据市场调研机构 Omdia 的预测，2022 年游戏将占 VR 内容消费者总支出的 89%，短期内仍将是消费者 VR 的主要应用场景。②

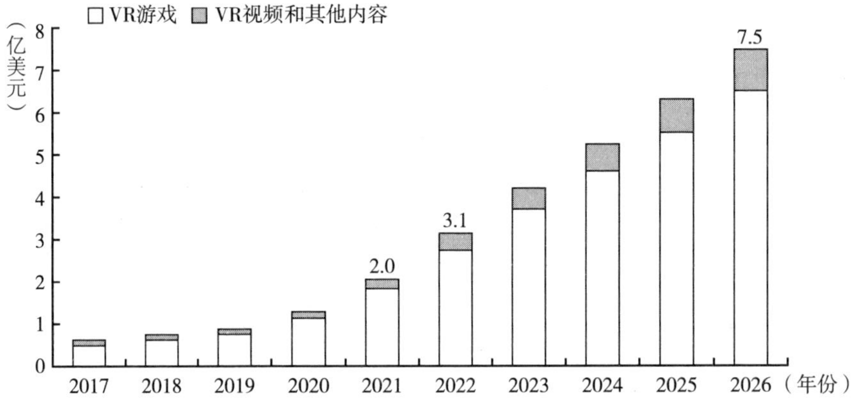

图 1　2017~2026 年，全球 VR 内容消费者支出情况预测

资料来源：市场调研机构 Omdia。

毫无疑问，XR 与游戏都将是超级数字场景的重要支撑，两者彼此促进、融合、开放边界而形成的“虚实相生的娱乐、生活与服务集成场景”，正是超级数字场景的内核。超级数字场景基于游戏而不等于游戏，基于虚拟世界而不等于虚拟世界。XR 和游戏的有机结合将不断为超级数字场景的搭

① Alex Heath, “Meta's social VR platform Horizon hits 300, 000 users”, Theverge, https://www.theverge.com/2022/2/17/22939297/meta-social-vr-platform-horizon-300000-users，最后访问日期：2022 年 6 月 7 日。

② 根据移动应用数据分析公司 Sensor Tower 的数据，AR 手游“Pokémon GO”2021 年上半年的收入达到 6.42 亿美元，2020 年全年收入高达 13 亿美元。

建累积技术能力与应用实践，并在内容场景、创作生态和交互技术方面持续丰富、完善和升级。

1. 内容场景的丰富

近两年，随着“虚实共生”等概念的持续升温，“XR+游戏”再次成为人们关注的焦点。纵观如今的 XR 游戏市场，Steam 仍是最主要的 XR 游戏分发平台。Steam 官方发布数据显示，2020 年在 Steam VR 频道中，VR 游戏在所有 VR 软件中占比 92%，且玩家的游戏时间比 2020 年增加了 21%，玩家消费比 2020 年增加了 27%。此外，Steam VR 月活用户在 2021 年达到了 254 万人次，用户增长率达到了 11%。[①]

Steam VR 游戏及用户数量增长的背后，起到支撑性作用的是 VR 游戏场景的不断丰富和完善。在 VR 游戏行业领域最重要的两个分发平台 Steam 和 Oculus home，VR 游戏数量在过去几年间一直保持着稳定的增长态势。以 Steam VR 平台为例，其在 2016 年所拥有的 VR 游戏的数量就已经超过了 600 款，而截至 2022 年 5 月 11 日，Steam 平台上的 VR 游戏已经超过 6000 款，是 5 年前的 10 倍之多，在游戏类型方面更是涵盖了第一人称射击、剧情、冒险、动作等多种类型。[②] 在游戏行业头部企业的助推下，AR 游戏市场也得到持续拓展。例如，任天堂在尝到“Pokémon GO”成功的甜头之后，接连推出了全新 AR 游戏《马里奥卡丁车 Live：家庭巡回赛》“Pikmin Bloom”，并且在《动物之森：口袋营地》中加入了 AR 相机和 AR 小屋功能，致力于进一步丰富 AR 游戏的场景与类型。[③] XR 游戏数量的增加、内容类型的拓展、对不同场景和玩法的覆盖，给超级数字场景庞大的内容创作奠定了基础。

---

① 《Steam——回顾 2021》，Steam，https：//store. steampowered. com/news/group/4145017/view/3133946090937137590，最后访问日期：2022 年 6 月 7 日。

② 笔者根据 Steam 平台数据整理。

③ 《任天堂 AR 手游全球收入超 50 亿，微美全息 5G+AR 关键发力行业价值》，上游新闻，https：//baijiahao. baidu. com/s? id=1714770547783434101&wfr=spider&for=pc，最后访问日期：2022 年 6 月 7 日。

2. 创作生态的完善

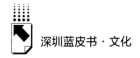

早期的XR游戏囿于硬件性能不足和内容生态的匮乏，大多只能依附于类似Steam这类传统PC游戏平台，并未形成一个完整独立的创作生态。以《半衰期：爱利克斯》为例，其虽然是VR游戏，但依旧依托于PC端存在，VR眼镜也只是作为PC端的外设而存在，VR眼镜通过有线或无线的方式与PC进行串流。

VR一体机的出现让VR游戏得以从PC端的局限中解脱出来，VR设备不再只是PC端和PS端的外设，VR游戏内容的创作也不再受到PC端的限制。当前，一个由VR游戏内容的创作者和玩家组成的XR游戏创作生态正在形成。拥有独立的硬件设备和平台后，创作者将获得更多机会进行专业化的XR游戏内容创作，进一步推动XR游戏内容的繁荣。扎克伯格认为，在Quest生态达到1000万用户的临界点后，内容生态会稳定可持续发展。[①] 从全球企业实践来看，积极布局XR游戏生态，已成为互联网企业驱动技术创新、抢占新兴消费市场的重要考量。近年来，全球主要互联网企业持续加强对“XR+游戏”领域的研发与投入。Meta公司一直是XR技术的积极探索者，同时也投入大量资金建设自己的游戏生态，于2019～2021年共计收购了8家游戏工作室，其中大部分具备XR游戏内容制作能力，旨在快速提升自身VR游戏内容的创作能力，打造完善的XR游戏生态布局。[②] 与此同时，Apple公司也宣布进军XR游戏市场，并宣布将于2023年推出自主研发的AR/VR一体机，届时Apple公司很有可能将这些终端设备与现有AppStore的内容生态进行打通，形成XR游戏创作生态的闭环。

3. 交互技术的升级

如前所述，强交互性与沉浸式体验一直是XR游戏的重要特征。随着

① Alex Heath, “Meta's Social VR Platform Horizon Hits 300,000 Users,” Theverge, https://www.theverge.com/2022/2/17/22939297/meta-social-vr-platform-horizon-300000-users，最后访问日期：2022年6月7日。

② “List of Mergers and Acquisitions by Meta Platforms,” Wikipedia, https://en.wikipedia.org/wiki/List_of_mergers_and_acquisitions_by_Meta_Platforms，最后访问日期：2022年6月7日。

XR 技术的迭代与升级，XR 游戏也在进一步提升交互体验，为超级数字场景下更为复杂的实时交互储备技术能力。除了完善视觉层面的“现场感”，体感层面的运动体验也在全方位升级。Meta 公司于 2021 年 11 月对外发布了全新的人机交互设备——触觉手套。该设备搭载了触觉渲染和手部追踪等多项技术，能够让佩戴者在接触虚拟物体时拥有近乎真实的触感。① 除头部、手部运动外，3D 空间音频、眼动追踪等技术的应用也推动 XR 游戏场景里的感知能力将进一步精细化。

在空间音频技术方面，索尼在 2022 年 3 月份对外展示了 PlayStation VR2 Sense 控制器和 VR2 耳机的最新设计图像。据悉，这款耳机将极大提升用户听觉上的空间感和沉浸感，当用户操作虚拟人物在虚拟场景里移动时，其可根据虚拟人物的面部朝向、音源朝向、远近距离与上下高度，呈现不同声音效果。此外，索尼还同时与美国公司 Niantic 合作开发出全新的 AR 空间音频技术，能够将游戏中的声音与用户所处的现实世界中的声音联系起来，以此增加用户的身临其境感，提供更加接近真实的交互体验。②

而在体感交互技术方面，许多 XR 领域的企业也在进行多维的尝试。例如，美国公司 FeelReal 打造的 FeelReal 头盔，能增加 VR 体验中的嗅觉和触觉维度。在其头盔的内部装有 7 个可移动、名为“嗅觉暗盒”的气味产生器，能蒸发出香料混合剂，产生热带雨林、花、海洋、燃烧的橡胶味、火药等物体的味道。③ 体感交互技术的进一步发展，也为超级数字场景下强化用户在虚拟空间中的舒适感和多维体验进一步提供了条件。

（三）实现超级数字场景的技术挑战

超级数字场景强调社会生活的高度数字化、智能化，通过数字化的场景

① 《7 年探索，Meta 第三种人机交互——触觉手套全部揭秘》，《VR 陀螺》，https：//vr. ofweek. com/news/2021-11/ART-815014-8110-30536771. html，最后访问日期：2022 年 6 月 7 日。

② Chris Kerr，“Here's your first look at the PS VR2 headset，” Game Developer，https：//www. gamedeveloper. com/design/here-s-your-first-look-at-the-ps-vr2-headset ，最后访问日期：2022 年 6 月 7 日。

③ 杨仁杰：《“奇酷” FeelReal，一款更高维度的虚拟现实头盔》，雷峰网，https：//www. leiphone. com/category/qiku/oe94iuxeKGBAWlCI. html，最后访问日期：2022 年 6 月 7 日。

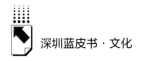

即可实现大部分生活所需。无论这一场景是借助可穿戴设备、游戏还是其他形式实现，自由多维的沉浸式体验、丰富的内容与服务、高度智能化的交互方式都是超级数字场景必然具备的要素。而要实现这样的大型虚实交融场景，目前依然存在较为明显的技术缺口。

1. 多维度的人机交互

强调高度智能化的人机交互、人人交互是超级数字场景的核心特征，而要实现这样一种高度智能化的交互，前提是实现信息和数据的多维度交互，因为在虚实结合的超级数字场景中，交互的本质其实是信息和数据的交互。

对照当前的人机交互方案，会发现当前的解决方案大多停留在简单的信息和数据的单向输入，且信息和数据维度较为单一，与高度智能化的交互存在着较为明显的差距。当下的人机交互模式更多是借助鼠标、键盘或其他触控设备、可穿戴设备向计算机进行信息和数据的输入，然后计算机根据这些输入进行一系列的反馈。尽管能够实现简单的交互，但当前的交互设备能够输入的信息和数据十分有限，计算机能够根据这些数据与信息做出的反馈也较少。

超级数字场景中的交互，应该是包含了周边空间环境、人体动作、面部表情等多维度数据的人机交互。而当前的 XR 游戏中，大量的空间环境、人体动作、面部表情依然无法被计算机感知，使得现阶段的人机交互只能停留在某种单一维度层面，高度智能化和精细化的人机交互、丰富数据的收集与反馈，都依赖于更先进的数据采集技术才能得以实现。

2. 可信的沉浸感体验

可信的沉浸感体验是 XR 行业所追求的终极目标，也是超级数字场景区别与传统数字场景的特征之一。要构建“可信的世界和人物关系”，需要达成三个维度的“可信”：这里的“可信”可以从三个维度来理解：首先是可信的环境，即超级数字场景所塑造的场景必须真实，且能够让身处其中的用户相信这是一个与现实环境等同、物理逻辑一致的世界；其次是可信的人物，即通过技术在虚拟环境中生成与真人相差无几的虚拟替身，让用户感受到与之交互的真实可信；最后是可信的交互，在交互过程中必须让交互的双方切实感受到对方的“存在”，比如感受到其中的温度、重量、情绪变化等。①

如前所述，尽管当下 XR 技术在声音传递、体感交互等方面不断逼近现实体验，但距离提供“可信的沉浸感”仍有不小差距。当前的 XR 设备可以短暂地将用户带入一个虚拟环境，创造出相对可信的虚拟体验，但所能支持的人物呈现和动作交互还比较单调。例如，当下较为火热的 VR 游戏 VRChat，虽然能够支持用户通过 VR 设备进入虚拟场景与他人交流，但交互方式依旧主要依靠语音和文字，无法真正提供现实会面般的可信交互。如何利用技术创新实现可信的沉浸感体验，也是超级数字场景实现的关键要素。

3. 合理的技术应用成本

此外，搭建超级数字场景的技术难点还在于其所需的技术部署和大规模的推广成本较高，这意味着超级数字场景的实现距离现在仍然较为遥远。腾讯高级副总裁马晓铁曾预测，真正适用于超级数字场景的技术会在 2025~2027 年大规模面世，但要实现大规模普及和商业化，可能需要等到 2030 年。

这一方面是由于当前技术的应用、部署成本过高，例如，XR 设备中的 4K 硅基 OLED 显示屏能够极大提升用户的沉浸感体验，但却由于价格高昂而难以实现商业化，单一个显示单元的价格就与 Oculus Quest 2 的整机价格相当；另一方面是缺乏成熟的商业模式和应用，从科技发展史来看，以往推动新技术大规模应用和普及的动力，无一例外是一些“杀手级”的应用，新技术往往通过这些能够让其优势尽显的应用得以被社会广泛接纳，并带动技术成本的降低。通往超级数字场景的进程中，如何找到合适的应用场景和商业模式，分摊技术大规模应用和普及的成本，也是需要关注的重要问题。

① 马晓铁：《元宇宙的潜力清晰，但质变要在 2030 年》，《澎湃》，https：//m. thepaper. cn/baijiahao_ 17918270，最后访问日期：2022 年 6 月 7 日。

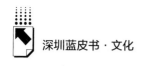

三　超级数字场景下虚拟化生存的特点

超级数字场景不仅揭示了下一代互联网模式与形态的演进方向，也将创造“虚拟化生存”，带来社会连接、生活样态、社会结构的革新。“虚拟化生存”是数字化生存的升级，不仅意味着通过虚拟技术模拟现实世界的生存方式、服务于现实世界的更好运转，也代表着在虚拟世界中对于自我身份、社会关系的重建。

1996年美国学者尼葛洛庞帝（Negroponte）提出了“数字化生存”（Being Digital）的概念，按照他的解释，人类生存于一个虚拟的、数字化的生存活动空间，在这个空间里人们应用数字技术（信息技术）从事信息传播、交流、学习、工作等活动，这便是数字化生存。[①] 这一概念揭示了信息技术革命对于社会生存状态的变革。随着游戏、社交媒体以及XR技术的发展，数字化的人类活动进一步走向“虚拟化”，即人们得以在虚拟空间、虚拟身份中模拟进行现实世界中的活动，并使这种模拟逐渐具有真实感、临场感。虚拟现实之父Jaron Lanier创造出的“Virtual Reality”一词，就是意指一种人们通过特定虚拟技术在虚拟世界中重新构建自我的过程。[②] 随着互联网诞生并不断迭代升级，人们对于虚拟化生存的想象与理解一直在不断发展、重塑，而融合了XR、人工智能等前沿技术成果的新一代虚实交互场景——超级数字场景，无疑将虚拟化生存描绘得更加清晰、具体。

值得注意的是，超级数字场景的理念指向“虚实相生”的数字化场景而非纯粹的虚拟世界。超级数字场景下的人类生活并非如电影《黑客帝国》所呈现的那样——人类让肉体沉睡在营养液里、通过神经连接到虚拟世界，而是展示了人类平衡物理世界与数字世界、主动借助数字世界全面服务于物

① 胡敏：《数字化生存能否引领我们走向“诗和远方”》，光明网，https：//m.gmw.cn/baijia/2020-05/08/33812566.html，最后访问日期：2022年6月7日。

② 马忠君：《虚拟化生存的基础——虚拟真实与虚拟自我的建构》，《现代传播（中国传媒大学学报）》2010年第3期。

理世界的可能性。超级数字场景概念的产生，为我们勾勒未来的数字社会生存图景提供了具有创新性的线索与思路。

（一）交互“全真化”：全息、全程、全效的信息交互

在超级数字场景时代，随着越来越多的技术和社会要素趋向虚拟形态，原先的“数字化交互”将被进一步升级为“全真化交互”。超级数字场景下的全真化交互，意味着线上线下一体化、数字技术与真实世界融合，真正实现全息、全程、全效的信息连接与交互。

首先，超级数字场景将以全息的形式拓展信息交互的“深度”。超级数字场景不仅意味着个体身份信息的数字化，更体现在个体形象及所处信息环境的全面虚拟化。超级数字场景中，文字、图片、音频、视频等信息传播的多模态形式融合形成全息、立体、多维的感官体验，使信息传递与交互最大限度地接近现实场景，人们能够以可观、可感的方式完成交流与互动。

其次，超级数字场景能够全程、全时、实时地存在，以“永远在线”的形式打破信息交互的时空边界。人们日常行为和运动的整个过程都能够通过虚拟空间完成，客观事物运行的整个历史轨迹信息都可以被信息技术捕捉、记录并存储，社会生活能够全面打破物理空间的限制，并获得能够对抗时间流逝的历史记忆，进一步实现对数字化生存维度的拓展。

再次，超级数字场景还将以全效的形式覆盖日常生活的各领域，拓展信息交互的“广度”。超级数字场景将聚合海量用户和各种资源，将信息服务渗透到生活、工作、文化、娱乐等各个社会领域，使人们能够通过虚拟交互完成生活中的一切信息交流与社会活动。在此过程中，需要借助较为成熟的互联网技术系统，实现跨行业资源的数据化整合，通过多家互联网公司共同搭建技术与服务平台提供恰当的解决方案。

信息交互的全真化已经在部分社会领域得到实践。例如，在新闻媒体行业中，美国的 *The Huffington Post*（《赫芬顿邮报》）、ABC（美国广播公司）和 CNN（美国有线电视新闻网）等新闻机构已经将 VR 技术应用到新闻报道当中，尝试通过 VR/AR 为用户提供全息化的感官体验，突破了传统新闻

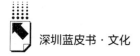

叙事在时间和空间上的局限，让用户可以身临其境地感受到新闻事件的发生和发展，提升用户对于新闻事件的理解和认知能力。此外，Meta 公司推出的 VR 会议软件 Horizon Workrooms、百度推出虚拟互动应用“希壤”等产品正在将虚拟交互拓展至社会生活的方方面面。

（二）个体具象化：从在线到“在场”的自我呈现

超级数字场景带来的虚拟化生存还体现为个体特征的具象化。在超级数字场景下，玩家可以根据个人偏好进行定制化身（avatar customization），[①] 这种化身的特征完全依据玩家的个人选择而被塑造，从某种意义上讲，它就是现实世界中人类在虚拟空间中的“具象化自我”。

在超级数字场景中，人们通过定制化的虚拟化身开展交往活动，从而获得了一种更为具象化的虚拟生存方式，促使人与数字空间的连接方式从“在线”转向“在场”。从“在线”到“在场”，自我呈现方式的变化将深刻影响人们对自我、环境以及关系的感知：一方面，相比传统在线场景中使用的个人化身（如虚拟头像、符号等），超级数字场景中的定制化身与现实个体的相似性更高，人们更容易将自身特征投射到化身之上，从而将虚拟空间中的自我与现实空间中的自我进行深度关联；另一方面，超级数字场景下的虚拟化身能够实现精细、流畅、丰富的行为表现，使沟通效率、交互质量大为提升，情感连接也进一步加强。

数字虚拟人可以被视为这种定制化身的“前身”。数字虚拟人作为超级数字场景的重要入口，已经在多元社会领域得到应用。当前，数字虚拟人能够通过自动语音识别（ASR）、自然语言处理（NLP）、语音合成（TTS）、语音驱动面部动画（SDFA）、游戏引擎等技术的结合，基于真实个体特征打造出相应的虚拟人物角色，并实现基本的交互功能。[②] 美国公司 Epic

① 衡书鹏、赵换方、范翠英、周宗奎：《视频游戏虚拟化身对自我概念的影响》，《心理科学进展》2020 年第 5 期。

② 胡璇：《一文读懂虚拟人：她会梦见电子羊吗?》，腾讯研究院，https：//mp. weixin. qq. com/s/vy2x1wCa4BRB3Jr94ZiR4A，最后访问日期：2022 年 6 月 7 日。

Games 开发的“MetaHuman 工具”，能让零基础用户以自动混合、手动调节的方式，快速生成“千人千面”虚拟人；腾讯于 2018 年发布了以演员姜冰洁为人物原型的虚拟人 Siren。Siren 的所有动作表情都由实时捕捉以及实时渲染形成，而且能基本真实地反映出人类的动作，也能够捕捉人脸上的一些表情细节。北京冬奥会期间亮相央视的“手语播报数字人”，掌握了超 10 万条手语词汇和语句，将在电视台、机场、银行等场景下创造对残疾人友好的无障碍环境，应用于丰富的社会服务场景。

（三）环境可生成：重构“空间”的概念

超级数字场景让生活空间高度数字化的同时，也重构了“空间”的意义。一方面，抽象的数字空间将进一步具象为虚拟空间；另一方面，虚拟空间也进一步走向“现实化”。这不仅表示虚拟空间在视觉和体验上向现实环境靠齐，更是指超级数字场景能够赋予人们“完全的沉浸式体验”，使人们置身虚拟的娱乐场景、工作场景、社交场景时，能被环境充分地调动感官刺激，形成深刻的体验、真实的感受。相比当下主要体现为“线上化”的数字化生活，超级数字场景下的虚拟化生存伴随着更加直观的物理感受，人们对数字生活将具有更清晰、生动、直接的感知与反馈。因此，超级数字场景使虚拟空间可以提供更多现实空间的“体验价值”，例如，人际互动带来的亲密感、文化景观带来的心灵震撼、珍稀景观带来宝贵体验等，有助于人们更加便利、平等、低成本地获取社会资源。

同时，超级数字场景下的空间可以通过数字化的方式进行创造，打破物理世界中土地、建筑、自然资源等资源的供给瓶颈，驱动经济持续增长、社会良性发展。超级数字场景能够不断以数字化的形式提供空间与资源的增量，为人们带来新的生活和娱乐体验，以及新的商业模式、消费需求、创新机会。某种程度上，这也为缓解现实世界的资源消耗、劳动压力带来新的机会，为人们创造了在物理世界和虚拟世界之间平衡资源、精力与生活的可能性。

此外，超级数字场景下空间内容的生成会更加智能化、个性化，以满足人们虚拟化生存的多样需求。当下广受欢迎的《罗布乐思》《堡垒之夜》等游戏产品，包含了大规模的用户、超精细的数字场景、极丰富的内容。厦门大学副教授郭诗辉认为，用户对于虚拟空间的个性化有较高的要求，利用游戏引擎、美术制作工具、程序工具软件等进行虚拟空间建模，把虚拟场景“装修”成用户喜欢的样子，创作不同的角色、衣服、装饰，关系到未来超级数字场景里的用户体验。[①] 当下，游戏正在为超级数字场景提供精细化场景的搭建能力，并且促使虚拟场景中的内容创作成为行业关注的重要方向。未来，“虚拟空间装修”将成为影响虚拟化生存质量的重要环节，承载人们对于智能化、多元化、个性化生活的美好期待。

四 总结与建议

超级数字场景是高度数字化的生活场景，但并不是纯粹的赛博空间，而是与物理空间、现实关系实时连接、息息相关的世界，是数字社会的新形态。应对超级数字场景和“虚实共生”趋势推动形成的新型数字社会，深圳市需密切关注 XR 和游戏产业的发展趋势，依托深圳数字文化创意产业的全国领先地位，进一步抢占游戏、XR 技术以及相关人才的竞争优势，抓住以技术创新驱动超级数字场景构建的有利契机，积极布局和参与下一代科技革命。

（一）加强 XR 相关产业布局，推动“XR+游戏”与实体产业结合

XR 和游戏产业是构建超级数字场景的重要基础，超级数字场景以及“虚实共生”等相关概念的火热也带动 XR 产业的发展驶入快车道。当前，中国 XR 相关技术专利数量全球领先，2017~2020 年中国累计申请 VR 专利

① 《数字内容与科技，如何“互启共荣”?》，腾讯研究院，https://mp.weixin.qq.com/s/aq1uuBdD_ OO8YiUm9Ab2Aw，最后访问日期：2022 年 6 月 7 日。

全球占比达48%，总数量为美国的2倍多；AR相关专利数量全球占比达36%，为美国与韩国之和。①

目前，深圳已经在XR技术创新方面具备一定领先优势，未来，可结合游戏及整个数字内容产业的发展需要，进一步加强XR相关产业的布局，加快推进XR硬件设备、专用软件和XR集成、测试等专业服务发展，夯实XR产业发展基础。推动XR技术与游戏以及数字内容产业整体的深度结合，助力XR技术更好地落地与创新。鼓励“XR+游戏”相关技术与实体产业结合，把激发XR技术的创新活力作为提升文化产业竞争力、抢占超级数字场景先机的重要切入口。

（二）吸纳培育XR和游戏人才，积极抢占前沿技术发展优势

科技的竞争就是人才的竞争，XR和游戏产业的高水平科技人才是超级数字场景构建的直接参与者。2022年4月，中共中央政治局召开会议审议《国家“十四五”期间人才发展规划》，强调要加快建设世界重要人才中心和创新高地。面向下一代互联网的技术竞争，与XR和游戏领域的人才竞争息息相关，XR和游戏开发者积累的技术能力与经验，可直接应用于超级数字场景的开发与探索，助力互联网向综合沉浸体验、万物数字孪生的方向进化。

未来深圳可进一步发挥创新人才高地的吸引力，加强XR和游戏人才的吸纳与培养，带动XR和游戏产业的技术能力应用于实体产业和“数实融合”，为参与下一代互联网竞争积累优势。

（三）鼓励数字内容产业发展，构建完善的内容创作生态

超级数字场景的发展，一方面需要数字技术的研发与应用，另一方面也离不开高质量内容作品的支撑。从当前产业发展实践来看，超级数字场景有望在数字内容领域率先获得技术、用户等方面的突破。超级数字场景的内容

① 《2021年全球虚拟现实（VR）行业技术竞争格局》，前瞻产业研究院，https：//www. qianzhan. com/analyst/detail/220/211022-18e50378. html，最后访问日期：2022年6月7日。

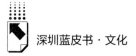

可以分为三部分：一是 PGC（专业生产内容），如各大互联网平台制作的电影、游戏、电视剧等，这部分内容与虚拟场景的结合更加便利，PGC 领域的创作有望孵化出超级数字场景的最初形态；二是 UGC（用户生成内容），只有 UGC 的创作能力得到充分赋能与释放，超级数字场景才真正具备用户价值；三是虚实结合的内容，即将现实世界中的物体、场景、服务等整合融入虚拟世界。

未来，深圳市可进一步发挥数字文化创意产业的积累的优势，引导数字内容企业坚持内容为本，提升 PGC 内容产品的质量与竞争力；引导企业激发 UGC 创作活力，赋予用户创新工具、能力、资源等，同时合理引导 UGC 社区的规范与秩序；关注基于游戏、XR 等领域的建模与映射技术所形成的数字资产，为布局下一代互联网储备相关内容与技术能力。同时，积极建立明晰的制度引导数字内容产业创新发展，以“科技向善”的原则引领超级数字场景的前沿探索与实践。

B.12

从游戏产业到元宇宙

——数字经济持续创新视野下创意管理的挑战与机遇

袁　园*

摘　要： 2021年因为诸多关键性事件而被业界视为"元宇宙元年"。这场蓬勃汹涌的浪潮以游戏为最初的雏形，伴随着各项系统性数字技术创新和硬件设备的迭代，以及虚实两个经济体系在价值双向兑换上的尝试，越来越具有了构建平行宇宙世界的现实可能。由世界头部科技企业和资本市场引领的数字经济推动着元宇宙的发展，而这将在底层逻辑上重塑经济学的基本前提、假设和规律，这同时也为创意管理提出了新的挑战与机遇。

关键词： 游戏产业　元宇宙　数字经济　创意管理

刚刚过去的2021年，被学界、产业界普遍视为"元宇宙元年"。虽然，关于元宇宙究竟是什么，坊间还莫衷一是，学界也暂无一个统一的定义，但是，与元宇宙相关的几个标志性事件，相继在2021年发生，使得元宇宙成为一个同时事关资本市场、科技公司和大众传媒的热点事件。

事情开始于2021年3月10日，美国沙游戏盒平台Roblox在纽交所成功实现直接上市，首日市值突破400亿美元，较其一年前40亿美元的估值一下子增长了9倍，成为一个资本市场的大事件。作为第一个将"元宇宙"

* 袁园，博士，深圳市文化广电旅游体育研究中心副研究员，台湾实践大学兼任教授。研究方向为创意城市、创意产业、创意管理。

（Metaverse）概念写进招股说明书的公司，此次上市成为游戏行业乃至整个数字经济发展史上一个里程碑事件。全球最大的社交媒体脸书（Facebook）的首席执行官扎克伯格，在更早的时候就提出论断，认为元宇宙将颠覆未来的人类社会，不仅早早收购了 VR 公司 Oculus，更明确提出数年内 Facebook（脸书）将从“一家社交媒体公司变成一家元宇宙公司”，并于 2021 年底迅速将公司名字从 Facebook 更名为 Meta（元宇宙），引起全球媒体和社会各界的关注与热议。在中国大陆的游戏行业和数字经济版图上，2021 年 9 月，字节跳动不计成本地以 90 亿元的竞价收购了国内头部 VR 公司 Pico，进而带动了二级资本市场相关元宇宙概念公司的股价暴涨，使得元宇宙也成为国内科技界和资本圈的热点话题。

对于创意产业（尤其是数字创意产业）来说，游戏行业的产值一直是占据其中最大份额的部门。因此，当游戏行业在数字经济持续创新的环境下，出现了被科技、资本界共同视为标志性事件的事物和概念时，对于创意管理研究领域，同样也提出了全新的命题。究竟什么是元宇宙？它是一时的概念炒作，还是人类不可回避的未来？当游戏行业从过去完全基于互联网拟态环境的娱乐，借由硬件的发展、数字货币的发展，开始演变成人类未来一种全新的存在方式时，创意管理的研究对象、研究视角和研究诉求又将遭遇怎样的挑战和机遇？以上，正是本文尝试探讨的问题。

一　什么是元宇宙？

元宇宙一词最早出现在尼尔·斯蒂芬森 1992 年出版的科幻小说《雪崩》（*Snow Crash*）一书中。在作家最初的想象中，随着互联网的发展，未来会出现一个与现实平行的虚拟世界，人们同时在虚、实两个世界里生活。30 年前的科幻想象，到如今由于各种数字技术的加持，而逐渐演变成一个内涵越来越丰富的可触达的现实。2018 年由斯皮尔伯格导演的《头号玩家》（*Ready One Player*）以及 2021 年好莱坞暑期档的热片《失控玩家》（*Free Man*），都为我们提供了在虚、实两个平行世界里共时生存的未来想象。

从目前现实的发展阶段来看，元宇宙概念还较为集中表现在游戏产业的内生性演变上。例如，戴上 VR 头盔或 AR 眼镜，辅以可穿戴的传感器设备，人们就可以在虚拟的游戏世界里体验自己作为另一个化身主体（Avatar）的所有感受。但随着数字技术革命越来越向日常渗透以及产业经济正在经历的产业互联网变革，整个人类社会的数字化转型就成为一个可以预见的未来。因此，元宇宙概念虽然开始于科幻小说和游戏，而其真正的想象空间和最终旨归却不仅仅是游戏，而是一种虚实融合的“后人类社会”生存状态。2021 年之所以被称为元宇宙元年，是因为其指向的现实内涵已经在新技术开拓的革命性未来图景中，全面超越了 1992 年《雪崩》小说中的想象且有了实现的可能。这些新技术包括但不限于：以 5G/6G 为代表的信息革命，以 Web3.0 为代表的互联网革命，以算法和机器学习为代表的人工智能革命，以 VR、AR、MR 为代表的硬件技术革命，另外还包括以大数据、云计算为代表的数据采集、数据处理，以区块链为代表的分布式治理，和在其基础之上的以数字货币为代表的数字金融，等等。这么多的技术在过去的 10 年、20 年可能还是单一地、逐步地发展，然而随着技术发展和数字经济转型的加速，这些技术越来越在局部形成了相互配合的数字生态，这就意味着想象整个人类社会的全部内容，在未来全部实现数字化的互联互通和数字“拟像”，就不再是天方夜谭。

首次将“元宇宙”写进招股说明书的游戏平台企业 Roblox 创建于 2004 年，缘起于 1989 年由两位创始人编写的“交互式物理学”实验室。最初的目标是打造一个新一代的、为人们提供更加人性化的、让大家可以自由表达的平台，通过游戏创作来分享人生体验。与其他平台不同的是，Roblox 既提供游戏，又提供创作游戏的工具，同时还有很强的社交属性，玩家可以自行输出内容、实时参与，并且还有独立闭环的经济系统。在其创始人看来，在 Roblox 平台上，游戏不能被称作游戏，而应被叫作“体验”（Experience）。截至 2020 年底，Roblox 用户已经创造了超过 2000 万种体验，其中 1300 种体验被更广泛的玩家造访、探索，并形成频繁互动的社区。基于以上实践，Roblox 将元宇宙理解为“用来描述虚拟宇宙中持久的、共享的三维虚拟空间”。它还提出了通向“元宇宙”的8个关键特征：身份（Identity）、朋友（Friends）、沉浸感（Immersive）、低延迟（Low Friction）、多样性（Variety）、随地（Anywhere）、经济（Economy）、文明（Civility）。这8个关键特征既概括了Roblox对元宇宙世界得以实现的技术要求，又预示了元宇宙虚拟世界的参与者一旦规模化，对社会结构各个重要方面可能带来的影响。

因此，“元宇宙”可以看作对人类未来社会全面转型的概念化命名。虽然目前还停留在游戏阶段，但随着其逐渐在经济层面打通虚、实两个世界的互联互通，其本质所指向的未来，是对虚拟化、数字化的网络空间与物理性的现实空间高度融合之后的超级智能社会的设想。这个设想并不是单方面来自游戏的某种小规模想象，各种先进数字技术不断成熟并应用于日常生活。例如，目前已经颇有端倪的NFT风潮，VR/AR/MR等相关硬件的普及化、家用化。未来人类世界朝向数字虚拟与物理现实两个“宇宙”融合的可能性，在严肃的高校研究所里，也有相应的成果。2018年日本东京大学与日立制作所合作的——“日立东大实验室”发布一项研究报告，将这个即将到来的超级智能社会命名为“社会5.0”。这是从严肃的学界视角，用不同的术语对元宇宙概念进行的另一种表述。

二　从互联网“新经济”到“元宇宙经济学”

无论人类世界如何演变，经济始终是社会大趋势转型的重要支撑。元宇宙的概念在近两年逐渐成为风口，并从少数游戏玩家的关注转而成为整个社会广泛讨论并持续热议的话题，其根本原因是自互联网新经济以来，随着数字技术对原有社会结构中既定资源壁垒和信息边界的不断突破，产生了数字经济的持续创新，致使经济的内在规律也在不断变化。

20世纪90年代，随着信息技术在美国的迅猛发展，引起社会一系列变革，使美国的经济形式出现了明显的转变。1991年以来，不仅经济增幅明显、失业率下降，消费品的通货膨胀也在下降，而且经济的周期逻辑淡化。1996 年底美国《商业周刊》的一篇文章将这种现象归纳为“新经济”，并认为其主要动力来自信息技术革命以及经济的全球化浪潮。除此之外，另有不少学者将这种新出现的经济特征归因为包括但不限于信息技术的“知识经济”的发展。随着制造业在全球范围内有规律的转移，美国、西欧、亚洲等先发国家的经济结构也越来越倾向于以第三产业的服务业为主，而这些以知识服务为主的工作也被视为“知识经济”的主要代表。

进入 21 世纪的第一个 10 年，互联网发生了演变。以 2010 年 iPhone 4 的发布正式开始了移动互联网浪潮。2011 年，微信发布，移动智能手机作为硬件支持加上应用软件附加的社交属性，使得当下社会的每一个人几乎都或主动或被动地卷入移动互联的数字经济网络。从消费互联网到产业互联网，不仅各行各业都在进行各种程度的数字化转型，而且几乎每一年都会出现一个创新的、现象级的经济焦点。例如，2017 年，共享经济爆发；2018 年，短视频爆发；2019 年，电商直播爆发。数字经济的持续创新在改变着商业结构和商业模式的同时，也在改变着人们的生活方式。但总的来说，即使技术的迭代和经济模式的转变便利了人们的生活，但人们所拥有的真实身份、对自我的认知和确认，基本还是以现实社会的人际网络结构来定义的。

Roblox 的出现以及元宇宙概念的提出，之所以成为资本市场和众多头部科技企业的热议风口，就在于它对一个平行于物理世界的虚拟世界的体系化构建，正在数字技术和数字货币的基础上，越来越成为未来数字经济增量的一个重要领域。在 Roblox 的游戏平台上，人们不仅可以用现实世界的货币去购买平台上的虚拟代币 Robux，然后在平台上消费，而且游戏的开发者和创造者也可以通过在平台上搭建自己的游戏来赚取 Robux。这些新创造出来的 Robux 既可以重新投入游戏进行消费或投资，也可以通过一定的汇率兑换成现实世界的货币，成为现实世界的经济资产。据统计，2020 年，Roblox 上超过 120 万名开发者赚取到了平台虚拟代币 Robux，其中超过 1250 名开发者收入高达 1 万美元，超过 300 名开发者收入高达 10 万美元。不过开发者每年赚取 10 Robux 才有资格加入把 Robux 兑换成美元的计划。[①]

对于现有的经济体系来说，这个规则打破了游戏仅仅是一个用于消费的文娱产品内涵。从本质来看，因为这两个世界在经济上的互联互通、双向兑换，而使得游戏平台上的活动也成为现实世界经济生产的一个源头。也正是在这个意义上，游戏平台以及未来借由全息投影、传感装置等创造的，更清晰、逼真的虚拟世界，进化为一个平行于物理社会的元宇宙社会的基本经济逻辑得以成立。而彼时，个体无论是作为生产者还是作为消费者，都可以拥有不止一个身份。

由国家发改委数字经济新型基础设施课题组牵头人、中国人民大学数字经济与数字化转型研究中心联席主任赵国栋领衔主创的《元宇宙》一书，于 2021 年 8 月出版。在这本先锋之作中，首次提出了“元宇宙经济学”的概念，将其定义为“数字产品的创造、交换、消费等所有在数字世界中进行的经济活动”[②]，并明确提出元宇宙经济是数字经济中最活跃、最具革命性的部分。

如果按照 2016 年 G20 峰会发布的《二十国集团数字经济发展与合作倡议》中对数字经济的定义——以实用数字化的知识和信息作为关键生产要素、以现代信息网络作为重要载体、以信息通信技术的有效使用作为效率提升和经济结构优化的重要推动力的一系列经济活动——数字经济既包括传统物质产品生产、流通、消费的内容，也包括数字产品的创造、交换、消费的内容。因此，元宇宙经济是数字经济的一个子集。但这个子集产生之所以与之前的数字经济具有划时代的不同，就在于它在根本内涵上背离了传统经济学的基本假设。

首先，传统经济学完全产生于物理世界的现实，因此其基本的前提和共识是认定资源是有限的；其次，传统经济学对个体有一个最基本假设，就是每个人都是具有利己心理的理性经济人，这一点在亚当·斯密的《国富论》

① 赵国栋、易欢欢、徐远重：《元宇宙》，中国出版集团、中译出版社，2021，第 10~11 页。

② 赵国栋、易欢欢、徐远重：《元宇宙》，中国出版集团、中译出版社，2021，第 86 页。

中做了最广为人知的精妙论述。但是在元宇宙世界中，这两点被打破。元宇宙经济关联的是在完全的数字世界所生产的数字产品，它建立在想象、体验和价值认同的基础之上，与现实的物质资源并不存在直接的生产要素关系；而个体除了现实世界的"本尊"之外，在元宇宙世界的化身，是可以任凭自己的喜好去创造或假设的。从心理学上来说，这个元宇宙的分身往往是对现实世界身份的"补偿"，尤其是它将补偿作为经济理性人在纯粹经济逻辑下被压抑的部分，这包括情感体验、价值认同以及个人理想的实践与实现。这意味着，在元宇宙经济中，很多传统经济的基本法则将遭遇挑战。

黄江南、朱嘉明早在2014年网易经济学家年会夏季论坛上就提出了"观念经济学"的系统性理论，明确挑战了传统经济学的一些基本定律[①]。其核心观点是：观念经济学是以人的主观价值认同为基础的，这与马克思在工业资本主义时代提出的"劳动时间决定价值"出现了明显的背离。赵国栋等在《元宇宙》中借鉴了观念经济学的理论框架，提出元宇宙经济学呈现出与传统经济明显不同的经济规律，包括：认同决定价值、边际效益递增、边际成本递减、交易成本趋零等。[②]

三　元宇宙经济对创意管理学的机会与挑战

从最早的互联网新经济，到21世纪初结合文化创意而诞生的创意经济，再到以游戏产业为雏形的元宇宙经济的呼之欲出，数字经济在数字技术的持续迭代和硬件产品不断更新的语境中，也在发生经济形态、经济原理的重大改变。从管理学的视角来说，正在发生并将在未来成为重要经济增量的元宇宙经济对正在发展中的创意管理学，既提出了面对新问题的挑战，又生长出了重要的机会。

---

① 黄江南、朱嘉明：《观念经济学原理及其现实意义》，《网易经济学家年会2014夏季论坛特别策划》，网易网，http：//money.163.com/special/hjnguannian/，最后访问日期：2022年6月6日。

② 赵国栋、易欢欢、徐远重：《元宇宙》，中国出版集团、中译出版社，2021，第92~97页。

创意管理学的诞生应该说与创意经济概念的兴起有着直接的关系。杨永忠教授在他的《创意管理学导论》一书中就将创意管理学产生的背景与起始于英国的“第二次文艺复兴”做了直接的关联①。颁布于 1998 年的《英国创意产业路径文件》，其初衷是面对美国的高科技创新，将文化视为英国的独特优势资源，通过文化与创新的结合，发展出英国的国家竞争优势。这份政策纲领性文件与彼时由学术界专家教授接连出版的诸多著作不谋而合②，共同在 21 世纪的全球范围内掀起了一股发展创意产业、推动创意经济的浪潮。与此相应，对创意经济独特规律的发掘和总结以及随之而产生的创意产业政策、创意人才管理、创意企业组织架构、商业模式等一系列新问题，成为创意管理这门分支学科的独特对象。国内外诸多学者，纷纷在这个全新的领域著书立说③，形成一股重要的合力和趋势，推动着创意管理研究渐渐发展成创意管理学。

事实上，在梳理创意经济发展史的过程中，学者们大多会从阿多诺和霍克海默于 1947 年在《启蒙辩证法》中提出的带有批判性、单数的“文化产业”（culture industry）术语开始，对创意经济进行学术文献上的溯源。后来法国学者将这个术语变成复数，承认将文化作为商品的出版、演出等产业也具有传播知识和观念的正面意义，由此，复数的文化产业（culture industries）成为一个带有经济意义的中性词④。到了 20 世纪 60 年代，经由鲍莫尔⑤等经济学者，从经济理论出发对表演产业等进行严肃的经济学研

① 杨永忠：《创意管理学导论》，经济管理出版社，2018，第 9 页。

② 例如：凯夫斯的《创意产业经济学》（2000）、兰德利的《创意城市：如何打造都市创意生活圈》（2000）、霍金斯的《创意经济》（2001）、佛罗里达的《创意阶层的崛起》（2002）等。

③ 国内一些重要的学术出版包括：厉无畏主编的《创意产业导论》（2006）、范周等主编的《文化创意产业前沿》（2007）、向勇等编著的《中国创意城市：创意城市发展研究》（2008）、杨永忠主编的《创意产业经济学》（2009）、金元浦编著的《文化创意产业概论》（2010）、魏鹏举编著的《文化创意产业导论》（2010）、高长春主编的《时尚与创意经济系列丛书》（2011）等。

④ 例如：法国社会学家伯纳德·米亚基（1989）和德国著名社会学家沃特·本雅明（2008）分别提出了与阿多诺、霍克海默不同的看法。

⑤ 鲍莫尔和鲍文 1966 年出版了《表演艺术：经济困境》一书，提出了著名的“成本疾病”（Cost Disease）理论。

究，以及70年代文化经济杂志[①]的出版发行和国际文化经济学会的创立[②]，“文化经济”的概念也逐渐应运而生。随后到了20世纪90年代末期，由于数字科技、互联网行业的发展，文化和以软件为代表的数字创新同时被视为重要的“智慧财产权”，具有更广泛的经济生产价值，因而产生了“创意产业”和“创意经济”概念，从而也有了针对相关创意企业、创意阶层进行特殊“管理”的创意管理学的诞生。

对创意管理学处理的对象，进行一个简略的学术发展史回顾，是想将创意管理学重新放入历史的、发展的语境，思考在“元宇宙经济”的起步阶段，创意管理学在研究对象、研究视角和研究诉求上，如何重新进行调适，以回应一个与传统经济学以及广义的创意经济不大相同的元宇宙数字经济相应的管理上的需求。

首先，在研究对象上，由于元宇宙经济作为“观念经济”在数字世界的全面体现，身份认同和价值认同，将成为价值生产、实现的主要方式，因此如何理解人的心理、情感、需求等原本难以被量化和具体化的“软要素”的生产机制，以及M世代[③]作为元宇宙原住民可能拥有的代际独特性，都将与创意管理的过程息息相关。鉴于元宇宙还是一个想象中的、正在形成的未来事物，对于创意管理学来说，原本相对集中地从经济或商业模式的角度来研究已经生成的创意产品的对象限定，将需要一个涉及人类心理的元宇宙生产机制、元宇宙消费机制等一系列问题的扩容。更重要的是，元宇宙的构建是一个动态生成的过程，其中牵涉到“创世纪”式的虚拟世界规则的设定、监管和治理，因此，研究本身也将作为元宇宙生成过程中的重要一环，参与对未来元宇宙空间的建构。例如，传播学、社会学不少知名学者对算法的研究和反思，对人工智能的效率和威胁的反思，等等，都有可能在未来与元宇

① 1973年，由美国俄亥俄州阿克伦大学的William Hendon教授创立了《文化经济》（*Journal of Cultural Economics*）学术期刊。

② 1979年William Hendon教授在英国爱丁堡组织了第一个国际文化经济学术年会，并成立了国际文化经济协会（Association for Cultural Economics）。

③ 即元宇宙时代，出自赵国栋、易欢欢、徐远重所著《元宇宙》，中国出版集团、中译出版社，2021，第39页。

宙经济的价值生产和价值实现方式紧密相关。

其次，从研究视角上来看，对人的需求的全方位研究，不仅仅只是目前关注的具有生理肉身的人，甚至包括人的化身、后人类、赛博格人等多样化“未来人”在虚实和现实世界的全方位需求，创意管理学原本偏重的经济生产、经济价值视角也需要扩大到包含心理学、社会学乃至政治学等“观念”的视角。近些年，对资本主义一个重要的反思，就来自以皮凯蒂为代表的“巴黎经济学派”的左翼经济学家们，呼吁将社会学视角再度拉回到经济学研究中，提出“以社会为中心”，寻求一种“适应社会的经济”，而不是“屈从经济的社会”,[①] 可以看作这种“重新思考经济学”，进而“重新思考管理学”的一个先声。以数字经济为代表的创意经济的发展，不断突破工业革命以来建立的学科边界，不断将人们生活原本分裂的方方面面融合为一个一体化的生态系统，这就为创意管理的研究视角趋向整合性、跨学科性提出了更高的要求。

最后，从研究诉求上来看，现代管理之父德鲁克在 95 岁高龄之际，于 1999 年出版了献给 21 世纪管理者的前瞻性著作——《21 世纪的管理挑战》。在这本书中，德鲁克没有谈具体的管理方法、管理理念，而是围绕着人为中心，谈论管理所需要的新范式以及未来每个人都将面对的“自我管理”的挑战。未来的元宇宙生存中，每一个人都有可能是一个建立在认同价值上的微型企业，通过相互认同的网络而在数字世界中创造不依赖物质资源的元宇宙经济价值，通过数字货币和数字法币的兑换进而转换成现实的经济资产。因此创意管理研究的诉求就不仅仅是服务物理世界中特定“经理人”职位的企业管理问题，它可能同样需要服务于每一个在虚、实两重宇宙中进行价值生产与消费的个人。日本对于“社会 5.0”的研究指出：“将来的社会应在提高人的能力以及运用大脑、内心和身体的新途径上投资。意

① Andy Beckett, “The New Left Economics: How a Network of Thinkers is Transforming Capitalism”, *The Guardian*, 25 June, 2019, https://www.theguardian.com/news/2019/jun/25/the-new-left-economics-how-a-network-of-thinkers-is-transforming-capitalism.

味着人们有机会改变自己一直以来的习性。"[①] 基于此，他们将未来的超智能经济社会定义为"人的资本主义"。[②]

四 小结

以游戏为雏形的元宇宙以 2021 年为元年，即将展开一轮人类历史上可以预见的史诗般的转型。2021 年 10 月 29 日，Facebook 创始人、CEO 扎克伯格正式宣布将 Facebook 更名为 Meta，引发全球范围的热议，也将元宇宙这个尚在酝酿中的人类文明新世纪拉入了普罗大众的视野。

与此同时，各行各业都在寻找与元宇宙的关联。元宇宙在硬件、软件技术的迅速迭代中，逐渐成形的脚步越来越近了，这将是数字经济自 20 世纪 90 年代互联网经济盛行以来发展的新高峰。人类无论是作为生物物种，还是启蒙视域下的人本主义个人或资本主义系统下的经济理性人，都同时面临重大的挑战和改写的机遇。创意管理研究，若能在当下的 21 世纪/数字创世纪的萌芽中，发展出自己独特的研究范式和研究成果，参与构建未来元宇宙社会生存的法则与标准，将为创意管理学的兴盛创造坚实的基础。

---

① 日本日立东大实验室（H-UTokyo Lab.）：《社会 5.0：以人为中心的超级智能社会》，沈丁心译，机械工业出版社，2020，第 202 页。

② 日本日立东大实验室（H-UTokyo Lab.）：《社会 5.0：以人为中心的超级智能社会》，沈丁心译，机械工业出版社，2020，第 200 页。

B.13
借力流媒体平台促“文化+”全产业生态相互赋能

郭玟君*

摘　要： 近年，基于流媒体的数字化“文化+”全产业生态已初具规模。在这个生态中，文化、科技、电商、旅游、制造业及农业等多个产业实现了以内容创意为牵引的相互赋能。本文在分析这一发展新趋势的基础上，提出了若干做大、做强该产业生态的建议，并探讨如何借力新趋势向世界讲好“中国故事”。

关键词： 粤港澳大湾区　文化产业　流媒体产业文化+

随着A（AI，人工智能）、B（Blockchain，区块链）、C（Cloud Computing，云计算）、D（Data，大数据）等颠覆性技术以及基于新一代信息技术的互联网创新的发展和应用，数字经济正高速向纵深发展，人们的生产、生活、消费均已全面数字化。叠加新冠肺炎疫情影响，人们日益习惯于线上沟通、线上工作、线上消费。借助VR/AR/MR/XR终端，依托5G/6G/WiFi6/WiFi7承载，“元宇宙”这一全新的概念，日益受到产、学、研、融、政各界广泛关注。中国“80后”“90后”“00后”日渐成为文化消费的主流，文化用户群体正经历从“二次元”到“泛二次元”再到“Z世代”的变化，他们的喜好与关注点也在变化。

科技在进步，产业在发展，消费人群在变化，这一系列变化改变了各个

* 郭玟君，广东粤港澳大湾区研究院资深研究员，主要研究文化产业与湾区文化。

产业的原有业态、催生了新兴业态，进而改变了产业的发展模式。在政府的大力扶持及庞大的消费市场驱动下，我国数字文化产业发展尤其迅速。再高明的政府，其监管及服务都永远落后于产业发展。要推动日新月异的数字文化产业高质量发展，既要鼓励和包容创新，同时还要把创新带来的风险纳入可控范围，考验的是政府与时俱进的洞悉力和雷厉风行的行动力。

一　文化产业新趋势

（一）基于流媒体的数字化“文化+”全产业生态应运而生

市场的脚步永不停歇。在传统文化企业苦于知识产权保护难、内容变现、内容融资难之时，一股新势力——流媒体平台（流媒体，Streaming Media 是指将一连串的媒体数据压缩后，经过网上分段发送数据，在网上即时传输影音以供观赏的一种技术与过程，此技术使得数据包得以像流水一样发送；如果不使用此技术，就必须在使用前下载整个媒体文件。流式传输可传送现场影音或预存于服务器上的影片，当观看者在收看这些影音文件时，影音数据在送达观看者的计算机后立即由特定播放软件播放①）已经以迅雷不及掩耳之势，在整个文化产业掀起一股旋风，笔者走访的珠宝设计、数字创意及图书出版等深受知识产权侵权之苦的文化创意企业，均表示将调整运营策略，更多地借助流媒体平台，通过加强 IP（Intellectual Property，知识产权）来进行运营。

文化产业内容为王，内容创作创意为王。由内容的创作与传播连接起来的，基于流媒体的“文化+”全产业生态正快速成长。在这个产业生态中，流媒体平台为内容创作出提供了很好的盈利模式，让那些能够迎合文化消费者需求的内容创作者在获得流量的同时实现了流量变现。

① 王雷、冯湘编著《高等计算机网络与安全》，清华大学出版社、北京交通大学出版社，2010，第 173 页。

同时，在这个基于流媒体的“文化+”全产业生态中，已经实现了以内容创作为牵引的自主成长，并以“文化+科技+电商+旅游+产品生产/制造……”的方式推动整个产业生态中不同类型的主体相互赋能。

首先，流媒体平台已展现稳定的创造现金流的能力。近年来国外流媒体行业竞争进一步加剧，AT&T、迪士尼、亚马逊、奈飞等公司加速发展流媒体业务。国内流媒体行业围绕用户核心，已进入“内容+服务”协同发展的新阶段，各大流媒体平台围绕视频主业开展的电商、广告等业务高速增长。成立于2012年的流媒体平台字节跳动，凭借抖音、今日头条等流媒体平台，更以2.25万亿元估值跃升2021年独角兽榜首。未来，流媒体将在电商购物、智慧文旅、远程医疗、安防监控、远程办公和远程教育等更多领域得到更为深入的应用。

其次，内容创作者变现能力大增。依托流媒体平台，一位来自四川农村的女孩李子柒，凭借她质朴而又唯美的短视频，成为享誉全球的网红明星，可谓名利双收。而当下像李子柒这样的流量网红明星，正成千上万地活跃在抖音、视频号、小红书等各大流媒体平台，还吸引了大量传统媒体、明星和专家也纷纷加入他们的行列，在这些平台上推出他们的原创长/短视频，用内容创造流量，靠流量实现内容变现。

网红经济下，一种叫作MCN（Multi-Channel Network，多频道网络）运营模式近年来越来越受到大小网红及资本的热捧。MCN是一种多频道网络的产品形态，是一种新的网红经济运作模式。这种模式将不同类型和内容的PGC［Professional Generated Content，互联网术语，指专业生产内容，用来泛指内容个性化、视角多元化、传播民主化、社会关系虚拟化，也称为PPC（Professionally-produced Content）[①]］联合起来，在资本的有力支持下，保障内容的持续输出，最终实现商业的稳定变现。

与此同时，除ABCD等技术外，5G、VR/AR/XR等各类新科技，通过

① 刘振兴：《浅析UGC、PGC和OGC》，人民网，http：//yjy.people.com.cn/n/2014/0120/c245079-24169402.html，最后访问日期：2014年1月20日。

表 1　流媒体平台当前市值及过去 5 年经营利润

证券代码	证券名称	总市值（十亿元）	营业利润（十亿元）					
			2016 年年报合并报表人民币	2017 年年报合并报表人民币	2018 年年报合并报表人民币	2019 年年报合并报表人民币	2020 年年报合并报表人民币	2021 年年报合并报表人民币
00700.HK	腾讯控股	3524.76	53.50	86.36	93.08	112.38	177.28	—
AMZN.O	亚马逊	1499.73	29.04	26.83	85.25	101.44	149.41	158.62
300059.SZ	东方财富	277.61	0.67	0.68	1.13	2.14	5.53	10.08
DIS.N	迪士尼	244.33	95.88	92.07	102.07	83.82	-13.22	23.73
T.N	美国电话电报	164.93	168.90	136.88	179.10	195.02	41.79	148.85
NFLX.O	奈飞	152.61	2.63	5.48	11.02	18.17	29.92	39.49
300413.SZ	芒果超媒	54.57	0.05	0.06	0.98	1.18	2.01	2.14
NTES.O	网易	49.81	12.63	12.15	7.89	13.79	14.54	16.42
600637.SH	东方明珠	26.02	3.74	3.01	2.75	2.63	2.04	—
300315.SZ	掌趣科技	9.49	0.54	0.25	-3.03	0.37	0.39	—
BILI.O	哔哩哔哩	7.37	-0.89	-0.22	-0.73	-1.50	-3.14	-6.43
TME.N	腾讯音乐	6.06	0.10	1.59	2.04	4.62	4.71	—
IQ.O	爱奇艺	1.82	-2.79	-3.95	-8.31	-9.26	-6.04	-4.48

数据来源：东方财富 Choice 数据。

赋能该生态，找到了广阔的应用场景；电商依托内容增加流量，亚马逊更建立起了旗下媒体业务与电商业务相互导流，同时云平台又与电商业务及媒体业务相互赋能的生态闭环；旅游业则通过与文化相互赋能筑高 IP 壁垒，国际传媒巨头迪士尼将该模式发挥到极致；农业和制造业，则依托该“文化+”全产业生态，拓宽营销渠道、高效触达用户，甚至通过该平台的反馈，直接带动产品创新。

（二）“Z 世代”成为生产和消费的主导力量

“Z 世代”指出生在 1995～2009 年，受到互联网、即时通信、智能手机、平板等科技产物影响较大的一代人。数据显示，中国“Z 世代”人口已达 2.64 亿，约占人口总数的 19%。随着“Z 世代”陆续步入青壮年，这些在数码产品陪伴下长大、成长于中国在世界地位稳步提高之时的孩子们，正逐渐成为中国新经济、新消费、新文化的主导力量。他们的价值观、创造力，正在给中国经济、消费及文化带来巨大变化，值得所有产业（尤其是文化产业）参与者高度关注。

“Z 世代”首先是在线化的。在他们这一代，人、计算机及其和物品之间的互动顺畅而自然；其次，他们的文化高度跨界，因为他们与世界的互动空前便利，他们成长在高度发达的互联网时代，他们对全球信息的获取轻而易举，周游列国也并非难事；再次，他们的国家认可度极高，和前几代不同，他们的爱国不是被教育出来的，是比较出来的；最后，他们更愿意为知识和兴趣付费、更愿意依托互联网拓展社交并实现自我价值……

李子柒就是“Z 世代”的。这位 1990 年出生于四川省绵阳市的女孩，能够在油管（YouTube）上收获过亿粉丝，源于她强大的在线化互动能力以及对自己文化的高度自信，当今文化传播的扁平化，已经并将持续推动全球“Z 世代”高效跨界活动。

然而，令人扼腕叹息的是，这样一位顶流网红，因陷入与资本的控制权之争，视频停更约一年了。对于这样一个新模式、新业态、新消费人群和生产人群构成的全新庞大生态，我们应高度重视。唯有对它有更全面、更深入的理解和认识，并对其进行适度引导，方能通过推动其健康、快速、可持续发展，让经济增长保持强大内生动力。

（三）海外经验值得借鉴

流媒体这一全新的商业模式，让亚马逊的“文化+电商+科技”及迪士尼的“文化+科技+衍生品”的运营模式成为可能，并助其筑起更高的竞争壁垒。国内文化娱乐产业及互联网相关企业及个人，也已经积极拥抱流媒体这一新生事物。粤港澳大湾区要在下一个 40 年继续领跑中国，须及早占据流媒体产业生态制高点。

亚马逊形成了“媒体+电商+云服务”各项业务相互赋能的良性循环。详细剖析亚马逊的媒体、电商及云服务三大业务板块，我们发现，通过三大板块的相互赋能，亚马逊在这三个领域都已经建起了很高的竞争壁垒。① 无论是媒体还是电商业务，在触达用户后，通过相互捆绑销售，都能彼此加持，进而增加每个客户的 LTV（Life Time Value，生命周期总价值）。AWS（Amazon Web Services，亚马逊云服务）面向用户提供包括弹性计算、存储、数据库、应用程序在内的一整套云计算服务，能够帮助企业降低 IT 投入成本和维护成本，拥有全球规模最大的云计算基础设施、最完整的产品线和生态圈。对于文化产业，有了 AWS，亚马逊很大程度上可以在开工之前就预测大致利润。AWS 在帮助文化产业降本增效的同时，自然能提升亚马逊在购买文化产品时的议价能力。

老牌文旅企业迪士尼，一直以来依托其庞大的 IP 资源储备筑起品牌壁垒。② 同时通过主题乐园、住宿、玩具等衍生品持续刺激促进二次消费，进一步夯实品牌壁垒。不仅如此，迪士尼利用前沿科技，虚拟游戏实体化，形成了独特的线上线下体验互动闭环，加速内容制作和 IP 孵化，进一步巩固

---

① Laura Martin, “AMZN’s Media Empire - Hidden Value”, Needham & Company, LLC Company Update, 2021-05-27.

② 刘言：《Disney：制造欢乐的梦想永动机》，《西南证券研究报告·公司专题报告》，2020 年 6 月 30 日，第 17~18 页。

品牌壁垒。该巨头近年来也通过并购及内生发展，大举进军流媒体，力争覆盖多年龄段受众并增加用户黏性，也已经逐渐形成马太效应。

二　做大做强数字化“文化+”全产业生态

深圳全市文化企业超过了10万家。2020年，深圳文化产业的增加值占GDP比重达到了8.1%，成为重要的支柱产业。深圳市乃至整个粤港澳大湾区文化产业、科技企业及制造业在全国均居领先地位。供给侧，粤港澳大湾区文化产业、科技产业及各类商品及服务供应商龙头汇聚；需求侧，湾区人口多、富且年轻。深圳联合粤港澳大湾区各个城市，完全具备培育全球领先数字化“文化+”全产业生态的实力。

（一）内容补短板，提升国际影响力

优质内容是流媒体巨头最看重的核心竞争力，内容争夺战在海外已经打响。在海外，迪士尼的核心优势来自独特的生态闭环和丰富的IP资源库，并持续通过“收购+原创+自制”三种渠道丰富内容储备；对于奈飞，优质内容是会员提价与收入增长的重要引擎；亚马逊巨资收购美高梅，瞄准的也是它的内容。在国内，腾讯、网易、爱奇艺、优酷等平台也为了争夺广告和付费用户鏖战影视、游戏产业，争抢优质IP。近年来，微信视频号、抖音、哔哩哔哩、小红书等流媒体平台也在以培训、红包、金币等方式，鼓励和吸引各类机构及个人进行视频和文字内容创造，同时推动产品营销。流媒体平台都需要借助优质的内容，去创造流量、拉动产品营销。

事实上，粤港澳大湾区已经拥有很多优秀的平台，例如，数字化赋能科技企业有科技巨头华为、腾讯；文化企业有中国最大央企紫荆文化集团；“科技+文化”有腾讯和网易，“文化+科技+衍生品”有“中国迪士尼”华强方特；电商有唯品会；综合物流平台有顺丰。

然而，相较于亚马逊、迪士尼及其旗下的子品牌，上述平台的国际影响

力和辨识度仍相去甚远。文化产业的繁荣不能光看产值，品牌影响力和传播力同样重要。IP、内容、创意是深圳文化产业的短板。腾讯、华为等大平台也大多重科技轻文化创意。华强方特 IP 的国际影响力仍有待提高。未来 5~10 年我们能否培育出具有全球文化影响力的中国的亚马逊或迪士尼，将取决于能否补上内容创意的短板。

内容创意补短板，腾讯已经走在前面：2018 年，腾讯集团副总裁程武首次提出“新文创”理念，但源头可追溯到 2011 年。当时程武提出以“IP 构建”为轴心的“泛娱乐”构思，随后逐渐将其明确为一种“基于互联网与移动互联网的多领域共生，打造明星 IP 的粉丝经济”的发展战略。在该战略推动下，腾讯基于游戏业务，逐渐搭建起动漫、文学、影视、电竞等在内的泛娱乐业务矩阵。

于 2020 年底成立的紫荆文化集团，也将进一步充实粤港澳大湾区的文创力量。据媒体报道，紫荆文化集团是中央组建的综合性大型骨干文化央企，是推动中外文化交流、促进中国当代文化和产业发展的主力军和国家队。[①] 该集团采取深圳、香港双总部管理模式，立足香港，深耕大湾区，重点发展影视产业、传媒资讯、出版发行、文旅演艺、金融投资等五大业务板块。旗下目前拥有中国对外文化集团有限公司、中国基金报社、联合出版（集团）有限公司、紫荆杂志社、银都机构有限公司、香港联艺机构有限公司等直属企业，是凤凰卫视的第一大股东。

华强方特被誉为“中国迪士尼”，已打造“文化+科技+衍生品”完整闭环，在科技推动文化创意方面取得了不小的成就。

（二）建立合作机制，筑高产业生态壁垒

缺乏本土电商平台也是深圳乃至整个粤港澳大湾区的短板。从《2020

① 刘达奇、庞诗凡：《重磅！顶级画展开幕“神秘”文化央企在深亮相》，新浪网，http://k.sina.com.cn/article_6321540324_178cb0ce402700wnnj.html#/，最后访问日期：2021 年 7 月 10 日。

胡润中国10强电商》[1] 看，粤港澳大湾区大型电商平台远落后于长三角和京津冀，只有唯品会一家位于广州。深圳是中国电商产业重镇，企查查大数据研究院推出的《2020中国电商行业大数据报告》显示，深圳电商企业数量近50万家，位居全国第一，然而深圳缺一家本土大型电商平台。

表2 2020年胡润中国10强电商

序号	公司	公司英文名称	价值(亿元)	掌门人	总部
1	阿里巴巴	Alibaba	41090	张勇	杭州
2	美团点评	Meituan Dianping	9190	王兴	北京
3	京东	JD	7490	刘强东	北京
4	拼多多	Pinduoduo	7280	黄峥	上海
5	滴滴出行	Didi	3600	程维	北京
6	携程	Ctrip	1090	梁建章	上海
7	唯品会	Vipshop	950	沈亚	广州
8	苏宁易购	Suning. com	820	张近东	南京
9	车好多	CARS	600	杨浩涌	北京
10	每日优鲜	Missfresh	210	徐正	北京

站在粤港澳大湾区的视角看，在数字化“文化+”全产业生态中，我们没有短板。建议依托产业链稳链、补链、强链、延链、控链工作联动协调机制及定期举行论坛和高管联席会议等方式，加强企业跨界沟通，促成强强合作。产业数字化和数字产业化，通过链接技术、文化、商品及服务，为粤港澳大湾区提供了绝佳的弯道超车的好时机。2021年4月，腾讯宣布了“扎根消费互联网，拥抱产业互联网，推动可持续社会价值创新”的大战略。[2]

① 胡润研究院：《胡润研究院发布〈2020胡润中国10强电商〉》，胡润百富网，https://www.hurun.net/zh-CN/Info/Detail? num=F8FC70702633，最后访问日期：2020年7月10日。

② 欧阳宏宇：《拥抱产业互联网后腾讯战略再升级 投500亿元布局可持续社会价值创新》，腾讯网，https://new.qq.com/omn/20210419/20210419A0D4JS00.html，最后访问日期：2021年4月19日。

社会价值创新战略将成为腾讯发展的底座，牵引腾讯所有核心业务，将全面连接技术与文化。华为云也在为不同类型的企业提供从企业初创到营销、管理、业务拓展的全套上云解决方案，助力业务快速发展。

围绕腾讯、华为等大型科技企业，数字化产业在粤港澳大湾区蓬勃发展，大大提升了各个产业的数字化水平，这为数字化“文化+”全产业生态的成长打下了坚实的基础，关键是如何加速并优化整个产业生态中各个主体之间的协同发展。

2021年中秋节由紫荆文化集团、CCTV-6电影频道节目中心、深圳市委宣传部、凤凰卫视主办的“湾区升明月”2021大湾区中秋电影音乐晚会，同时嵌入了首届“粤港澳大湾区购物节”，就是一个很好的促进文化交流与产业共同繁荣的范例。晚会会聚了内地及港澳的文化精英，向世界呈现湾区之美，推动文化融合、民心相通；同时，依托多个流媒体平台及电商平台实现了高效的线上线下互动；购物节吸引了1.9亿人次的消费者，总销售额超1000亿元。① 建议政府通过税收减免及财政补贴等方式，鼓励大型企业及中介机构多举办类似活动。此外，深圳还可以依托中国（深圳）国际文化产业博览交易会及其他文化盛会，汇聚“文化+”全产业生态中的不同主体，加强不同主体的合作与交流，共同筑高深圳乃至整个粤港澳大湾区数字化“文化+”全产业生态壁垒。

政府应加强与龙头企业的合作和沟通，提升其对产业生态发展的带动作用。联合龙头企业共同推进动漫、影视、电竞、工业设计等细分领域的强链、补链工作，借助龙头企业对产业的深度理解，制定符合产业发展趋势的政策；引导产业生态各类型企业积极参与协同，搭建顺应产业需求的公共服务平台，共同构建配套完整的产业体系。

（三）营造鼓励创新营商环境 孵化培育小微主体

在这个产业生态中，除了大平台、大企业外，还有大量依附并支撑这个

① 蒋肖斌：《“晚会+购物”了解下，“湾区升明月”为大湾区购物节带货》，《中国青年报》，https://baijiahao.baidu.com/s?id=1712037660668596780&wfr=spider&for=pc，最后访问日期：2021年9月27日。

大平台的各类小微企业、小团队及个人。如何激发这些小微主体的活力，保护好他们的权益，关乎整个产业生态的健康、可持续成长。

笔者近期调研了深圳文创企业扎堆的艺展中心和着力推动创意设计的深圳珠宝博物馆及相关行业，走访了一些文化创意及设计领域的头部企业。调研中发现黄金珠宝业、出版业、家装及艺术设计、数字创意等领域知识产权侵权仍然猖獗，知识产权保护意识仍然薄弱，导致即便在某些文创产业细分领域已经做到头部的企业，也很难做大，而劣币驱逐良币的现象却频频出现。深圳对文化创意的知识产权保护与利用仍存在诸多痛点、难点，严重制约我们培育和吸引具有自主知识产权的优质文创产业，这对于推动相关产业的高质量发展极其不利。

对于中小微主体，政府有形之手是无法逐一触及的，这就需要依靠市场无形之手，营造一个鼓励创新的营商环境。在知识经济时代，创新是引领发展的第一动力，保护知识产权就是保护创新。而保护创新，不仅仅是保护科技企业的专利，同样还要保护文化领域的创意。推动文化创意产业的发展，对原创作品的尊重与保护无疑是一个必要条件。建议政府牵头，联合文创、设计及其上下游产业的龙头企业及行业协会，共同建立一个重视并充分体现创意价值的知识产权全链条保护、应用与维护体系。

1. 政府牵头构建知识产权保护体系（面向市场监督管理局及公检法等政府部门）

（1）建立知识产权保护与运营体系。梳理并完善现有知识产权相关各个环节，覆盖登记、保护、确权、维权等各个环节。

（2）完善服务。梳理并完善相关服务，提供涵盖告知、宣传、事中保护、事后维权、消费者教育等全方位服务。

（3）建立联席会议机制。通过定期举办跨部门协调会议、针对重点领域设立专项进行整改等方式，加强跨部门协同。

（4）设立行业专家陪审团。鉴于创意、设计是一个专业性很强的领域，如何界定创意、设计的价值，如何把握是否存在侵权的尺度，需要专业团队做出判断，法国的“专家陪审团”制度值得借鉴，建议在知识产权专业法庭探索建立业内人士组成的专家陪审团，由专家陪审团提供专业意见，作为纠纷解决的参考。

2. 以 IP 运营推动实体经济高质量发展（面向各类企业、互联网平台、创意产业）

数字经济、粉丝经济时代，市场已经形成了以创意与品牌运营为核心驱动力的产品营销生态链。对一个品牌的定位及其关联 IP 的打造及运营，让 IP 自然生长出强大的商业价值，已经成为经济发展的必然趋势。挖掘和孵化新的 IP 并加以规划利用，对企业和区域发展同等重要。

IP 打造和运营需要各种技术支撑、品牌定位、商业模式验证、建立新的合作模式及销售渠道，这一系列操作对于中小企业而言，投资规模、操作难度和潜在的风险都不小。政府是否可以考虑通过为中小企业搭建公共服务平台，通过开展讲座、引入第三方咨询机构及投资机构等方式为广大中小企业 IP 打造、运营和变现赋能，从而推动区域内相关行业整体长期、健康发展。具体措施包括以下几点：

（1）加强线上知识产权保护体系建设；

（2）引导企业加强 IP 培育；

（3）吸引或培育 IP 综合服务机构，统一服务区内企业；

（4）加强消费者教育，从根源上解决盗版问题（值得欣喜的是，“Z 世代”更愿意为品牌、IP 埋单）。

3. 加强知识产权权益化应用（面向创意企业及金融服务机构）

随着以版权资源为核心的出版，动漫、软件、网络及计算机服务等文化创意产业的迅猛发展，在版权创造、运用、管理和保护中对版权作品价值评估的需求也不断增加。对于以版权为核心的文化创意产业，其产品具有创新性，有关资产属性较为特殊，常规的价值评估方法与规则不能相适应，需要具有科学统计口径，符合国内外行业惯例与规范，能基本反映其商业潜在价值的评估价值，这需要具有公信力、科学权威的价值评估体系。具体措施包括以下几点。

（1）引导企业建立“版权创造—版权运用—形成商业价值—形成保护”

的完整知识产权运营系统。

（2）建立文化产业知识产权价值评估体系。

（3）大力推动知识产权抵押融资与证券化等基于知识产权的金融创新。

（四）携手行业制定适度规则

近年来，平台利用其垄断资源店大欺客、欺小微商家等现象备受关注。做大、做强流媒体产业生态又确实需要大平台的支撑。二者如何平衡？市场的脚步永不停歇，历史证明，再高明的政府，监管与服务都会滞后于市场，在科技创新、模式创新日新月异的今天更是如此。政府服务及监管部门不仅要与时俱进，不断向行业的专家学习，更要鼓励企业自治、行业共治、协会协治。政府通过加强与行业的共管、共治，方能推出适应产业发展的政策措施。这方面，好莱坞的经验值得借鉴。好莱坞的美国电影协会，是美国电影行业乃至全球文化产业发展的推动者和利益的捍卫者，它的一个重要角色就是代表会员与政府及其他产业、行业沟通，为行业发展保驾护航。

三　讲好中国故事

“中国制造”已经凭借物美价廉走向全球，然而从中国文化的全球影响力看，“中国故事”似乎没能跟上“中国制造”的脚步。

从传统媒体看，美联社（美国）、路透社（英国）、法新社（法国）等知名通讯社，及时代华纳公司（美国）、迪士尼公司（美国）及新闻集团（美国）等传媒集团，均为西方媒体（尤其是美国媒体）。其长期控制着大部分国际信息，影响国际舆论，甚至在俄乌冲突、新冠抗疫等问题上扭曲事实、“煽风点火”。

社交媒体方面，Statista的数据显示，全球活跃用户最多的社交媒体大部分来自美国，中国虽然有微信、抖音、QQ及微博跻身前10，主要还是因为本土用户量大，其国际影响力仍明显弱于美国。

中华民族文化源远流长，如何讲好、传播好“中国故事”，提升中国在全球的话语权，值得中国文化产业人（乃至所有中国人）深思。

（一）让“中国制造”与“中国故事”相互成就

基于“流媒体”平台的“文化+”全产业生态在全球蓬勃发展，让“中国制造”与“中国故事”相互成就成为可能。

海关总署数据显示①，2021年中国贸易出口总额增长21.2%，达21.73万亿元，位居全球第一。商务部的数据显示②，2021年我国服务出口25435亿元，增长31.4%，其中个人文化和娱乐服务增幅高达35%。这说明，全球消费者对中国商品及文化娱乐服务的需求都在高速增长。

2021年5月，百度与人民网研究院联合发布《百度2021国潮骄傲搜索大数据》③报告表示：进入国潮3.0时代，国潮内涵再次扩大，中国品牌、中国文化以及中国科技引领了国潮，此时的国潮不仅限于实物，更包括民族文化与科技骄傲。如今国人正展现经济、文化、科技的全面自信，向世界输出来自中国的潮流新思路。

事实上，文化作品与商品的价值是可以相互加持的，一部《蒂凡尼的早餐》，让奥黛丽·赫本一举成名，同时提升了品牌知名度与美誉度。应该多鼓励厂商和文化创意企业多关注、挖掘和利用中华文化之美，推动文化之美的传播与产品增值和消费升级相互赋能。具体措施包括：①举办线上线下“国潮”主题产品设计、广告创意国际大赛及研讨；②通过财税支持及组团全球推广与营销等方式鼓励、支持国潮出海；③鼓励将文化传播与商品销售

① 海关总署：《2021年1至12月进出口商品贸易方式总值表（人民币值）》，中华人民共和国海关总署网站，http://www.customs.gov.cn/customs/302249/zfxxgk/2799825/302274/302275/4122209/index.html，最后访问日期：2022年1月14日。

② 商务部新闻办公室：《商务部服贸司负责人介绍2021年全年服务贸易发展情况》，中华人民共和国商务部网站，http://www.mofcom.gov.cn/article/xwfb/xwsjfzr/202201/20220103277846.shtml，最后访问日期：2022年1月30日。

③ 于娇：《百度2021国潮搜索大数据：国潮热度十年上升528%，科技、文化助推国货……》，百家号人民网人民科技官方账号，https://baijiahao.baidu.com/s?id=1699342925480546990&wfr=spider&for=pc，最后访问日期：2021年5月10日。

巧妙结合的线上线下活动（如“湾区升明月”2021大湾区中秋电影音乐晚会+粤港澳大湾区购物节）；④积极承办具有国际影响力的大型赛事、峰会，把全球流量明星请进来，由他们展示粤港澳大湾区（乃至全中国）的自然之美、人文之美、科技之美（如北京冬奥会）；⑤鼓励制造业企业积极参与非物质文化遗产活化。

（二）打破“信息茧房”高效触达各类人群

“信息茧房”这个概念，来源于美国法学家凯斯·桑斯坦在2003年出版的著作《网络共和国：网络社会中的民主问题》一书。他认为互联网时代，人们面对海量剧增的信息，会倾向于从中选择符合自己喜好的加以吸收，结果每个人摄取的内容范围，都将变得越来越狭隘。

随着流媒体平台智能推送功能的日益强大，用户从流媒体平台接收的信息往往是自己关注和喜好的，线上线下的“朋友圈”也是和自己志趣相投的人，于是每个人都越来越被包裹在自己选择的“信息茧房”中。

人们接收信息方式的改变，令传统媒体的舆论导向效力大幅下降。宣传部门及企业要打破“信息茧房”须与时俱进。因此建议：①国内主流媒体效仿亚马逊及迪士尼，通过跨平台布局，力争覆盖多年龄段、不同类型的受众；②广纳人才（尤其是“Z世纪”年轻人才），拓宽宣传形式和内容；③定期对不同类型的文化消费人群进行调查，了解大众偏好及获取信息的渠道，并因应其变化调整宣传内容及传播方式；④鼓励各窗口服务部门建立有趣且有温度的线上沟通交流平台（深圳卫健委的微信公众号，用年轻人特有的诙谐语言，让政、企、医、民之间的沟通交流仿佛在谈笑间便高效完成，备受好评。最近深圳市气象局也开设了视频号，用轻松诙谐的方式预报天气。这些都是很好的尝试，值得鼓励和推广）。

（三）全球布局势在必行

在全球化及互联网化的今天，亚马逊、迪士尼及奈飞等流媒体巨头的业务均为全球化布局，既增加了利润，也提升了美国文化产业的全球影响力。

中国也应鼓励文化企业“走出去”，到世界各地拓展业务，同时广纳各国英才，通过业务与人才的融合，进一步提升中国文化的传播力与普适性。战略性并购也有助于高成长，国际流媒体巨头的发展由始至终都贯穿着对全球优质资产的并购。为更好地鼓励和扶持相关企业全球布局，建议：①通过完善金融市场及提供税收优惠等方式对中国文化企业全球布局给予支持；②为企业全球布局提供商务服务、法律保护、知识产权保护、文化融合等相关咨询、辅导与支持，帮助他们更好地融入当地。

B.14
数字经济时代宝安区文化产业高质量发展路径研究

彭思思　陈雪峰*

摘　要： 进入“十四五”发展新时期，文化数字化建设成为推动我国社会经济高质量发展的重要内容和力量源泉，并为我国文化产业下一步发展开辟了新的航道。目前，随着前海“扩区”，宝安区一跃成为国家级战略主战场，在多重政策叠加利好下，宝安区要实现文化产业高质量、跨越式发展，就需要进一步完善政策措施、激发市场主体活力、有效引导集聚发展。建议宝安区深刻把握数字经济发展趋势和规律，加快打造数字视听产业聚集区、数字文化装备智造标杆区、数字文体旅商融合发展创新区和国际会议会展智慧建设样板区，积极探索以数字技术和新基建为支撑的现代文化产业体系化建设，成为担当文化新使命的“新宝安”。

关键词： 数字经济　文化产业　高质量发展　宝安

党的十九届五中全会强调：“十四五”时期经济社会发展要以推动高质量发展为主题，必须把发展质量摆在更为突出的位置，着力提升发展质量和效益。这为我国今后乃至更长时期的文化发展和政策制定提供了基本框架和依据。2021 年 10 月 18 日，习近平总书记在中共中央政治局第三十四次集

* 彭思思，深圳市文化广电旅游体育研究中心助理研究员，武汉大学新闻与传播学博士研究生；陈雪峰，深圳市宝安区文化广电旅游体育局文化产业科科长。

体学习时提到“数字经济”，深刻为新时期我国文化产业高质量发展锚定了“新坐标”。习近平总书记在会议中充分肯定了数字经济在疫情中对恢复生产生活方面发挥的重要作用，并强调：“发展数字经济意义重大，是把握新一轮科技革命和产业变革新机遇的战略选择。”[①] 可见，迈入发展新时期，数字经济已经成为我国经济高质量发展的新动能、新引擎，而以人工智能、虚拟技术等赋能的文化数字化建设也成为我国文化产业高质量发展的重要内容和力量源泉，为我国文化产业持续快速发展开辟了新的航道。

深圳是改革开放的“试验田”“排头兵”，而宝安区是全面深化前海合作区改革开放的主战场，随着前海“扩区”，宝安区一跃成为国家级战略主战场。在数字经济浪潮和国家政策赋能赋势下，宝安区文化产业如何乘势而上，实现高质量、跨越式发展，是一个值得研究的课题。

一　数字经济时代宝安文化产业高质量发展基础

近年来，宝安区文化产业在深圳市委市政府和区委区政府的高度重视和科学部署下，实现了快速发展，其文化产业规模持续扩大，产业结构升级态势明显，文化产业整体竞争力大幅跃升。

（一）文化产业总量快速增长，品牌影响力显著提升

宝安区文化设备制造、高端印刷产值领跑全国，文化产业综合实力位居全市前列。“十三五”期间，宝安区文化产业产值由1120亿元增至1367亿元，增加值由210亿元增至226亿元。2021年，宝安区全区文化产业产值1366.83亿元，占全市的16.5%，同比增长13.4%，文化产业总量增速显著。2021年，宝安区现有文化企业9300多家，其中规模以上文化企业456家，较2020年同比增长7.8%。新入选深圳市文化百强企业15家，居全市

① 习近平：《不断做强做优做大我国数字经济》，中国政府网，http：//www.gov.cn/xinwen/2022-01/15/content_ 5668369.htm，最后访问日期：2022年4月20日。

各区第二位。上市文化企业 10 家，占全区上市企业（64 家）的 15.6%。[①] 涌现出裕同包装、腾讯文化传媒、神牛摄影等一批骨干龙头企业，培育了韶音科技、影石创新等一批专业化、精细化、特色化明星企业，文化品牌影响力显著提升。其中，以骨传导耳机研发为主的韶音科技成功入选国家级专精特新“小巨人”企业名单，影石创新上榜国家第三批专精特新重点“小巨人”企业，并于 2020 年、2021 年连续两年助力央视春晚直播，产品远销 200 多个国家和地区。

（二）政策体系不断完善，营商环境日益优化

良好的营商环境是产业发展的重要支撑。宝安区上下联动部署，陆续出台了“1+5+7+N”惠企政策体系，即《宝安区关于优化提升营商环境的若干措施》+五个配套文件+七个扶持政策+N 个稳工业、降租金等辅助政策，全方位改善宝安区营商环境，并取得了积极成效。[②] 宝安区文化广电旅游体育局于 2021 年新修订出台了《宝安区关于促进文化产业发展的实施办法》《〈宝安区关于促进文化产业发展的实施办法〉操作规程》，率先在全市推出《宝安区关于促进影视产业发展的若干措施》《宝安区文化产业园区管理办法》等产业政策，通过拟定规划、弥补空白、强化资金扶持针对性的“三步走”，有效引导宝安区文化产业发展，营造了良好的营商投资环境。数据显示，2021 年宝安区落实文产扶持资金近 3500 万元，仅在精准扶持专、精、特、新中小微文化企业的扶持资金金额就达 1439.39 万元。[③] 在一系列政策“组合拳”下，《燃烧的爱》《亭亭如盖》《女士的法则》等一批优秀的影视作品相继在宝安开拍，创维—RGB、三诺电子等一批老牌龙头企业也全力速转型，迸发出更加旺盛的生命力。

---

① 《宝安文化产业亮出一张张喜人成绩单》，《潇湘晨报》，https：//baijiahao.baidu.com/s?id=1711707227047170255&wfr=spider&for=pc，最后访问日期：2022 年 4 月 27 日。

② 李庭新、肖慧涓：《厚植产业发展壮大沃土，宝安打造国际一流营商环境》，《澎湃政务》，https：//m.thepaper.cn/baijiahao_14495444，最后访问日期：2022 年 4 月 27 日。

③ 资料来源：深圳市宝安区文化广电旅游体育局内部数据统计资料。

（三）文化“智造”基础雄厚，影视特色新业态成效明显

众所周知，宝安区有着雄厚的制造业基础和完整的产业集群，其智能制造、电子信息产业深嵌全球产业链。凭借其先天优势，宝安区的“文化制造业”已成为宝安区文化产业版图中极其重要的一环和特色亮点。数据显示，2020 年宝安区文化制造业产值 1082.65 亿元，位居全国区县之首。其中，宝安区的电视机、影视录放设备、音响设备制造三个类别产值均位居深圳市全市各区第一。① 2021 年，围绕宝安区第七次党代会提出的“加快打造世界级先进制造业高地”战略目标，在一系列政策利好下，宝安区的高端印刷、电视音响设备、影视录放设备、照相机及器材制造等领域的“智化”升级态势进一步加剧；VR 摄影机、艺术数位屏、骨传感耳机等文化“智造”领域亮点频出，新型文化智造业态蓬勃兴起。据悉，维海德已迅速成长为音视频终端设备制造领域的专精特新企业，绘王动漫艺术数位屏目前的市场占有率也居全球前列，宝区安文化装备领域的“行业单项冠军”层出不穷。

此外，宝安区高度重视影视产业对宝安文化产业的整体带动效应。为完善宝安区影视产业链，在全市率先出台了《宝安区关于促进影视产业发展的若干措施》，从载体建设、市场培育以及电影精品培育等多个层面加大对影视产业的扶持力度。数据显示，宝安区影视及相关产业企业从“影视十条”政策出台前的 277 家增加至 396 家，电影制作及放映企业从 119 家增加至 165 家，其中规模以上影视及相关产业企业 103 家，上下游产业链产值达 136.77 亿元。② 2021 年，宝安区新被认定的 4 家市级文化产业园区中，有 3 家属于影视文化产业园区，影视产业发展态势初显。未来随着中宣部电影技术质量检测所检测认证南方中心、臣工影业、广东省电影行业协会等多家影视机构相继落户，宝安区的影视产业优势将进一步彰显。

---

① 资料来源：深圳市宝安区文化广电旅游体育局内部数据统计资料。

② 李薇、陈云强、朱芳：《深圳宝安发力影视产业发展新赛道》，《羊城派》，https：//www.sohu.com/a/489875651_ 120046696，最后访问日期：2022 年 3 月 2 日。

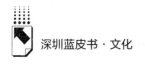

（四）文化产业园区加速转型，新兴业态集群发展特征初显

在政府的有力引导和推动下，宝安区文化产业园区孵化功能和集聚效应不断增强。集聚了文化制造业集群、高端印刷产业集群和数字创意产业集群，成功培育了 F518 时尚创意园、新桥影视产业基地、大视界国际影视文体产业园、定军山电影科技产业园等 30 多个产业集聚区，涵盖创意设计、印刷包装、数字视听、动漫游戏等多个文化领域。2021 年，在深圳市文化广电旅游体育局新评定的 15 家市级文化产业园区中，宝安区有 4 家园区（基地）新入选。2022 年，宝安区又新认定 11 家区级文化产业园区，园区孵化功能和集聚效应不断增强，孵化了腾讯文化传媒、三诺数字、尚米网络等数字创意龙头企业，数字集群化建设方面颇有成效。

此外，宝安区政府十分重视对影视产业集聚园区的规划与建设，已推进“深圳宝安新桥影视产业小镇”“中宣部电影技术质量检测所南方分中心”“中国国际动作电影总部基地”“宝港电影城”等重大项目建设，加强产业载体增量创新，引进优秀影视企业落户宝安区，健全影视产业生态链，形成产业集聚示范效应。

二　数字经济时代宝安区文化产业高质量发展面临的问题与挑战

目前，虽然宝安区文化产业已逐步成为引领、支撑区域经济新一轮发展的重要板块，但在产业实际发展中，宝安区还存在文化产业结构不合理、市场主体发展不均衡等问题，其产业园区的集聚化、数字化建设以及产业资金配置等方面都还存在较大的提升空间，突出表现在以下几个方面。

1. 文化产业占 GDP 比重偏低，产业结构亟待升级优化

数据显示，2020 年南山区、龙岗区和福田区文化产业占 GDP 比重分别为 19%、12.5%和 8.1%，宝安区文化产业占 GDP 的比重尽管逐年增加，达

到5.9%，但与上述各区相比差距依然较大。此外，据深圳市第四次全国经济普查结果显示，宝安区文化制造业占比高达66%，产业业态单一，只涉及文化装备制造业及印刷业两大领域，产业结构存在较大转型和提升空间。①

2. 市场主体发展不均衡，新型业态亟待培育

目前，宝安区近八成都是文化制造类企业，存在文化骨干企业不足、企业规模较小、企业整体创收能力有待提升等问题。与此同时，以数字化为主的新型文化业态企业无论是数量上还是规模上，都有较大的挖掘和培育空间。

3. 文化产业载体数量偏少，扶持资金规模亟待扩大

目前，深圳市共有市级文化产业园区71家。其中，宝安区市级文化产业园区只有8家，仅占全市市级文化产业园区的11.3%，产业集聚载体数量偏少，集聚效应有待提升。调研还发现，受疫情等情况影响，个别文化产业园区迫于盈利压力，园区内聚集企业存在关联度低、数字信息化建设滞后等问题。此外，宝安区每年文化产业扶持资金与福田区、南山区等区相比规模明显偏小。

三　数字经济时代宝安区文化产业高质量发展的优化路径

数字经济代表了全球范围新一轮科技革命及产业变革方向，是培植和发展新动能、获取未来竞争新优势的关键所在。进入“十四五”时期，我国文化产业的高质量发展已迈入以数字化和网络化为先导的全新发展阶段。宝安区文化产业要实现高质量发展，就需要在充分把握数字经济发展趋势和规律下，谋求产业转型升级的方向，通过建立健全符合新时代要求的现代文化市场体系和产业体系，快速抢占文化发展先机。

---

① 深圳市统计局、深圳市文化广电旅游体育局：《深圳市文化产业统计分析报告——基于全国第四次经济普查深圳市文化及相关产业数据》，2020年8月。

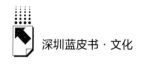

（一）加强顶层设计，推动宝安区文化产业实现数字化内涵式发展

进入文化高质量发展新阶段，宝安区的文化产业规划、政策和资金配套扶持要与国家数字化战略安排相契合，在顺应数字产业化和产业数字化发展趋势中做好文化产业发展规划部署。

1. 加强政策规划，完善顶层制度设计

宝安区要抢抓数字经济发展新机遇，在深度服务国家构建数字化新发展格局要求下，制定实施好《宝安区文化产业十四五规划》、《宝安区文化产业高质量发展实施方案》以及数字文化产业中长期发展规划。建议宝安区尽快展开对现有文化资源优势和文化产业发展情况的摸底调研，通过出台数字创意产业扶持专项发展规划及配套扶持政策等举措，有效引导产业要素和资源要素向数字影视、数字音乐、直播电竞等“高精尖”文化产业体系布局发展，充分发挥政策规划在产业布局的宏观引领作用，为宝安区文化产业高质量发展开辟新航道、培育新动能。

2. 加强政策精准扶持，引导传统产业数字化转型

针对新时期宝安区文化产业发展出现的新形势、新变化，特别是疫情下产业发展所面临的新问题、新情况，及时调整、修订现有的文化产业分项资金政策，通过适当的政策“倾斜”和资金支持，加强政策的精准扶持力度，有效引导宝安区传统文化制造业的数字化转型和“智造”升级。建议强化政策对核心技术攻关、智能化改造、企业培育等方面的引导和支持，加快推进传统文化制造业向高端文化制造业转化，积极培育宝安区在文化智能设备制造、高端印刷等文化“智造”产业的发展新优势。

（二）加强科技支撑，构建与宝安区发展定位相匹配的产业发展新格局

文化科技融合发展，是改善宝安区文化产业供给结构、助力宝安区文化产业谋求高质量发展的必由之路。进入数字经济时代，宝安区要实现高质量发展，必须“软硬兼施”，大力发展以“新基建”为基础支撑的新经济、新

技术和新产业。通过数字赋能、创意赋智，进一步夯实宝安区文化“智造”基础，构筑文化发展新优势，加快形成与宝安区发展定位相匹配的产业发展新格局。

1. 打造数字视听产业聚集区

一是抢抓深圳市将宝安区列为深圳市“数字创意产业集群”五区之一的契机，积极规划推动创意 101、深宝实创意大楼、定军山电影科技产业园等数字创意产业重大示范项目或数字产业园区集聚区建设，加速推进数字视听资源要素在宝安区形成集聚。二是深化以沙井新桥片区、西乡片区为主的数字影视产业集聚区建设，巩固、提升宝安区影视产业特色优势。三是依托大铲湾“互联网+”未来科技城建设契机和腾讯龙头企业，带动宝安区大数据、5G 等数字经济与文化产业领域的融合发展，推进宝安区在 4K/8K 高清视频内容制作、直播短视频、动漫音乐、游戏电竞等数字视听领域重点布局，探索建设具有全球影响力的数字视听产业基地。

2. 打造数字文化装备智造标杆区

一是抢抓“5G+工业互联网”新机遇，加速推进宝安区文化设备制造向数字化、网络化、智能化转型升级，进一步巩固、强化宝安区文化装备制造业中心定位。二是重点打造以石岩和燕罗片区为主的数字创意设备制造集聚区，大力发展以 VR 设备、可穿戴设备、智能终端、内容采集制作设备、超高清显示等新型数字创意设备智造业，有效引导宝安区制造业从生产型制造向创意服务型“智造”升级，加快形成宝安区数字文化装备智造新优势。

3. 打造数字文体旅商融合发展创新区

一是顺应文体旅商融合发展新趋势，以科技为抓手，深度挖掘、整合宝安区文化创意、旅游休闲、体育场馆、会展商贸等资源，围绕湾区书城、滨海公园二期、足球体育公园、国际会展等宝安区“十四五”规划确定的文、体、旅重大项目，重点打造滨海文化旅游带，构建宝安区商业与文体旅空间一体化发展新格局。二是推进滨海影视文化街区和新型特色影视旅游集聚区建设，建议充分依托华侨城、腾讯、定军山、金鼠影业等数字文旅企业的优势，加大在智慧文旅景区的投入和建设力度，通过 AI、VR 等新技术赋能文旅景区场馆沉浸式、智能化建设，打造宝安区数字影视文旅融合体验区，有效提升宝安区影视文化旅游影响力，塑造宝安区文化新名片。

4. 打造国际会议会展智慧化建设样板区

一是充分依托深圳高新技术优势，加强与腾讯、华为等本土互联网技术头部企业的合作，加速推进大数据、人工智能等前沿技术在会展场馆管理、展览运营及服务体验等方面的应用，助力宝安区国际化会展中心智慧化建设，力争将宝安区国际会展中心建设成为全国会展业高质量发展和智慧化建设的标杆。二是加大国际会议和品牌展会的培育和引进力度，争取申办1~2个有品质、高规格、国际化的会议和展览，有效提升宝安国际会展中心的影响力和辐射力。三是继续办好文博会、深圳设计周等现有品牌会展活动，积极支持动漫电竞博览会、影视交易博览会、艺术品博览会等具有文化特色的行业会展活动的举办，通过精选细分行业，重点培育一批产业契合度高、标识度强的专业展会，强化国际一流会展品牌建设。

（三）培育壮大市场主体，为宝安区文化产业高质量发展奠定坚实基础

龙头企业能有效带动产业链运转，引领行业发展，是经济稳定运行的“定海神针”，而“专精特新”小微企是小微企业当中的中坚力量。未来，宝安区应在市场主体的培育上坚持“两手抓，两手都要硬”，为宝安区文化产业高质量发展提供有力的支撑。①

1. 壮大龙头数字文化企业，发挥龙头企业引领作用

建议充分发挥龙头企业的带动、集聚作用。一是通过采取本地扶持一批、区外招商引进一批、产业集聚一批等方式方法，大力引进、培育宝安区数字文化龙头企业。重点加大对三诺数字科技、腾讯文化传媒、易尚展示、创维科技等现有数字文化企业的政策扶持力度，加快打造一批在国内外具有较强竞争力的数字文化企业。二是加快推进具有重大示范效应的数字文化产

① 彭思思：《跑出深圳文化产业高质量发展“加速度”》，《深圳特区报》2021年12月14日。

业园等集聚区建设，有效吸引数字文化产业上下游企业集聚，做强、做优宝安区数字文化产业链“四链”建设。

2. 扶持中小微数字文化企业，鼓励向“专精特新”方向发展

一是重视“专精特新”小微企业对培育数字经济新动能、实现产业高质量发展的重要意义。加大对韶音科技、影石创新等一批拥有核心竞争力和明确战略“隐形冠军”企业的扶持力度，加快培育、形成一批专精特新重点“小巨人”企业和文化智能装备领域的“行业单项冠军”，助力宝安区文化产业向“高精尖”产业结构转型升级。二是有效引导宝安区中小微企业在骨传导耳机等智能穿戴产品、智能音响设备终端、VR 全景摄像机、数字动漫数位屏等特色文化领域的快速发展，围绕数字文化产业细分领域强化“专精特新”方向，促进形成数字创意产业的梯次发展格局。

B.15

文化数字化战略下深圳文化产业服务平台创新发展研究

——以大芬油画村为例*

陈能军　周　峰　张利中**

摘　要：　美术产业服务平台通过引入数字化技术和国家权威机构专业认证，实现美术产业的溯源和鉴证、版权确权、价值评估、授权维权、金融服务对接等功能，通过打造“美术产品溯源—美术创作者版权登记（衍生出艺术IP授权、艺术IP维权）—文化大数据鉴证备案服务—美术产业传统电商、直播电商等新业态推广和交易”等多价值功能于一体的专业文化产业服务平台。

关键词：　文化数字化　文化产业　大芬油画村

数字化是促进文化产业创新发展的重要手段。数字化有效牵引文化生产和服务体系升级，推动文化产业跨界协同、跨要素融合发展，促进产业链、价值链和创新链延伸拓展，成为文化产业实现高质量发展的重要推动力。文化产业服务平台有助于提高文化资源配置效率和推动企业转型升级，本文以

* 本文为上海市哲学社会科学规划一般项目“上海数字创意产业贸易潜力、技术效率及影响因素研究”（项目编号：2019BJB013）阶段性成果。

** 陈能军，博士，南方科技大学人文社会科学学院研究副教授，深圳市文化金融服务中心理事，国家金融与发展实验室文化金融研究中心特聘研究员，研究方向为数字文化产业、文化金融；周峰，中艺数字美术产业（深圳）服务中心主任，原大芬美术产业协会会长，研究方向为数字文化产业、文化产业经营管理；张利中，大湾区数字经济科技产业发展联盟常务理事长，研究方向为数字经济、产业投融资。

大芬油画村为例，探讨文化数字化战略下，打造文化产业服务平台、实现美术产业高质量发展的思路和政策建议。

一　文化数字化的内涵及特征

（一）数字经济的内涵及特征

数字经济的内涵主要可以从三个方面来理解。一是作为一种经济学的概念。数字经济属于一种新的经济形态，相比农业经济以劳动力、土地为生产要素，工业经济以资本、技术为生产要素，它是以数据资源作为生产要素，以信息技术网络数据为生产载体，通过数字化的知识与信息的使用，实现资源的优化配置与再生，促进公平与效率更加统一的经济形态。二是作为一种技术方案、应用形态与治理方式。在技术方面，数字经济本质是以数据开发、收集、处理与共享为基础的内外部协同创新活动，大量利益相关群体以数据为纽带不断黏合成规模庞大、联系紧密的结构化创新网络。[①] 目前技术层面主要包括大数据、物联网、人工智能、云计算、5G、区块链等科学技术。在应用形态方面，数字经济主要表现为推动生产生活方式、推动组织创新与商业模式的变革，并对区域协同、要素资源重组、经济结构重塑等方面形成推动。在治理方面，主要是指政府的数字治理与智慧城市的建设，围绕数字要素更好地提升政府的治理效能。三是从宽泛的概念来看，只要是直接或间接利用数据信息等要素来引导资源发挥作用，进一步推动生产力发展的经济形态的，都可以被称为数字经济。

数字经济的高速发展，使得各要素重组优化经济、提高经济效率，正成为推动产业结构转型升级的关键力量，与传统经济模式相比，数字经济主要表现出数字新基建高速发展、数字要素高度渗透、数字产业创新融合迅猛、

---

① Nambisan，S.，Wright，M.，Feldman，M.，"The Digital Transformation of Innovation and Entrepreneurship：Progress，Challenges and Key Themes"，*Research Policy*，2019，48（8），pp. 1-9.

数字平台加速形成的发展特点。

数字新基建高速发展。在数字时代，传统的铁路、公路、桥梁、水利工程基础设施转变成信息基础设施和通信网络基础设施。近年来，物联网、人工智能、云计算、工业互联网、卫星互联网、区块链等算力基础设施迅猛发展，一方面资金投入力度加大，云计算、云储存、宽带、5G 等信息基础设施不断普及和推广，培育了一批数字化专业人才，另一方面传统的基础设施也加大了数字化的改造，实现数字化转型。

数字要素高度渗透。在数字经济时代，数据成为核心的生产要素，数据要素通过渗透融入资本、技术、劳动力等传统要素，通过要素之间的配置效率、降低要素配置成本，提高产品的商业模式以及组织的创新能力，基于数据+算力+算法可以对物理世界进行描述、原因分析、结果预测、科学决策，从而发挥出数据要素对客观世界的理解、预测以及控制的能力。

数字产业创新融合迅猛。在新一轮的科技革命中，产业结构得到了巨大的调整，以大数据、云计算、人工智能和移动互联网等为代表的数字技术正逐渐成为驱动科技创新的核心动力。数字产业化与产业数字化创新融合发展不断推进。一方面，通过信息技术的市场化运用，将数字技术带来的产品和服务产业化运作，形成了信息制造业、通信业、互联网行业等数字产业化。另一方面，新一代信息技术的发展渗透到传统产业当中，积极推动传统产业的数字化转型，同时也完善了数字经济产业链，具体表现为利用现代信息技术对传统产业进行全方位、全链条的改造，从而助推相关配套产业的产品或服务形态、生产组织方式、业务流程、商业模式等形成颠覆性变革。给传统企业带来了产出的增长和效率的提升。

数字平台加速形成。网络成为数字经济发展的重要驱动力，驱动平台主体的快速出现与平台间的联动，成为数字经济时代实现价值增值以及协调资源配置的核心载体，而且平台在优化供应链流程、智能匹配方面发挥了巨大功能，网络化交互协作，实现跨地区、跨领域、多主体的共竞共生，使得平台经济成为数字经济的主要形态和中坚力量。

（二）文化数字化的内涵及特征

数字化是经济社会发展的重要驱动力。在数字产业化和产业数字化的双重驱动下，数字经济和实体经济深度融合，已经体现在经济社会发展的各个领域，为经济社会发展带来强劲动力。

本文研究的文化数字化主要指文化产业的数字化。数字化推动文化产业跨要素、跨行业融合发展，科技创新应用与文化产业生产、流通、消费、传播各环节深度融合，促进文化产业链、价值链延伸，有效推动文化生产产品体系和服务体系的高质量变革，从整体来看，主要可以分为文化资源数字化、文化生产数字化以及文化传播数字化三个方面。

文化资源数字化。我国传统文化精华荟萃，随着信息化技术手段不断发展壮大，传统文化资源数字化进程取得了突破性进展，在文化资源数字化相关领域，我国投入了大量的人力、物力，形成了数字图书馆、博物馆等大量文化资源数据。

文化生产数字化。文化产品的生产以新基建为基础支撑、以文化数据为关键要素从而激活传统文化产业的生产力。文化产业将数据作为生产要素，通过大数据技术分析把握用户产品需求，将算法融入文化企业的流水线，实现自动化流程化生产。

文化传播数字化。在数字经济时代背景下，数字化媒体技术逐渐普及，以数字技术为载体，加快了有限电视网络数字化、传统媒体数字化转型，数字技术在扩大传统文化的传播范围、创新传统文化的传播方式、扩展传统文化的传承空间等方面发挥了重要作用。

二　服务平台助力文化产业发展的价值

（一）平台经济的内涵及特征

数字经济时代的平台，既可以以实际的场地空间为载体，也可以是一种虚拟的聚合方式。平台主要起到桥梁、连接等集聚分发功能，能够促进平台内主体间的信息流通或直接促成交易。[①] 平台作为一种交易中介，通常可以将交易主体划分为买方和卖方两类主体，这两类主体通过平台进行交易。买、卖双方通过平台获得信息，也通过交易获得收益，双方通过交换产生价值，从而形成平台经济。平台经济作为服务平台的一种经济形态，是以信息技术为基础，以第三方支付为手段，以在线或线下空间为载体，促进平台买卖双方交易，并通过产业链的延伸、价值链的关联等方式促进产业融合发展，从而推动平台创新发展的一种经济发展形式。[②]

在数字经济时代，平台经济成为一种由互联网平台协调组织资源配置的经济形态。互联网的发展，数据的流通与集聚分发需要以平台为载体。通常来看，平台经济具有比较突出的几大特征。

一是规模集聚效应明显。平台经济倡导开放、共享、共赢，平台经济的精髓在于打造多主体的共赢共利生态圈。利用平台的集聚功能把人才、资本、技术和信息等要素资源都进行有效汇聚和整合，并在此基础上实现各要素资源的强强联合，共同完成单一要素实现不了的使命，最终形成“1+1>2”的规模集聚效应。

二是容易形成集聚机制。在规模效应以及网络效应的双重作用下，大量的资源、用户以及资产往平台上集聚，当用户深入关联到平台后，平台就拥有强大的生命力和持续变革推动发展的能力。

三是提高市场运营效率。平台通过有效沟通成员的诉求，对接商业资源，作为信息互通、挖掘和交流的纽带，通过供需信息对接，助力版权交易实现和版权价值转化，在一定程度上提高行业市场运营效率。

（二）服务平台助力文化产业发展的价值

服务平台是一个涉及资源聚合、运营管理、生产交易和不同层面、领

① 徐晋、张祥建：《平台经济学初探》，《中国工业经济》2006年第5期。

② 张鹏：《发展平台经济　助推转型升级》，《宏观经济管理》2014年第7期。

域、产业等多要素相互作用的生态系统和运营体系。事实上，文化产业服务平台可以从提高文化资源配置效率和推动企业转型升级两个方面助力文化产业高质量发展。

一方面提高文化资源配置效率。文化产业服务平台通过空间共享、信息共享、人才共享、技术共享等资源共享模式，推动文化产业人才和空间集聚，提高文化产业资源的利用率，促进文化产业人力资本的高效率、高价值转化，通过连接文化信息和技术资源，助力文化企业降低经营成本。文化企业的发展往往受到相关资质、人员和产业规模的限制，文化产业服务平台通过优化资源配置破除交易壁垒、降低交易成本和激活新的供给和需求，为文化企业突破自身限制实现创新发展。

另一方面推动企业转型升级。2022 年 3 月 28 日，中共中央办公厅、国务院办公厅印发《关于推进实施国家文化数字化战略的意见》，意见中提到“促进文化机构数字化转型升级、加快文化产业数字化布局”等重点任务，可以肯定，未来文化企业发展一定是在文化数字化战略下推进，而文化产业服务平台推动和服务文化企业实现数字化转型更是能发挥示范、表率作用，通过转型成功案例示范作用带动和引领同类企业的转型，最终助力行业数字化转型的顺利推进。

三　文化数字化战略下深圳文化产业服务平台创新发展

（一）深圳文化产业发展成绩

1. 文化产业规模持续扩大

“十三五”期间，深圳市文化产业总量规模呈快速增长态势，2015 年深圳市文化产业增加值为 1021 亿元，占全市 GDP 的 5.8%，而到 2020 年，深圳文化及相关从业人员超过 100 万人，产业法人单位超过 10 万家，文化产业增加值也增长到 2200 多亿元，占全市 GDP 的比重超过 8%，深圳市统计局相关统计显示，2020 年深圳规模以上文化企业数量接近 3000 家，全年营

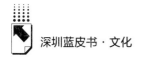

业收入 8267 亿元，同比增长 5.4%，高出全国 3.2%，占全国“规上”文化企业营收比重达 8.39%。目前，就文化产业规模而言，深圳仅次于北京、上海两大直辖市，就“规上”文化企业法人单位数、从业人数、资产规模、营业收入等主要指标而言，深圳在这些指标上处于国内 15 个副省级城市第一。

2. 文化产业结构不断优化

新型文化业态加快涌现，创意设计、新媒体及文化信息服务、工艺美术、文化旅游、文化软件等业态不断优化，文化产业数字化不断推进，各类新型文化场景集成应用加速落地，各类文化新业态日渐丰富。创意设计、动漫游戏、网络文化等行业在全国的竞争优势明显提升，进一步巩固了深圳文化产业的支柱产业地位。

3. 文化产业特色逐渐形成

深圳文化产业发展形成了科技含量高、创意能力强、外向性突出、市场主体发达和集聚程度高等特点。利用高新科技发达的优势，积极推进“文化+科技”融合发展，以现代信息技术手段为支撑和应用助推新型文化企业快速发展。深圳也是国内第一个被授予“设计之都”的城市，在诸多设计领域占据国内较大市场份额，深圳设计周、创意十二月等在全国均有较大影响。

4. 重点文化企业不断成长

深圳“100 强”文化企业中，文化服务业比例不断提升，文化服务业产值快速提高，龙头企业数量增多。2021 年深圳“100 强”文化企业实现营业收入 2769 亿元，产业增加值 509 亿元，其中国家高新技术企业占比超九成，境内外主板上市企业 28 家，2 家入选全国文化企业 30 强，充分显示了深圳重点文化企业不断创新发展的最新成果。

5. 文化产业数字化转型趋势明显

深圳市传统文化制造业与数字化技术融合，实现了更大的优势叠加效应、价值增值效应，促进了产业与技术相得益彰、共同发展。通过应用人工智能、云计算、大数据等创新工具，创新融合文化产业应用场景，促进文化产业创新业态、创新模式快速发展，涌现出“AI+文化”等新场景。深圳传统文化制造业在传统工艺的基础上，融合数字创意和文化科技进行产业数字化升级，给传统文化制造业带来新的经济增长。目前，深圳市的印刷、黄金珠宝两大传统优势产业积极谋划数字化转型，与环保科技、3D 打印、直播等新型数字科技融合发展，成功提高自身市场竞争力。

（二）深圳文化产业服务平台创新发展思路和建议：以大芬油画村为例

如前所述，与深圳经济社会快速发展相一致，深圳文化产业发展也取得了较好的成绩，但与文化产业高质量发展要求相比，现阶段深圳文化产业发展在业态结构、科技赋能、金融创新等方面还存在一定的差距，尤其在专业化文化产业服务平台建设上更显得任重道远。本文以大芬油画村为例，聚焦专业化文化产业服务平台建设价值，[①] 探讨打造文化产业服务平台，实现美术产业高质量发展的思路和政策建议。

1. 发展思路

大芬油画村以原创油画及复制、加工、销售美术艺术品等美术产业为特色而获得“中国油画第一村”的称号。随着数字经济的发展和数字技术的应用，如何更好地在文化数字化战略下实现进一步发展、打造美术产业服务平台就显得尤为重要。在走访调研大芬油画村数十名美术产业经营者的基础上，本文提出，探索打造大芬油画村美术产业服务平台的思路：美术产业服务平台通过引入数字化技术和国家权威机构专业认证，实现美术产业的溯源和鉴证、版权确权、价值评估、授权维权、金融服务对接等功能，通过打造“美术产品溯源—美术创作者版权登记（衍生出艺术 IP 授权、艺术 IP 维权）—文化大数据鉴证备案服务—美术产业传统电商、直播电商等新业态

① 伴随着深圳改革开放的发展步伐，大芬油画村从一个默默无闻的小村跃升成为“中国油画第一村”，同时成为有较高国际声誉的美术产业艺术村。据了解，大芬油画村现有画廊和工作室 1000 余家，通过“文化+创意”“文化+科技”“文化+旅游”等多种业态模式把数千名画工、画家、画商和其他相关从业人员集聚于此。

推广和交易”等多价值功能于一体的专业文化产业服务平台。

2. 发展建议

一是举办美术产业发展国际论坛。通过服务平台联合数字化技术服务和国家认证权威机构，共同举办美术产业发展国际论坛活动。以全国文化大数据交易中心落地深圳为契机，集聚一批美术产业龙头企业、企业家、投融资机构和研究机构，共同打造美术产业发展国际论坛成为全国有影响力的品牌论坛，吸引全球美术产业要素资源集聚深圳，呼应美术产业发展问题进行论坛活动。另外，成立美术产业发展顾问委员会，设立管理章程，创新顾问机制，以“讲坛、沙龙、项目”为抓手，聘请国内外顶级专家与学者、企业家作为顾问委员会委员，联动产学研机构，为深圳（乃至全国）美术产业发展提供国际视野、专业水准的建议和意见，聘请他们来负责美术产业项目的研究和应用，进一步推动美术产业领域的创新发展，带动优质美术产业要素资源和项目落地到产业平台。二是强化技术创新和制度创新的核心动能支持。以技术创新与制度创新为核心，实施美术产业服务平台建设的动力支持。一方面，加大文化科技创新投入，重视服务平台新型基础设施建设。完善服务平台“云、网、端”基础设施，打通“数字化采集—网络化传输—智能化计算”数字链条，加强 App、小程序等移动互联网基础设施建设，尤其是加快实现三维（3D）模型技术的平台化应用。确保服务平台的数字化运营水平有着坚实的技术保障。另一方面，创新和探索服务平台成果转化机制，提高产学研合作效能。重视知识产权保护，降低服务平台产学研合作的经营风险和经营成本，加速美术产业快速发展。探索激励制度，进一步提高服务平台对接的产学研各主体的市场意识和创新意识。支持各类数字化信息技术在美术产业的集成应用和创新实践，建设好数字化美术产业应用新场景，支持构建“元宇宙”技术的深圳美术产业集群化发展。

公共文化服务

Public Cultural Service

B.16 2021年深圳市文化质量指数测评分析报告

黄士芳　宋 阳　彭思思*

摘　要： 深圳市文化广电旅游体育局根据市质量强市办要求，自2016年起开展文化质量指标体系的调研和研究工作。从公共文化服务和文化产业两方面，设立9个观测指标，每年年底形成《深圳市文化质量分指数研究报告》。2021年文化质量指数测评分析报告显示，深圳市公共文化设施建设仍需加大力度，加快各区公共文化设施一体化、均衡化发展；文化服务数字化建设需要加强，各区的平台建设仍然相对滞后；公共文化机构统一服务仍需提高，促进区、街道、社区三级公共文化资源的整合高效利用；基层公共文化设施覆盖仍需加强，实现全市基层公共文化设施全覆盖。

* 黄士芳，深圳市文化广电旅游体育研究中心主任，博士，主要研究方向为文化产业、城市文化；宋阳，深圳市文化广电旅游体育研究中心副研究员，主要研究方向为城市文化；彭思思，深圳市文化广电旅游体育研究中心助理研究员，博士研究生，主要研究方向为文化产业、新媒体等。

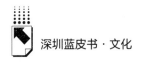

关键词： 文化服务　质量指数测评　公共文化资源整合

一　测评背景

深圳经济特区创造了举世闻名的“深圳速度”，打造了全国领先的“效益深圳”。2011 年，深圳提出了以质取胜的新标杆——“深圳质量”，“深圳质量”是“深圳速度”量变基础上的跃升，是“效益深圳”的内涵和外延的扩展。2014 年，深圳市质量强市工作领导小组办公室出台了《深圳质量指数分类编制指引制度（暂行）》（深质强办〔2014〕8 号），搭建起质量指数的总体框架，以定量指标较客观地反映区域质量总体水平。深圳质量指数涵盖经济、社会、文化、城市、生态、政府服务等各领域全过程，是对一座城市的综合性评价，是建立深圳质量评价体系、破除“唯 GDP 论”的有力实践。2016 年底，深圳启动建立评价经济、社会、文化、城市、生态、政府服务六大领域的城市质量指数综合指标体系。

2021 年后，深圳质量指数体系建设强调在指标设置上，聚焦建设先行示范区的“五大战略定位”，围绕“十四五”规划和 2035 年远景目标，立足“世界眼光、国际标准、国家视野、深圳使命”的战略定位，对照行业高质量发展的关键特性和民生幸福感驱动因素，遵循多用发展质量指标、少用资源投入指标，多用国际通用指标、少用城市个性指标，多用业务改进指标、少用综合指标，多用定量指标、少用定性指标，多用体现长期发展的指标、少用短期工作指标的原则，注重反映高质量发展的要求，体现新发展阶段内涵。

文化质量指数，是衡量文化发展状况的定量描述和分析比较工具，能较客观、准确地概括城市文化服务和文化产业发展水平和发展进程，编制文化质量指数是推进国家文化治理的重大战略需要。构建文化质量指数，可以更直观、客观地了解政府所提供的公共文化服务是否满足了市民基本公共文化权利和需求，有利于政府提高公共文化服务水平、改善文化发展制度环境、完善文化市场、推动文化产业的发展、提高文化建设和文化治理水平、提高科学决策能力。可以为中央和地方政府制定文化发展规划、制定文化发展战略提供决策依据，提高文化发展规划水平，还可以为我国进一步参与国际文化战略竞争、抢占文化战略制高点和建立话语权奠定基础。构建文化质量指数的最终目标是为深圳市市民的利益服务，满足市民日益增长的文化需求，提高市民的文化满意度和对城市文化发展的认可度，同时也是为日后政府管理部门、有关专家学者分析和评估深圳市公共文化服务和文化产业发展状况的一项重要参数。

深圳市文化广电旅游体育局根据市质量强市办的要求，自 2016 年开展文化质量指标体系的调研和研究工作，通过比较研究国内外文化发展指数，深入探析我国文化发展的特点、规律和基本要素，逐步建立和完善深圳文化质量发展指标，每年年底形成《深圳市文化质量分指数研究报告》，综合评价深圳文化发展的质量水平、发展能力和质量获得感，期望对深圳文化发展的统计和分析具有一定的理论意义和实践意义。

二　观测指标选取

文化质量分指数是深圳市质量指数体系的一部分，其测评结果反映年度文化质量总体水平。共分两个层级测评：一是总体测评，反映的是全市文化质量；二是分级测评，测评对象为区及新区，反映的是区及新区的文化质量。由于数据统计缺乏连续性，本测评报告暂时未将深汕合作区列入全市和各区文化质量指数测评范围。

为适应新形势任务发展要求，2020 年度市质量强市办将对行业质量指数的体系结构进行局部优化。行业质量指数由质量水平、发展能力和质量获得感三个二级指标、若干个三级指标和相应展开的四级指标（即测量指标）构成。其中质量水平的支撑指标应能反映本行业或领域由质量竞争水平和质量安全水平等所体现的功能特性/竞争优势；发展能力的支撑指标应能反映本行业或领域驱动高质量发展的创新能力或资源条件；质量获得感的支撑指标即本行业或领域的综合顾客满意度。行业质量指数的测算方法从原来的

“基准年比较法”调整为“百分制计分”。数据标准化转换采取“基于半升梯形模糊隶属度函数的最大、最小值标准化转换方法”。标准化后数据最大值为100，最小值为60。

根据强市办制定和修改的深圳行业质量指数指标体系结构，深圳文化质量分指数的构建从质量水平、发展能力和质量获得感三个维度展开，根据深圳文化的发展现状和可测量的具体情况，确定了9个观测指标。其中，质量水平可从服务质量水平和质量安全水平两个维度来观测，具体观测指标包含人均拥有公共图书馆藏量、每万人拥有公共文化设施面积、大型群众性活动安全责任事故率、公共文化场所和文化活动安全责任事故率等4个观测指标；发展能力可从服务创新能力和质量提升能力两个维度来观测，具体观测指标包含文化服务数字化实现率、公共文化机构统一服务率、基层公共文化设施覆盖率、规模以上文化及相关产业增加值等4个观测指标；质量获得感包含市民满意度调查1个观测指标。

对文化质量的多维度指标进行评价时，不同指标所起的作用有大有小，换言之，同样是评价指标，但是在不同的评估主导价值取向或评估主题下，其对评估结果的影响大小应是不同的。所以在设计评估指标体系时，应根据具体指标对评估结果影响程度的大小，给每个指标设定适当的权重（见表1）。

表1　深圳文化质量指数综合权重设计*

<table>
<tr><th>指数</th><th>二级指标</th><th>三级指标</th><th>观测指标</th></tr>
<tr><td rowspan="9">文化质量分指数</td><td rowspan="4">质量水平（40%）</td><td rowspan="2">服务质量水平（20%）</td><td>①人均拥有公共图书馆藏量(10%)</td></tr>
<tr><td>②每万人拥有公共文化设施面积(10%)</td></tr>
<tr><td rowspan="2">质量安全水平（20%）</td><td>③大型群众性活动安全责任事故率(10%)</td></tr>
<tr><td>④公共文化场所和文化活动安全责任事故率(10%)</td></tr>
<tr><td rowspan="4">发展能力（40%）</td><td rowspan="2">服务创新能力（20%）</td><td>⑤文化服务数字化实现率(10%)</td></tr>
<tr><td>⑥公共文化机构统一服务率(10%)</td></tr>
<tr><td rowspan="2">质量提升能力（20%）</td><td>⑦基层公共文化设施覆盖率(10%)</td></tr>
<tr><td>⑧规模以上文化及相关产业增加值(10%)</td></tr>
<tr><td>质量获得感（20%）</td><td>市民满意度（20%）</td><td>⑨市民满意度调查(20%)</td></tr>
</table>

* 括号内数字为权重。

三　数据采集

1. 人均拥有公共图书馆藏量

人均拥有公共图书馆藏量，指各级公共图书馆的总藏量（包括纸质图书与电子文献）与深圳常住人口数之比。本指标为国际图联和联合国教科文组织通用的指标，用以测评一个城市公共图书馆的基础资源情况。

2020年深圳全市公共图书馆总藏量4922.67万册，全市常住人口数为1756.01万人（常住人口数据来源于2021年5月17日《深圳特区报》公布的“深圳市第七次全国人口普查公报”），人均拥有公共图书馆藏量为2.80册（件）/人。

2. 每万人拥有公共文化设施面积

每万人拥有公共文化设施面积指按深圳常住人口计算，每万人拥有各级政府或社会投资兴建的、向公众开放用于开展公共文化活动的公益性文化场地设施面积数。这里提出的“文化设施”为室内文化设施，包括图书馆、文化馆、博物馆、美术馆、文化站（文体中心）、大型演艺设施、各区书城、综合文化服务室内面积等。本指标反映了市民可享用的公共文化设施资源情况。

2020年，深圳市公共图书馆、博物馆、美术馆、文化馆、文化站（文体中心）等公共文化设施总面积为3004503平方米，深圳常住人口总数为1756.01万人，每万人拥有公共文化设施面积1710.99平方米。

3. 大型群众性活动安全责任事故率

本指标反映了大型群众性活动的安全情况。指参加人数达到1000人以上的下列5类活动发生安全事故的情况，包括体育比赛活动；演唱会、音乐会、歌舞表演等文艺演出活动；展览、展销等活动；游园、灯会、庙会、花会、焰火晚会等活动；人才招聘会、现场开奖的彩票销售等活动。

2020年，深圳全市大型群众性活动安全责任事故率为0。

4. 公共文化场所和文化活动安全责任事故率

本指标指在深圳市公共文化场所中举办文化活动发生安全事故的情况，

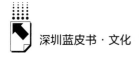

以及新闻出版广电系统在经营活动时发生突发事件的情况。与观测指标3的区别在于指标3强调的是社会范围内的大型活动，指标4强调的是政府部门所开展的文化活动。

2020年，深圳全市公共文化场所和文化活动安全责任事故率均为0。

5. 文化服务数字化实现率

本指标反映了已建成的公共文化机构和广播电视传输机构提供的文化服务数字化实现程度。在数字化服务水平中，主要包括两方面的指标，一是指公共文化服务机构的数字化建设情况，即政府及其文化服务机构探索“互联网+公共文化”建设；二是指广播电视节目的数字化传输服务情况，即通过数字音频提供的广播节目数量和通过数字电视提供的电视节目数量。

（1）深圳市、区各级公共文化服务机构数字化建设情况统计如下。

图书馆：市、区级共有公共图书馆12个（市级3个，区级9个），实现数字化图书馆共11个（市图书馆、市少儿图书馆、市科技图书馆、福田区、罗湖区、南山区、盐田区、宝安区、龙岗区、坪山区、光明区）。

文化馆：市、区级共有文化馆10个（市级1个，区级9个），加入深圳数字文化馆联盟的区级文化馆包括福田区公共文化体育发展中心、罗湖区文化馆、盐田区文化馆、南山区文化馆、宝安区公共文化服务中心、龙岗区文化馆、光明区文化馆、大鹏新区文化广电旅游体育局文体旅游服务中心。由于微信的普及使用，各区均建立了相配套的文化旅游体育公众号。

图书馆、文化馆：数字化实现率为95%（见表2）。

表2 图书馆、文化馆数字化实现情况

	图书馆数字化	文化馆数字化	数字化实现率(%)
福田区	有	福田区公共文化体育发展中心网站、福田文体中心公众号	100
罗湖区	有	罗湖区文化馆网站、罗湖区文化馆公众号、罗湖文体通	100
南山区	有	南山区文化馆网站、南山区文化馆公众号、南山文体通	100

续表

	图书馆数字化	文化馆数字化	数字化实现率(%)
盐田区	有	盐田区文化馆网站、盐田区文化馆公众号	100
宝安区	有	宝安区公共文化服务中心网站	100
龙岗区	有	龙岗区文化馆网站(建设中)、龙岗文化中心公众号	100
坪山区	有	有文化馆、坪山文化聚落公众号	100
龙华区	有	龙华文体云	100
光明区	有	光明区文化馆网站、光明文体通	100
大鹏新区	无图书馆	无文化馆、大鹏新区文化广电旅游体育局文体旅游服务中心(建设中)、大鹏文旅通	50

资料来源：深圳市文化广电体育旅游局公共文化处提供。

博物馆方面，市级博物馆已100%实现数字化。

美术馆方面，市、区级共有公益美术馆10个［其中，市级以上国有美术馆5家、区级国有美术馆（院）5家］，实现数字化美术馆有9个，数字化实现率为90%（见表3）。

表3　美术馆数字化实现情况

美术馆名称	数字化的实现	级别
何香凝美术馆	有	国家级
关山月美术馆	有	市级
深圳市公共文化艺术创作中心	有	市级
深圳美术馆	有	市级
深圳当代艺术与城市规划馆	有	市级
福田美术馆	无	区级
大芬美术馆	有	区级
坪山美术馆	有	区级
观澜版画美术馆	有	区级
观湖美术馆	有	区级

资料来源：深圳市文化广电体育旅游局艺术处提供。

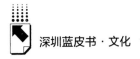

综上，深圳市各公共文化服务机构2020年数字化情况为95%。

（2）深圳市2010年已实现11套数字电视的播出，2011年至今实现全部12套数字电视的播出。2018年正在实验播出1套数字音频广播。故数字电视、数字音频广播的实现率为50%。

2020年，全市文化服务数字化实现率为72.5%。

6. 公共文化机构统一服务率

本指标反映了图书馆、文化馆总分馆制建成后实现统一服务的情况。深圳市市区各级图书馆已实现统一服务的平台建设。2019年区级文化馆总分馆制建设处于起步阶段，文化馆通过总分馆体系将开展3个统筹5个统一的服务，暂时不列入2020年的统一服务率测评范围。

2020年，深圳市图书馆总数为710家，加入统一服务平台的图书馆数量为383家，图书馆统一服务率为53.94%。

7. 基层公共文化设施覆盖率

本指标所测评的是深圳市区级、街道建设的基层公共文化设施对应行政区域（行政区、新区）的覆盖情况，即建成的基层公共文化设施与相应的行政区域（行政区、新区）之比。2021年，对前一年基层公共文化设施覆盖率的测算中新增“区级公共图书馆、文化馆、博物馆达标建成率”，理由是《广东省基层公共文化服务提升行动实施方案》（2020~2022年）、《广东省公共文化服务体系高质量发展指引》均提出“2020年，全省市、县（市、区）实现公共图书馆、文化馆、博物馆全覆盖”的要求。

（1）区级情况。2020年，深圳共有行政区（新区）10个，区级图书馆覆盖率90%，区级文化馆（包括文体中心）覆盖率90%，区级博物馆覆盖率80%，因此区级公共文化设施覆盖率为86.67%（见表4）。

表4　区级公共文化设施情况

	图书馆	文化馆	博物馆[①]	覆盖率(%)
福田区	有	有	有	100
罗湖区	有	有	无	66.7

续表

	图书馆	文化馆	博物馆①	覆盖率(%)
南山区	有	有	有	100
盐田区	有	有	有	100
宝安区	有	有	有	100
龙岗区	有	有	有	100
坪山区	有	有	有	100
龙华区	有	有	有	100
光明区	有	有	无	66.7
大鹏新区	无	无	有	33.3
覆盖率(%)	90	90	80	86.67

注：①各区国有博物馆为：（福田区）华强北博物馆（备案中）；（南山区）南山博物馆、南头古城博物馆、天后博物馆、招商局历史博物馆、中国钢结构博物馆；（盐田区）中英街历史博物馆；（宝安区）劳务工博物馆、中共宝安县第一次代表大会纪念馆；（龙岗区）客家民俗博物馆、中医药博物馆；（龙华区）中国文化名人大营救纪念馆；（坪山区）东江纵队纪念馆；（大鹏新区）大鹏古城博物馆、大鹏半岛国家地质公园博物馆。（罗湖区）古生物博物馆隶属仙湖植物园，不属区级国有博物馆。

（2）街道情况，街道综合性文化服务中心覆盖率为100%（见表5）。

表5　街道综合性文化服务中心覆盖情况

	街道个数	街道综合性文化服务中心个数	覆盖率(%)
福田区	10	10	100
罗湖区	10	10	100
南山区	8	8	100
盐田区	4	4	100
宝安区	10	10	100
龙岗区	11	11	100
坪山区	6	6	100
龙华区	6	6	100
光明区	6	6	100
大鹏新区	3	3	100
总体情况	74	74	100

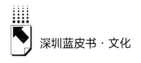

综合区级和街道的情况，全市 2020 年基层公共文化设施覆盖率为 93.34%。

8. 规模以上文化及相关产业增加值

规模以上文化及相关产业的统计范围为《文化及相关产业分类（2018）》所规定行业范围内，年主营业务收入在 2000 万元及以上的工业企业；年主营业务收入在 2000 万元及以上的批发企业或年主营业务收入在 500 万元及以上的零售企业；年营业收入在 1000 万元及以上的服务业企业，其中交通运输、仓储和邮政业，信息传输、软件和信息技术服务业，水利、环境和公共设施管理业的年营业收入在 2000 万元及以上，居民服务、修理和其他服务业，文化、体育和娱乐业的年营业收入在 500 万元及以上。文化及相关产业包括新闻信息服务、内容创作生产、创意设计服务、文化传播渠道、文化投资运营、文化娱乐休闲服务、文化辅助生产和中介服务、文化装备生产、文化消费终端生产 9 个大类。

据深圳市统计局公布的《深圳市国民经济和社会发展统计公报》，2020 年深圳规模以上文化及相关产业增加值为 1775.98 亿元。

9. 市民满意度调查

通过第三方问卷调查、投诉统计等方法，评价市民对已建成的公共文化设施的使用频率和选择偏好、文化活动的参与频率和喜好、文化服务提供者的态度和方式。本指标反映市民对文化质量的满意情况。采用问卷调查方法，收集国内外文化机构相关文化服务市民满意度调查表资料。

本次满意度调查共发放问卷 4000 份（深圳市文化服务市民满意度调查问卷），回收有效问卷 3798 份。其中，对市民满意度的调查主要涉及 3 个方面，一是对经常去的公共文化设施所提供服务的满意度，二是对参与的公共文化活动的满意度，三是对居住所在区域的文化服务人员的专业水平和服务态度的满意度。综合各区此 3 项数据，全市 2020 年市民综合满意度为 94.8%。

四 数据汇总

1. 深圳市文化质量指数各观测指标原始值及说明（见表6）

表 6 深圳文化质量指数各观测指标原始值及说明

观测指标	2017 年	2018 年	2019 年	2020 年	下基准	上基准	北京	上海	广州	补充说明
①人均拥有公共图书馆藏量（册或件/人）	3.25	3.32	3.42	2.80	0.9	4.0	1.40	3.32	广东 0.92	
②每万人拥有公共文化设施面积（平方米）	1233.55	1266.26	1754.57	1710.99	500	3000	428.1	570.2	广东 369.2	
③大型群众性活动安全责任事故率（%）	0	0	0	0						
④公共文化场所和文化活动安全责任事故率（%）	0	0	0	0						
⑤文化服务数字化实现率（%）	69.5	71.5	71.5	72.5	50	100				《“十三五”时期公共数字文化建设规划》指出，“到 2020 年，基本建成与现代公共文化服务体系相适应的开放兼容、内容丰富、传输快捷、运行高效的公共数字文化服务体系”

续表

观测指标	2017年	2018年	2019年	2020年	下基准	上基准	北京	上海	广州	补充说明
⑥公共文化机构统一服务率(%)	43.4	47.4	51.41	53.94	20	100				《关于推进县级文化馆图书馆总分馆制建设的指导意见》提出,"到2020年,全国具备条件的地区因地制宜建立起上下联通、服务优质、有效覆盖的县级文化馆、图书馆总分馆制"
⑦基层公共文化设施覆盖率(%)	72.5	84.4	89.1	93.34	70	100	图书馆23,文化馆19	图书馆23,文化馆23		《广东省基层公共文化服务提升行动实施方案》(2020~2022年)、《广东省公共文化服务体系高质量发展指引》均提出,"2020年,全省市、县(市、区)实现公共图书馆、文化馆、博物馆全覆盖"
⑧规模以上文化及相关产业增加值(亿元)	1529.75	1560.52	1849.05	1775.98	1000	3000	3318.4	1387.99	预估1600	
⑨市民满意度调查(%)	94.5	95.3	95	94.8	60	100				

数据来源:指标①、②来源于《中国文化文物和旅游统计年鉴2020》。

2. 深圳市文化质量指数各观测指标标准值（见表7）

表7　深圳市文化质量指数各观测指标标准值*

观测指标	2017年	2018年	2019年	2020年
①人均拥有公共图书馆藏量(册或件/人)	90.32	91.23	92.52	84.52
②每万人拥有公共文化设施面积(平方米)	71.74	72.26	80.07	79.38
③大型群众性活动安全责任事故率	100.00	100.00	100.00	100.00
④公共文化场所和文化活动安全责任事故率	100.00	100.00	100.00	100.00
⑤文化服务数字化实现率	75.60	77.20	77.20	76.67
⑥公共文化机构统一服务率	71.70	73.70	75.71	76.97
⑦基层公共文化设施覆盖率	63.33	79.20	85.47	91.12
⑧规模以上文化及相关产业增加值(亿元)	70.60	71.21	76.98	75.52
⑨市民满意度调查	76.06	76.06	86.20	87.21

*根据前文所提“百分制计分”测算方法，数据标准化转换采取“基于半升梯形模糊隶属度函数的最大、最小值标准化转换方法”。标准化后数据最大值为100，最小值为60。此处大型群众性活动安全责任事故率、公共文化场所和文化活动安全责任事故率为负数值。事故率为0，说明此年度大型群众性活动、公共文化场所和文化活动无安全责任事故，转换成标准值则为100。如有事故，则标准值可能为负数。

五　测评结果分析

1. 测评结果

2020年测评结果是：深圳文化质量分指数的总指数为85.96，其中（二级指标）质量水平指数为90.97，包括（三级指标）服务质量水平指数81.95，质量安全水平指数100.00；（二级指标）发展能力指数为80.32，包括（三级指标）服务创新能力指数77.32，质量提升能力指数83.32；（二级指标）质量获得感指数为87.21。

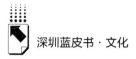

（1）深圳文化质量分指数为为85.96（见表8）。

表8　2017~2020年深圳文化质量分指数

指数	2017年	2018年	2019年	2020年
文化质量分指数	79.54	81.69	86.03	85.96

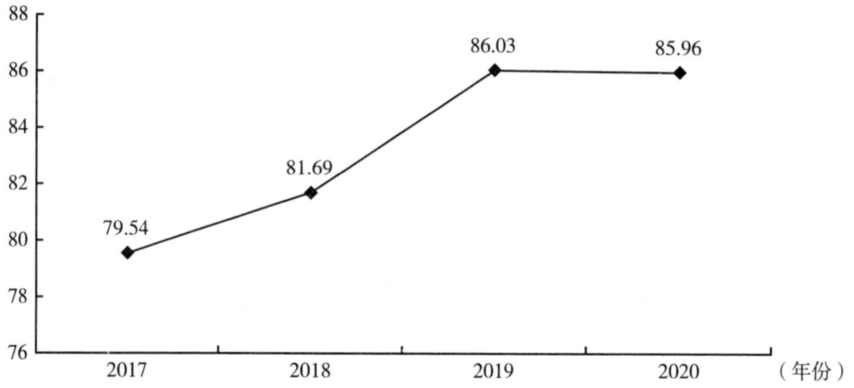

图1　2017~2020年深圳文化质量分指数

（2）二级指标质量水平指数为90.97（见表9）。

表9　2017~2020年深圳文化质量分指数之二级指标质量水平指数

三级指标	观测指标	2017年	2018年	2019年	2020年
服务质量水平指数	人均拥有公共图书馆藏量(册或件)	90.32	91.23	92.52	84.52
	每万人拥有公共文化设施面积(平方米)	71.74	72.26	80.07	79.38
质量安全水平指数	大型群众性活动安全责任事故率	100.00	100.00	100.00	100.00
	公共文化场所和文化活动安全责任事故率	100.00	100.00	100.00	100.00
(二级指标汇总)质量水平指数		90.51	90.87	93.15	90.97

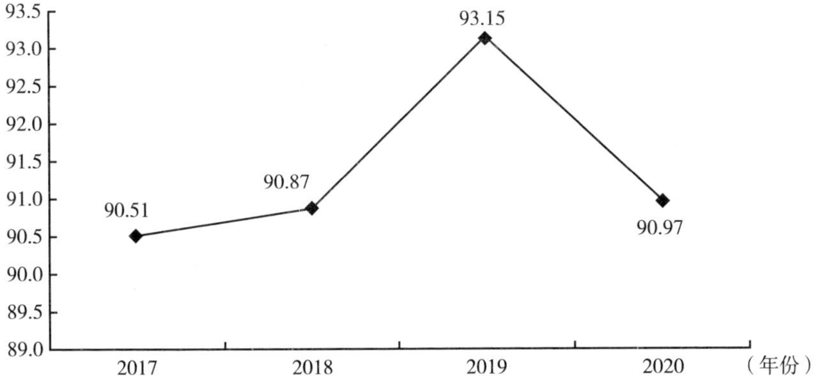

图 2　2017~2020 年深圳文化质量分指数之二级指标质量水平指数

（3）（二级指标）发展能力指数为 80.32（见表 10）。

表 10　2017~2020 年深圳文化质量分指数之二级指标发展能力指数

三级指标	观测指标	2017 年	2018 年	2019 年	2020 年
服务创新能力指数	文化服务数字化实现率	75.60	77.20	77.20	76.67
	公共文化机构统一服务率	71.70	73.70	75.71	76.97
质量提升能力指数	基层公共文化设施覆盖率	63.33	79.20	85.47	91.12
	规模以上文化及相关产业增加值	70.60	71.21	76.98	75.52
（二级指标汇总）发展能力指数		70.31	75.33	78.84	80.32

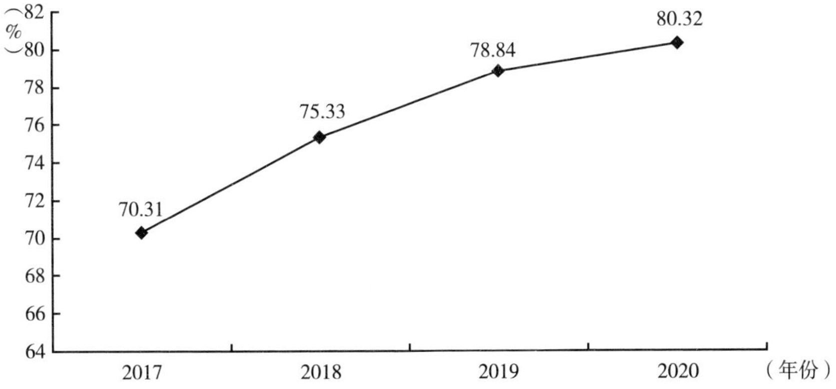

图 3　2017~2020 年深圳文化质量分指数之二级指标发展能力指数

（4）（二级指标）质量获得感指数为87.21（见表11）。

表11　2017~2020年深圳文化质量分指数之二级指标质量获得感指数

三级指标	观测指标	2017年	2018年	2019年	2020年
市民满意度	市民满意度调查	76.06	76.06	86.20	87.21

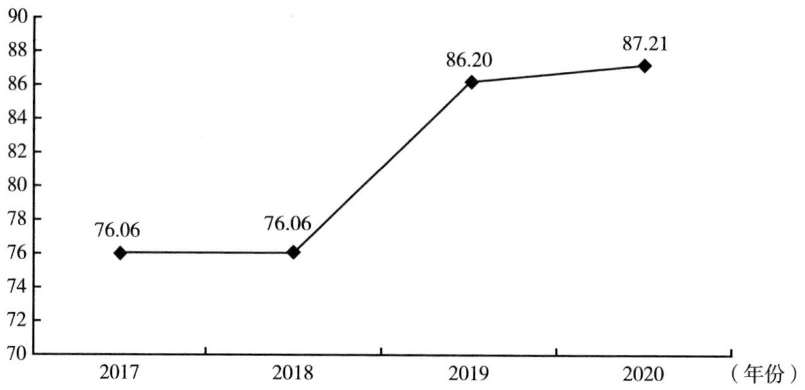

图4　2017~2020年深圳文化质量分指数之二级指标质量获得感指数

2. 数据分析

（1）文化质量分指数稳步增长。2020年，根据行业质量指数新标准，针对前一年的文化质量总指数的测算方法从原来的“基准年比较法”调整为“百分制计分”测算方法。据此方法测算得出，2017年深圳文化质量分指数为79.54，2018年为81.69，2019年为86.03，2020年为85.96，表明深圳市文化发展总体质量逐年提高，2020年与前一年基本持平。

（2）服务质量水平有所下降。观测指标包括人均拥有公共图书馆藏量、每万人拥有公共文化设施面积。2020年这两项指标与上一年相比都有所下降，原因在于2020年开展第七次全国人口普查，2020年全市常住人口数从前一年的1343.88万人大幅度增长为1756.01万人，所以在总量增长的前提下，人均数量有所下降。单从总量上看，2020年全市公共图书馆总藏量从前一年的4593.40万册增加到4922.67万册，2020年全市公共文化设施总面积从前一年的2261027平方米增长到3004503平方米，总量继续保持增长态势。

（3）质量安全水平稳定可控。观测指标包括大型群众性活动安全责任事故率、公共文化场所和文化活动安全责任事故率。本指标与文化质量总指数呈负相关。2020年以来全市文化服务没有发生过安全责任事故，整个文化事业发展处于安全可控状态。

（4）服务创新能力平稳增长。观测指标包括文化服务数字化实现率和公共文化机构统一服务率。2020年全市文化服务数字化实现率为72.5%，和2019年情况基本持平。2020年公共文化机构统一服务率比2019年数据有所提高，2020年深圳市图书馆总数为710家，加入统一服务平台的图书馆数量为383家，图书馆统一服务率为53.94%，比2019年图书馆统一服务率51.41%有所提高。

（5）质量提升能力逐步加强。观测指标包括基层公共文化设施覆盖率和规模以上文化及相关产业增加值。2020年全市基层公共文化设施覆盖率为93.34%，较2019年的89.1%有所提升。规模以上文化及相关产业增加值继续增长，2019年深圳市规模以上文化及相关产业实现增加值为1849.05亿元，2020年该项统计数据为规模以上文化及相关产业实现增加值，数据为1775.98亿元。

（6）质量获得感保持平稳。市民满意度调查中，全市2020年市民综合满意度为87.21，相比2019年86.20平稳增加，表明深圳市公共文化服务无论文化设施、文化活动还是服务态度的水平已经达到一定高度，市民对全市公共文化服务的满意度基本持平。在先行示范区建设的背景下，深圳市在加强文化设施建设、提高文化活动质量和加强人员管理方面的相关工作应当有更大、更新的进展。

（7）存在问题。

①公共文化设施建设需要加大力度。2020年深圳市每万人拥有公共文化设施面积为1710.99平方米，与《深圳市基本公共文化服务实施标准（2016—2020年）》和“十三五”规划指标设定的“到2020年，每万人文

化设施面积不少于2000平方米”标准存在一定距离，还有较大的缺口。深圳正在建设新时代的十大文化设施，同时也在打造十大特色文化街区，以及一批文化地标和重大文旅设施。这些重大文体设施项目的提速建设对整个特区的一体化发展、均衡化发展，将起到很大的作用。为深圳文化空间拓展、文化服务高质量发展提供了资源，但建成使用还需一定时间。

②文化服务数字化建设仍需加快。2020年全市文化服务数字化实现率为72.5%，但离100%的数字化实现还有较大的差距。深圳正在建设数字城市，推动数字服务成为数字政府的重要内容。就目前深圳数字文化建设情况来看不但未建立统一的数字服务平台，其他各区的平台建设仍然相对滞后。所以下一步必须加大推动公共文化服务机构的数字化建设，建成数字文化领先和示范城市。

③公共文化机构统一服务仍需提高。2020年全市图书馆统一服务率为53.94%，离100%的图书馆统一服务还有较大差距，因此必须深化总分馆服务体系建设，加快区级图书馆总分馆垂直管理和文化馆总分馆的“三个统筹”“五个统一”改革，促进区、街道、社区三级公共文化资源的整合高效利用。

④基层公共文化设施覆盖仍需加强。2020年全市基层公共文化设施覆盖率达到93.34%，比2019年有所增长，但离100%的覆盖还有一定差距。2020年，深圳共有行政区（新区）10个，区级图书馆覆盖率90%，区级文化馆（包括文体中心）覆盖率90%，区级博物馆覆盖率80%。2020年共有街道74个，街道级综合性文化服务中心已实现全覆盖。

B.17

打造市民触手可及的“云上图书馆”

——深圳图书馆全媒体服务的创新发展

肖容梅　李军锋　黄　凯*

摘　要：　随着信息社会的高速发展和互联网技术的日益成熟，图书馆融合新媒体开展创新服务渐成趋势。深圳图书馆以“图书馆之城”开放API为技术基础，率先结合主流社交媒体平台特征进行开发，构建集网站、微信、微博等平台于一体的全媒体服务矩阵，打造功能全覆盖、市民触手可及的“云上图书馆”，为公共图书馆开展新媒体服务提供了深圳范例。

关键词：　全媒体服务　云上图书馆　深圳图书馆

随着互联网和移动智能技术的不断变革，新媒体服务呈现蓬勃发展态势，数字阅读、移动UGC、短视频等重塑大众生活，呈现出实时性、交互性与泛在化特点，人们能够在任何时间、任何地点，以任何方式获取并处理信息，各行各业迎来重要机遇和重大挑战。

《中华人民共和国公共图书馆法》提出，国家鼓励和支持发挥科技在公共图书馆建设、管理和服务中的作用，推动运用现代信息技术和传播技术，提高公共图书馆的服务效能。作为公共文化服务体系的重要组成部分，公共图书馆应当积极顺应时代发展浪潮，加强新媒体融合，利用技术和平台优势

---

* 肖容梅，深圳图书馆副馆长，研究馆员，主要研究图书馆管理体制、数字与新媒体服务、地方文献与特藏资源建设；李军锋，深圳图书馆馆员，主要研究数字与新媒体服务；黄凯，深圳图书馆助理馆员，主要研究阅读推广。

创新服务、资源和活动推广方式，全面提升市民素养，大力推动全民阅读。作为国内首倡“开放、平等、免费”的公共图书馆，深圳图书馆带着与生俱来的创新基因，积极促进“互联网+”融合，与时俱进、先行先试，着力探索新媒体服务的“深圳路径”。经过20余年的发展，已成功构建起横纵并举的全媒体服务矩阵，包含官方网站、微信、微博、支付宝、抖音、哔哩哔哩（B站）、i深圳、粤读通在内的八大平台、11个入口，同时依托平台打造市民身边的“云上图书馆”，涵盖功能齐全的图书馆服务、海量优质的数字资源和丰富多样的线上活动等，受到社会各界赞誉和市民读者喜爱。截至2021年底，深圳图书馆微信、微博用户数超过170万人；2021年，深圳图书馆新浪官方微博阅读量达1.24亿人次，读者通过微信利用图书馆服务达912.33万人次、4564.19万页次。从2017年起，深圳图书馆新浪官方微博连续5年被人民网评为“全国十大图书馆微博”，2021年排名榜首；从2020年起，连续两年获评“广东十大文旅系统微博”，蝉联榜首。2018年，深圳图书馆微信公众号被中国出版传媒集团评为“大众喜爱的50个阅读微信公众号”。

一　守正创新，从门户网站到全媒体服务的蝶变之路

一直以来，深圳图书馆坚守“传承文明、服务社会”的初心，秉持“服务立馆、科技强馆、文化新馆”的办馆理念，不断开拓创新、锐意进取，走出了一条从门户网站的网络信息服务到多平台立体网状的全媒体服务的蝶变之路。

（一）率先创建门户网站，开启网络化服务

20世纪90年代以后，全球信息高速公路建设改变了人类信息活动方式，对各行各业产生了巨大影响。1996年，为推广图书馆信息服务，加强对外宣传和交流，深圳图书馆审时度势、迅速反应，率先创建官方网站，加入信息化、网络化潮流，成为国内领先开启网上服务、搭建新型文化窗口的

公共图书馆之一。网站信息服务经历了从最初的线性网站服务到以电子资源整合为基础的统一检索服务，有效地解决了新网络环境下信息源分散的问题，在网络资源的协调管理和传播利用方面取得了突破性进展。读者可以利用官方网站更为便捷地查询、检索图书和报刊，阅读电子文献，全面了解馆藏资源和服务，以及与图书馆员远程交流互动，等等。

（二）借助大型社交平台，探索新媒体服务

随着移动社交网络的发展，公众文化生活方式更为多样。为方便市民读者随时随地查询信息、获取资源，深圳图书馆开始进驻大型社交平台，着力发展新媒体业务，促进线上线下贯通。2011 年 1 月，开通新浪微博官方账号，进行信息发布、活动通知、形象宣传等。2013 年 3 月，进驻微信公众平台，运营微信订阅号，后陆续开通“深圳图书馆 | 图书馆之城”服务号、“深圳图书馆”视频号、“数字阅读馆”小程序，功能齐全、覆盖广泛，集图书馆服务、资源、活动、宣传于一体。2018 年，开通抖音号，利用短视频吸引读者关注图书馆、走进图书馆、利用图书馆。2020 年底，入驻年轻人潮流文化娱乐社区——B 站，发挥馆员优势，推进内容自主创作与分享。2016 年、2020 年、2021 年，分别进驻支付宝城市服务、i 深圳、粤读通平台，不断延伸服务触角。

（三）融合推进全媒体发展，构建立体化服务矩阵

经过实践探索，深圳图书馆通过“自建”和“入驻”两种形式，已成功构建立体网状、横纵并举的全媒体服务矩阵。横向是指各类网络媒体平台，包括官方网站、微信、微博、支付宝城市服务、抖音、B 站、i 深圳以及粤读通平台；纵向则是基于单个网络媒体平台产品线的纵向布局，如微信端的订阅号、服务号、视频号和小程序。

对于全媒体平台运营，深圳图书馆采取差异化和协同化并重模式，实现分层次、融合性发展。差异化是指针对不同平台定位，根据其特性和受众使用情况开通相应服务内容，如微信作为年龄层次覆盖广泛、用户基数庞大的

社交平台，功能最为齐全，深圳图书馆打造 4 个入口，涵盖图书馆各项服务内容，如办证、文献检索、信息发布、读者活动查询、数字资源访问等；深圳图书馆 B 站账号则聚焦于学习与科普类知识推广，制作发布“深图品书”“深图语文课”“揭秘图书馆”等优质视频，促进高品质文化内容传播；抖音作为音乐创意短视频平台，注重内容的吸睛性与形式的新颖性，深圳图书馆根据平台特性，推出“叨叨图书馆”等栏目，通过轻松有趣的方式推介资源服务，增强读者互动性，并制作《为什么激动》短视频，推荐办证、数字资源和外文报刊等服务，单条视频观看量达 15.3 万人次。协同化是指多平台联动宣传，相互借力引流，充分发挥各平台优势，促进平台间的粉丝流动与双向反馈，达到最佳宣传效果和传播影响。如深圳图书馆自 2014 年起启动“南书房家庭经典阅读书目”十年推荐推广计划，每年推荐 30 种经典图书，从而形成一般家庭经典书架的基本容量。微信以头条文章形式发布；微博创建“南书房家庭经典阅读书目”话题词，以“每天一本书”的“连续剧”形式，按日推送经典图书；而抖音、B 站、视频号等平台，通过“深图品书”栏目，由专业馆员出镜，录制图书推荐短视频，定期推送，促进阅读分享。在分发宣传上，采取“多平台同步推送”和“以老带新”策略，利用微信、微博等已经运营较为成熟的平台带动 B 站等新账号的用户流量，将视频内容上传至 B 站平台后，在微信公众号推文内嵌入 B 站链接，实现跨平台跳转引流，吸引潜在用户，增加关注度。

二　触手可及，打造功能全覆盖的“云上图书馆”

依托全媒体服务矩阵，深圳图书馆聚焦内容，围绕基本服务、创新服务、数字资源、线上活动等，打造功能齐全的“云上图书馆”，方便市民读者随时随地畅享阅读，丰富文化生活。

（一）保障服务供给，便利阅读生活

2009 年，深圳“图书馆之城”建设启动统一服务工作，读者只需拥有

一张“图书馆之城”读者证，即可在全市加入统一服务的任一公共图书馆享用阅览文献、借还文献、查阅数字资源等服务。随着微信日渐成为人们最常使用的移动互联平台，深圳图书馆适时将“图书馆之城”云服务嵌入其中，读者即可极为便捷地使用包括办证、文献检索、查看活动日历、访问数字资源、查找附近图书馆、信息咨询等基本服务。同时，不断创新服务，如上线“图书馆之城”虚拟读者证，方便读者“云”申办和“云”使用；开通“文献预借”服务，读者无须到馆，通过微信、支付宝城市服务等渠道网上预借图书，取书方式可选择城市街区自助图书馆预借自取或快递到家；推出“新书直通车”服务，读者可通过网上自选新书，第一时间获取心仪的图书资源；开发“文献转借”功能，读者之间无须到馆或者利用自助设备办理图书借还手续，只需通过微信或支付宝扫描所借图书二维码，即可实现文献的自行交换，有效促进阅读分享。

（二）推广数字资源，弥合数字鸿沟

深圳图书馆拥有海量数字资源，坚持“内容至上”和“一站式获取”两手抓，不断提升资源整合和揭示能力，面向不同年龄、性别、社会地位、学历背景的公众免费开放，保障信息自由平等获取。

在内容建设上，截至 2021 年底，深圳图书馆采购及自建数据库达 93 个，总计 600 万册（件）电子文献，内容涉及人文、经济、科学、法律等各个领域，涵盖学术期刊、学位论文、会议论文、专利标准、研究报告等资源类型，其中支持馆外访问的数据库达 97%。着力打造具有鲜明地域特色的自建数据库，如深圳图书馆古籍数字平台、“深圳记忆”专题数据库、“深图视听”读者活动库、深圳地方报刊创刊号数据库等，弘扬优秀传统文化，增进市民在地文化认同。

在资源获取上，通过搭建“图书馆之城”统一服务平台，实现统一导航、统一检索、统一使用，打造“全城一个图书馆”；创新推出“数字阅读馆”，基于微信小程序，整合多个数据库、多种资源类型，读者足不出户即可实现看书，听书，期刊、视频分类阅读；创设微信公众号“手机阅读”

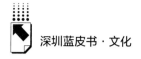

菜单栏目，QQ 阅读、云图有声、OverDrive 赛阅、哪吒看书等热门资源库应有尽有，市民“云”检索与“云”阅读变得越来越便捷。

（三）举办线上活动，满足文化需求

作为阅读推广的重要阵地，深圳图书馆积极创新阅读方式，通过微信、微博、抖音、B 站等新媒体平台举办类型丰富、形式多样的线上活动。就方式而言，一是利用新媒体技术，实现区域共读。如 2020 粤鄂澳“共读半小时”，引入“AR”技术，开启“1+4+N”多会场阅读模式，实现线上云共读；2021 年春节期间，为响应“留深过年”号召，联合市委组织部，面向基层社区举办“100 年里的中国——喜迎新春 全城共读”活动，线上线下共同发力。二是围绕优质数字资源，推出系列活动。如 2022 年春节期间举办 21 天线上阅读挑战赛、“虎虎生威迎新春，答题聚力赶年兽”在线答题闯关、国图线上公开课、“你许愿，我实现”新年阅读清单征集等活动。三是依托全媒体工作室，由馆员自主创作，打造高品质内容。如 2021 年推出“我是朗读者”“深图品书”“揭秘图书馆”等线上品牌栏目，通过读者参与经典诗文朗读、馆员及作家推荐经典著作、全市特色基层图书馆专题片摄制等方式，向读者展现更为立体、人文的图书馆。

就内容而言，一是聚焦人文经典，如举办“南书房家庭经典阅读书目”征文比赛，邀请市民读者参与经典阅读，分享阅读感悟；开展“人文讲坛”线上直播，传播优秀文化。二是关注艺术赏析，如联合举办“知美学堂——中国艺术之美”系列讲座直播活动，聚焦中华古典美学文化；推出“深图网络公开课”线上艺术名师课系列活动，包含弹钢琴、学工笔画等艺术类视频资源。三是着力社科普及，如推出“云科普”系列课程，带领市民读者了解当代科技前沿信息和热点话题。四是重视创意思维，如开展“深圳大学生思辨大赛”直播活动、“GameGo 线上编程大挑战”等。

三　运营保障，建立安全高效的工作机制

深圳图书馆围绕“制度、团队、审校”三个方面，着力构建安全、高效的运营保障机制，保障全媒体服务优质供给。

（一）健全规章制度，有据可依，动态优化

为规范网络化、平台化运营，确保文化安全与发布内容质量，深圳图书馆制定系列规章制度与业务规范，明确责任分工和管理流程，做到“有据可依、有章可循”。如发布《深圳图书馆网站管理办法》，保证网站使用与运行安全，促进网络服务健康有序发展；制定《深圳图书馆“微平台”管理办法》和《深圳图书馆“微平台”信息发布工作规范》，落实落细微信和微博运营细则和要求，充分发挥其在宣传图书馆资源与服务方面的积极作用。与此同时，依据上述规章制定相应提升方案，如为进一步加强微信管理，制定《深圳图书馆“微信公众号”运营提升实施方案》，保障信息发布、审核工作的制度化和规范化。

（二）组建泛工作团队，三位一体，合力运维

深圳图书馆充分利用人才优势，组建编辑运营、内容提供和技术支持三位一体的泛工作团队，发挥馆员所长，合力推动图书馆新媒体服务高质量发展。编辑运营团队主要由办公室、数字图书馆部和阅读推广部组成，分工负责官方网站的内容输出与安全管理，微信、微博、抖音、B 站等新媒体平台运营维护，包括信息发布、内容更新、文案优化、图文编排、剪辑制作、数据统计、研究分析等；内容提供团队由全馆各业务部门骨干员工组成，持续提供与图书馆服务、活动、资源等相关的内容素材，是重要的信息来源；技术支持团队负责新媒体及数据统计平台的技术开发与维护。

（三）完善审核机制，三审三校，严格把关

深圳图书馆执行“分级审核、先审后发”原则，明确审核主体和流程，

落实“三审三校”制度，坚持正确舆论导向，弘扬主旋律，传播正能量。内容生产者需从源头上力求信息内容准确、客观，部门主任秉持认真负责的态度进行初步审校，修改完善后提交至微平台管理组，由办公室和数字图书馆部主任进一步审核，最后由分管领导终审。全过程严格落实网络意识形态工作责任制，严把政治关、法律关、政策关、保密关、文字关，营造风清气朗的全媒体服务生态。

四 面向未来，朝着更一体、更人性、更融合方向发展

面向新时代，公共图书馆将迎来新的发展阶段与新的历史命题，新媒体服务也将面临全新挑战。深圳图书馆将与时俱进，保持创新精神，在夯实自身全媒体服务矩阵的基础上，进一步推进一体化、人性化、融合性发展。

（一）推动“图书馆之城”全媒体服务一体化发展

经过近 20 年的探索，深圳“图书馆之城”建设成就斐然，已基本构建“一个平台、二层架构、三级垂直、四方联动”的特大城市图书馆总分馆体系。在网络化、数字化、智能化的时代背景下，深圳图书馆作为“图书馆之城”的龙头馆和中心馆，将进一步提升全局意识，推动全媒体服务一体化发展。持续创新“图书馆之城”服务，促进全市统一服务总分馆客流系统与大型智慧数据屏数据集成系统共同实现“一网统管”。推进读者活动平台化、一体化管理，如构建“读吧！深圳”阅读推广平台，有机整合“图书馆之城”的阅读活动、社会教育和文化交流三大版块，方便读者活动查询和线上线下参与。深化资源整合推荐，如打造“一键书单”，筛选各成员馆优质书单资源，建立“图书馆之城”书单库。加强新媒体服务团队合作，建立联络机制，促进各成员馆协同推送，增强图书馆行业整体社会影响力。

（二）创新升级读屏时代的人性化体验

数字技术的发展改变了人们的学习生活方式，读屏时代下如何创新开展

人性化阅读，成为图书馆界重要议题。对此，深圳图书馆未来将从以下几个方面努力。一是增强读者黏性，建立情感联结，如依托新媒体 IP 形象“深图布克家族”（BOOK FAMILY），展现拟人化文化机构面貌，将其融合至服务推广、资源推介、活动宣传等各个方面，增加“刷脸”频次，打造“出圈”内容，通过新颖有趣、生动活泼的形式提升读者对图书馆的认知。二是开展个性化服务，满足个性化需求，如通过读者借阅日志、检索记录等进行大数据分析与挖掘，实现定向阅读推荐，提供符合读者偏好的信息服务内容。三是优化场景体验，提高响应速度，如发挥全场景“机器人”客服在渠道覆盖以及回复时段和时效性上的优势，提供全天候咨询服务，同时完善智慧应答知识库，为智能客服提供标准化应答内容，打通读者咨询接入、智能辅助座席、服务运营管控三部分，实现咨询服务响应效率和满意度的双提升。四是创新内容生产，贴近民生视角，如开展新媒体热点追踪，有效结合图书馆服务、资源和活动，打造既符合大众品位又契合图书馆文化定位的内容。

（三）促进“图书馆+”融合发展，扩大“朋友圈”，增强辐射力

互联网浪潮下，“图书馆+”融合发展已然成为趋势，各级各类图书馆皆应增强合作意识，突破“单打独斗”的限制，采取更为灵活的策略促进服务、资源和活动共享。面向未来，深圳图书馆将考虑从业内、业外两个方面强化行动，推动合作升级。一方面，加强业界联动交流，开展区域性行业合作，如借助粤港澳大湾区优势，构建区域性公共图书馆新媒体服务联盟，联合举办线上活动，开展资源推荐，推动区域范围内图书馆媒体平台联动推广，实现相互引流。另一方面，增强跨界合作的广度和深度，如积极向专业媒体团队、媒体研究中心“取经”，通过专业指导提升平台影响力；利用名人效应，与知名专家学者、微博大 V、B 站受欢迎 UP 主等建立长期合作关系，保障内容质量，吸引更多读者关注；与政府机关、高校、媒体等单位开展深入合作，将优质资源和活动主动推送至市民身边；充分利用深圳地缘优势，与腾讯、大疆等互联网企业建立合作战略伙伴关系，实现合作共赢。

B.18
深圳市全民阅读推广现状与建议

徐　健*

摘　要： 作为全国四大一线城市之一，深圳本土出版社仅有两家，内容生产能力相对滞后，未能生产展示深圳本土气质的精品佳作，也难以带动组织高水平的阅读推广活动。在提供基于深圳地方特色的分类、分群阅读推广活动上尚有欠缺，未将少儿读者、银发读者、深圳商事主体、科技创新工作者等读者资源独立出来，制订相应的阅读推广计划，配备相关专业的硬件空间、软件资源、组织规划等，部分限制了全民阅读推广的顺利开展。其中如何做好青少年的党史学习教育工作，从他们的阅读特点和阅读喜好入手，推出专门针对青少年的红色教育读本，更值得尽快深入研究，积极探索。

关键词： 全民阅读　融合阅读　科技+阅读

阅读力决定创造力，提升全民阅读力是再造城市阅读生态、建设人文之城的关键。2012 年 11 月党的十八大报告首次提及“开展全民阅读活动”；2017 年 6 月国家推行实施《全民阅读促进条例（草案）》；2020 年《关于促进全民阅读工作的意见》提出到 2025 年基本形成覆盖城乡的全民阅读推广服务体系的总体目标；2021 年政府工作报告再次表达“倡导全民阅读”；《中华人民共和国国民经济和社会发展第十四个五年规划和 2035 年远景目标纲要》中也明确提出“深入推进全民阅读，建设‘书香中国’”。

---

* 徐健，深圳报业集团战略管理部研究员，研究方向为城市传媒、大众阅读。

一　深圳全民阅读发展的基本情况

深圳市的全民阅读推广工作发展历程与国家战略高度契合，与时代浪潮共生。十余年来，深圳市的全民阅读推广工作在推进中屡屡抢得先机，与城市创新发展同频共振，引导深圳城市文化的升级迭代，无处不在的阅读推广活动正在改变深圳气质，人文精神正在弥漫鹏城。

2000 年，创立并举办深圳读书月，至今已连续举办 22 届，累计开展公益阅读文化活动 9000 余项。

2003 年，提出“文化立市”战略、确立“图书馆之城”目标的城市。

2006 年，成为第一个开设“24 小时书吧”的城市。

2010 年，开始对深圳市的全民阅读工作进行系统性规划。

2012 年，率先成立国内首家阅读联合组织——深圳市阅读联合会，推动全民阅读迈向常态化、普及化。

2013 年 10 月，联合国教科文组织授予深圳“全球全民阅读典范城市”光荣称号。

2014 年，成为首家发布“城市阅读指数”的城市。

2015 年，成立“深圳市全民阅读研究与推广中心”。

2016 年，出台地方法规《深圳经济特区全民阅读促进条例》。

2019 年，发布城市阅读指数排行榜。

“文化深圳，从阅读开始。”全民阅读的推广贯穿深圳文化建设的起点和发展的始终，深圳通过阅读熔铸了强大的文化基因。[①]

二　全民阅读推广对深圳城市发展的意义

全民阅读推广的提高可增强文化软实力，助力世界级现代化都市圈的发展，对持续开展公共文明提升三年计划和市民文明素养提升五年行动；对深

---

① 王京生：《全球全民阅读典范城市为什么是深圳?》，《晶报》2022 年 5 月 10 日。

化“关爱之城”“志愿者之城”的建设；对深圳打造区域文化中心城市，发展数字创意、现代时尚等产业；对推动文化产业高质量发展，对加强国际传播能力建设，讲好中国故事、湾区故事、深圳故事，增强城市文化辐射力都有相当的辅佐性。①

（一）利于推进红色阅读

以史为镜可知兴替，对历史的阅读是一切阅读的基础。粗通世界各主要国家近代史，精通中华五千年的文明史，精读中国共产党领导中国人民百年来的奋斗发展史以及读好自己生活区域的发展史，是对城市文化提升的内功修炼。助力党史教育，挖掘红色资源，结合深圳特色，立体地呈现中国共产党领导下深圳这个40年前的小渔村在各个领域的巨大变化，以此折射出改革开放的光辉历程，策划相关红色阅读推广活动是一个绝好的切入点，用小切口呈现大主题、小人物彰显大精神，对深圳（乃至大湾区）的红色文化进行系统性的梳理、渗透。红色阅读的推广、红色文化的传承，正是面对百年之大变局能够坚定地挺在时代前面的文化核心。

（二）利于提升城市品牌软实力

阅读只有成为市民普及化和外在化的生活方式，才能够形成文化城市的灵魂和基底。对城市而言，城市品牌一方面可以凝神聚气、鼓舞气势，是市民幸福感和获得感的来源之一；另一方面也将对招商引资、吸引人才等方面起到积极的促进作用。全民阅读推广活动与城市品牌形象息息相关，同时也与城市生活密切相连。城市文化振兴和创新发展的关键密码正来源于此。

（三）利于融合人文湾区的文化共生

深圳作为大湾区重要核心引擎，积极推进文化平台搭建、城市品牌打

① 覃伟中：《政府工作报告——在深圳市第七届人民代表大会第二次会议上》，深圳政府在线，http：//www.sz.gov.cn/cn/xxgk/zfxxgj/zwdt/content/post_9718176.html，最后访问日期：2022年4月21日。

造，不仅有利于塑造湾区人文精神，而且可以促进深圳文化高质量发展。

大湾区文化形态与内涵多元。不仅有丰富的地域文化（如广府文化、潮汕文化等），还有在中西文化汇集和交融中形成的港澳文化、移民文化、乡村文化和海洋文化，形成了特色文化融合。

阅读可成为文化共生的解码器，以及文化融合的推进器。通过阅读推广活动，有利于打造人文湾区的文化资源共享平台，打造人文湾区的文化服务体系共享平台。进一步对接文化供需、整合文化资源、协调文化政策、提升文化亮度，增强大湾区文化软实力，共同推动人文湾区繁荣发展。

（四）利于推进“儿童友好型城市”建设

作为人口超2000万、儿童超300万的超大城市，2015年底，深圳在全国率先开展建设“儿童友好型城市”的探索实践。计划到2025年建成在全国先行示范的儿童友好型城市，形成更多在全国可复制、可推广的先行示范成果和经验，为国家在“十四五”时期开展100个儿童友好型城市示范贡献深圳智慧。①

2016年，深圳市爱阅公益基金会率先发起“阅芽计划”，为0~6岁儿童和家庭免费发放适龄“阅芽包”，鼓励和支持家长积极开展亲子阅读实践，是全国首个群团组织与社会组织联合推动的儿童早期阅读项目，旨在更好地实现市民参与阅读的文化权利。

这些针对儿童阅读推广的活动渗透工作是建设儿童友好型城市不可或缺的一部分，一方面阅读推广工作可以务实解决群众反映较强烈的素质教育问题，也符合当前生育政策调整后政府公共服务的改革方向，有利于全面三孩政策落实；② 另一方面作为切入点，阅读推广工作介入相关儿童友好型城市的相关大数据开发，支持搭建儿童数据共享平台，为儿童友好型城市建设提供更加精准的服务。

---

① 林志文、孟敏：《深圳率先出台建设儿童友好型城市建设指导意见》，《中国妇女报》2021年7月30日。

② 林志文、孟敏：《深圳率先出台建设儿童友好型城市建设指导意见》，《中国妇女报》2021年7月30日。

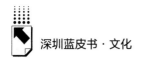

三　深圳全民阅读推广目前存在的问题

（一）顶层设计和统筹缺乏规划

推进全民阅读推广是契合城市文明建设的长远大计，如何更好地统筹协调全市全民阅读推广的空间建设和资源分配；如何在创新创意、目标受众、阅读载体、阅读空间、运作机制等方面提升效能；如何拓展阅读推广活动的宽度和深度；如何打造吻合深圳城市气质、带动湾区文化共生的品牌阅读推广是当前深圳全民阅读工作中的核心所在。

众多阅读推广活动常受限于部分地理位置或资源优越的场地，全民阅读推广尚未能完全地发挥基层阵地作用，缺乏相应的阅读推广带头人队伍，以及有持续影响力的推广活动设计。

（二）阅读推广组织的活力有待激发

诚然目前深圳的阅读推广组织在全民阅读推广中发挥了相当的重要作用，阅读推广组织的数量也在快速增加。但其所面临的组织内部管理、人才队伍、经费保障、场地使用等诸多问题尚需出台相关针对性的顶层设计政策，进一步加大政府采购力度，在资金、人员、培训、场地上给予更多支持，方能推动阅读推广组织的健康成长、激发阅读推广组织的发展活力。

（三）本土特色的内容出版尚需加强

作为全国四大一线城市之一，深圳本土出版社仅有两家，内容生产能力相对滞后，未能生产展示深圳本土气质的精品佳作，也难以带动组织高水平的阅读推广活动。在提供基于深圳地方特色的分类、分群阅读推广活动上尚有欠缺，未将少儿读者、银发读者、深圳商事主体、科技创新工作者等读者资源独立出来，制订相应的阅读推广计划，配备相关专业的硬件空间、软件资源、组织规划等，部分限制了全民阅读推广的顺利开展。其中如何做好青少年的党史学习教育工作，从他们的阅读特点和阅读喜好入手，推出专门针对青少年的红色教育读本，更值得尽快深入研究，积极探索。

（四）理论研究能力亟须提高

当下全民阅读在推广基建以及推广活动上梳理了诸多第一与典范。例如，第一个在全市推广“全民阅读”开展“读书月”的城市（2000 年）；第一个开设“24 小时书吧”的城市（2006 年）；第一个发布“城市阅读指数”的城市（2014 年）；第一个提出建设“一区一书城、一街道一书吧”的城市（2015 年）；等等。但是，在专业学术层面，尚较欠缺。

解决阅读理解、阅读方法、阅读效用等方面的理论研究水平不高，对阅读推广活动中出现的新动向、新问题（特别是数字阅读、智慧阅读等即时性问题）的研究能力亟须提高，如何更好地从阅读实践中总结经验，再用以指导阅读实践，推进全民阅读向纵深发展的理论基础还需深挖。

（五）市民阅读能力亟须提高

网络资源提供的浅阅读、碎片化阅读带来的最大问题是阅读惰性，使市民主动获得知识的意愿变弱，功利性阅读——无法深入理解阅读文本内容，无法深入把握阅读文本主旨的情况愈加凸显，尤其是广大的青少儿读者，日趋满足被动接受图书知识。提升青少年儿童的阅读兴趣和阅读能力，向市民传播正确的阅读理念，满足不同群体的阅读需求，提升市民阅读水平的实效是阅读推广的当务之急。

四　深入推动全民阅读，提升城市阅读力的建议

围绕阅读空间的连通、阅读推广人的专业化和与智慧城市的创新融合三个维度的全民阅读推广如何发挥相应的城市责任、展现相应的社会担当，使更多的市民达到文化共情。如何完善阅读网络，开展家庭阅读、校园阅读、社区阅读、公交阅读、公共媒体阅读及特殊群体阅读、农村阅读等推广活动，

同时促进全民阅读推广进企业园区、进校园、进社区，甚至由深圳向大湾区其他城市乃至偏远山区扩展延伸，都是“十四五”期间亟须讨论的事宜。

（一）铺设覆盖深圳的全民阅读空间，构建“十分钟阅读圈”

首先，从地理意义上塑造符合深圳地域特色的公共阅读空间是全民阅读的深入推进首要路径。公共阅读空间可涵盖图书馆、文化馆、书店、书吧等能够给予公众进行阅读交流的空间，或多元素融合的新型文化复合空间[①]。以城市公共阅读空间的发展作为有效抓手，积极探索智慧城市的公共空间设计，创新活化城市公共阅读空间，开拓全民阅读高质量发展的新路径，打通全民阅读推广的毛细血管。

1. 上游：依托全市书城、图书馆等公共文化服务资源优势，建设全民阅读推广的源头

2015 年，深圳启动“一区一书城、一街道一书吧”的战略布局，截至 2021 年底，深圳共有公共图书馆（室）733 家［其中市级公共图书馆 3 家，区级公共图书馆 9 家，街道及以下基层图书馆（室）721 家］，306 个各类自助图书馆（包含城市街区自助图书馆 235 个、24 小时书香亭 71 个）；已建成 6 座面积超过 3 万平方米的书城文化综合体和 700 余家各类实体书店。仅最近一年里，拥有 21 年历史的标杆书吧物质生活在蛇口开了新店；钟书阁在欢乐港湾开了第 32 家门店；书香地铁·福田站书吧开业；首家剧场书店“有戏 On Show”亮相滨海艺术中心。我们可以发现，公共阅读空间正朝着细分、个性的方向发展。

据不完全统计，每年依托深圳书城书吧等公共阅读空间开展的公益文化活动超过 1 万场，相当程度上满足了市民享有阅读的文化权利。只有当一座城市的经济越来越发达、人们的日常生活越来越精致时，人文精神家园的建设才会进一步与城市相融。

---

① 于丹、袁媛：《活化城市公共阅读空间，拓展全民阅读新路径》，《出版广角》2021 年第 5 期。

支持公共阅读空间的建设，打造十分钟阅读服务圈，还可以探索嵌入文创产品、戏剧艺术、文化沙龙、特色餐饮等元素，以及配送、教育、服务、定制等与全民阅读相关的多元化经营模式；助力深圳构建普惠性、高质量、可持续城市公共文化服务体系，将公共空间转为集文化、创意、休闲社交等多功能于一体的城市阅读中心，甚至成为城市的文化地标。

2. 中游：以街道社区、产业园区为核心，建设全民阅读推广的支径

秉持“城市空间，公共互动，开放包容”的理念，探索把企业园区、特色街区、生活社区中适宜阅读推广的公共空间更精准地向社会开放，培育品牌阅读推广项目和活动，通过政府的资源调配辅以社会力量完善阅读推广公共空间的布局网络与结构框架。社区成员间发生互动，具备共同的价值取向与情感认同，并有一定的组织规范，尝试搭建以阅读为核心价值的有料、有趣、有温度的新型园区社区平台。

（1）企业园区阅读中心。

专业阅读已经成为企业文化完善的一种重要组成方式。符合企业园区气质的专属阅读空间、定制特色功能阅读活动以及支撑园区相关大数据分析等服务，可助力园区、助力企业打造多元智能、实用有效的协同窗口。

2022 年的《政府工作报告》中提出深圳着手宝安燕罗、龙岗宝龙、龙华九龙山等 20 个先进制造业园区的建设，同时另有国家人工智能创新应用先导区和国家数字经济创新发展试验区，以及深圳湾超级总部基地、香蜜湖新金融中心、北站国际商务区、坝光国际生物谷等数十个重点片区规划建设①。在这些规划中，带有园区、片区特色的阅读空间配套落成，可以进一步保障城市新生代工作者的阅读和学习权益，鼓励有效的阅读学习指导和服务（如心理辅导等），帮助获取知识、提高技能、舒缓压力，构建工作以外的共生空间、完善的配套设施、丰富的活动日常、温暖的情感连接，更重要的是催生出工作者对园区、片区的归属感和认同感，成为城市精神的书写者。

① 覃伟中：《政府工作报告——在深圳市第七届人民代表大会第二次会议上》，深圳政府在线，http：//www. sz. gov. cn/cn/xxgk/zfxxgj/zwdt/content/post_ 9718176. html，最后访问日期：2022 年 4 月 21 日。

同时，让园区、片区的阅读空间同时兼具“红色课堂”，开辟出红色党史名著阅读专区，定期开展读党史等主题活动，让这块“小阵地”发挥更多“大能量”，打造成党史学习教育的“实境课堂”。打造党史教育的互动交流和体验空间，让党员和群众在阅读学习中汲取力量。

（2）街区、社区阅读中心（党建中心）。

2022年是党的二十大召开之年，开展相应的红色阅读活动，多方位、多途径联合打造全域红色阅读空间，广泛开展红色主题阅读活动，掀起“红色阅读”新风尚，宣讲红色党史故事，打通党史学习教育的“最后一公里”，让市民深入感悟党的光辉奋斗历程和伟大历史成就是街区、社区所在的党建中心（社区服务中心+阅读中心）的核心任务所在。兼具建在市民家门口的满足市民精神需求的文化驿站，街区、社区阅读中心（党建中心）也可以用来开展阅读推广等延展学习的便民服务，建设探究式学习空间或博物馆式阅读学习性社区，支持市民阅读者的能动性，并为其发展重要的职业技能和文化素质提供可能。

社区服务中心作为红色阅读学习基地的同时，亦可承担深圳的儿童阅读与银发阅读等全龄化阅读场所功效。其中特别需要提及的是，深圳作为全国养老综合改革试点城市，拟构建“1336”养老服务体系，建通街道、社区、小区、家庭“四级养老服务网络”。在信息时代，确保银发族能够便利地享受阅读、学习的权利，是一座城应有的人文关怀。类似深圳图书馆打造的文化服务品牌“银发阅读”“银发技术培训”等可以延伸到社区的每一个角落，借助场地的外延，不断丰富面向银发读者的服务范围内容，协力打造“老有颐养”民生幸福标杆城市。

上述空间通过公共文化服务与相关群体精准对接搭建桥梁，一方面为深圳的全民阅读推广开辟新路径，向不同年龄段、不同阅读需求的深圳市民提供随处可遇的阅读、交流、学习的公共空间，另一方面进一步推动智慧城市综合性公共服务场所联动发展，资源共享、功能融合。

3. 下游：加大公共休闲中心的阅读空间建设，贯通全民阅读的毛细血管

目前深圳公园总数达1238个，在公园建设中加入公共阅读空间（如深圳湾公园的白鹭坡书吧、宪法公园的邂逅图书馆等）既让城市环境颜值、品质更高，又更好地满足市民休闲娱乐和文化活动需求。这些全民阅读与市民的休闲生活相互融合的方式，是对深圳加快推进新生态城市建设的有力支持。

“书香地铁”项目规划的首个地铁站点书吧——福田地铁站书吧既提供图书线上线下借阅、租售、阅读、订购的功能，还采用“书店+咖啡+文创+活动”的模式打造惬意书栈，同时注重公益便民服务，提供充电接口、应急医疗产品等公益设施，充分展示出发挥公共文化空间的融合服务能力。

结合城市公共空间品质的进一步提升，以阅读推广活动为线索，融合休闲娱乐方面的生活元素，鼓励博物馆（纪念馆）、美术馆、科技馆、商场、交通枢纽、影院、剧场、银行、医院、连锁经营品牌等服务场所因地制宜划出适合阅读推广的场所，打造集阅读学习、展览展示、文化交流、聚会休闲、创意生活于一体的综合性体验文化产业，通过服务场景泛在化，引领深圳城市公共阅读空间的服务效益，提升公众的文化素养。

（二）培养专业的阅读推广人是全民阅读推广的灵魂所在

目前深圳的阅读推广人可分为政府机构主导的专业人士、阅读推广领域的专家（KOL）以及致力于阅读推广的专业志愿者三种。

1. 图书馆专业阅读推广人士

公共图书馆作为传承文明、保存文化记忆的场所，具有天然的阅读推广使命，催生出图书馆馆员职业新技能——阅读推广工作。以福田区公共图书馆馆员为例，其工作职责涵盖推行“图书馆+学校”计划，为学校搭建阅读推广平台，在学校开展图画书阅读、儿童文学创作、阅读与儿童心理等主题分享活动，教会学生了解和利用身边图书馆资源；为学校提供阅读活动菜单；闭馆日组织开展图书馆体验活动；“阅读+学校”模式之外，还可进一步渗透“图书馆+家庭”的阅读推广体系，加强深圳城市阅读文化的培育效果，所以提升图书馆馆员专业阅读推广的业务水平是目前推进阅读推广工作的重中之重。

2. 以专家为代表的阅读推广人士（KOL）

2012 年，深圳开始着手推进全国首个由政府牵头组织的“阅读推广人”培育计划，至今经过专业培训并取得相关证书的深圳阅读推广人已达 200 余人，目前此项工作委托深圳少儿图书馆负责。未来可加大阅读推广人培训计划的需求，尤其在面向学校教师与专业志愿者的方向。

同样在 2012 年，深圳成立了国内首家阅读联合组织“深圳市阅读联合会”，遵循阅读推广人自由生长的“雨林文化”，截至 2021 年，培育出后院读书会、三叶草故事家族、牵牛花读书会、黑咖啡读书会……130 余家国内高水平民间阅读推广组织，使得阅读推广人在深圳有着浓墨重彩的一方阵地，并形成一个生态链——不断自生孕育新的阅读推广平台成长，促进新一轮阅读推广人的生成。多年来，民间阅读组织的不断壮大和广泛参与，将深圳全民阅读引往社区基层，并源源不断地注入新的血液，但目前专业的阅读推广人还远不能满足全深圳的阅读推广需求，仍需政府引导加速相关造血计划。

3. 致力于阅读推广的专业志愿者

深圳已有注册志愿者 270 万人，平均每 7 个市民中就有一名志愿者，是典型的志愿者之城。在这个庞大的群体中，如何加强对有阅读推广兴趣的专业志愿者培育；加强关注市民的阅读兴趣培养和阅读能力建设；鼓励支持机构、社团建立专业的阅读志愿服务队伍，帮助市民（尤其是青少年）培养阅读兴趣与品位，获得阅读能力、思辨能力和批判能力，都有待于政府出台相关指导和顶层设计。

2022 年五四青年节来临之际，深圳图书馆推出的“青年发展型城市支持计划”项目，就是一场非常有意义的尝试：通过策划举办“寻找青年领读者”等主题活动，打造深圳青年的阅读推广品牌，让阅读成为深圳青年的一种生活方式和精神追求，促进深圳青年与城市共成长，在全民阅读推广这个共同体中得到滋养，同时反哺，最终实现全民阅读推广的使命——使文化自信的内涵不断发扬、传承。

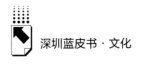

（三）全面提升全民阅读创新发展活力

1. 形成全民阅读推广合力

全民阅读服务属于公共文化服务体系的组成部分，既有作为政府必须提供的公共阅读服务，又有社会各方面参与形成全民性的阅读推广。坚持顶层设计，加强统筹协调，发挥政府引导，通过社会力量互促下的迭代创新，构建全民阅读长效机制。有效地动员全社会的公共资源，通过长期规划确定全民阅读推广发展目标，确定公共投入力度，重视阅读规划后的影响力，将提高城市阅读力行动落到实处，将城市阅读指数纳入文明城市指标考核体系，以文明城市的创建带动全民阅读长效开展。

2. 打造品牌阅读推广活动典范力

打造深圳城市文化名片，加快拓展国际化文化平台，以全球视野下的文化交流与阅读推广为目标，建设品牌阅读推广项目。进一步发挥深圳读书月、特色书展等活动在全民阅读推广中的价值引领和示范带动效应，加强全民阅读活动与创意深圳等其他品牌城市活动的联动，提升深圳城市文化品牌的聚合力。以阅读推广品牌活动促进粤港澳大湾区文化资源共建、共享，推动以大湾区 630 个街镇为基础的城市间阅读交流，增进大湾区民众对同宗同源文化根脉的情感和共鸣，在阅读中实现更好的“双区”建设。同时积极开展国际城市间的阅读推广活动，打造促进国际阅读交流合作的文化平台。

3. 编制有深圳本土特色的阅读书目

2020 年深圳小学在校生总人数已达 109. 12 万人，仅低于重庆和广州，高于上海、北京，为此适合深圳本土特色的“K12 基础阅读书目”已经是呼之欲出。2022 年一季度，深圳商事主体累计总量达到 385. 4 万户，新登记商事主体 88065 户。按常住人口 1756 万人计算，深圳市每千人拥有商事主体 219. 5 户，“商事主体阅读书目”亦有很大的待挖掘空间。面向不同阅读群体需求，丰富出版产品的内容、载体和形式，向市民推荐更多优质专业出版物，结合深圳特有的红色文化、海洋文化与港澳地区的共生文化等诸多资源，拓展市民的全球视野、社会全面进步、增进文明互鉴的书目均有待编制推广。

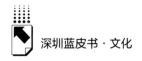

（四）全民阅读的云时代，科技为阅读推广赋能

如果说，前一阶段的全民阅读是对以出版业界与文化精英为精神核心与倡导主力的全民阅读种子的孵化与培育，那么，在深圳进入“双区”和“现代化国际化创新型城市”建设的黄金发展期，又该如何从科技角度出发促进“阅读推广水平进步”的“从1到N”？

深圳是中国的高新技术先锋城市和“最互联网”城市，以华为、腾讯为代表的一批优秀数字阅读设备生产和内容提供企业，对阅读已经产生世界级的影响；深圳已经构建起的完备的产业链和规模化的企业群，以及前一阶段已经形成的市民阅读的文化自驱力，足以再出发思考阅读推广工作在下一阶段的创新。

借助深圳科技力量布局建设的机遇，面向全民阅读的前沿、面向深圳市民的现实需求，利用科技打造学习型生态城市下的阅读推广是当下发展的重点。

首先，利用数字技术本身对传统阅读空间与手段进行优化与赋能。促进“阅读+科技融合”，探索构建数字阅读基本生态。提升智能阅读服务，借助数据引导的力量，根据读者个体情况做匹配阅读推荐，让阅读书目越来越精简有效。构建实用性的大众数字阅读平台，集约深圳政务平台建设，打通综合文化服务数字平台资源，多方位融合服务“图书馆之城”。正在建设中的“新时代十大文化设施”的深圳第二图书馆，旨在成为“图书馆之城”的网络数据中心、文献物流中心、联合采编与书目控制中心及数字资源中心，进一步提升全城图书馆服务能力。以此推进，在以公共图书馆为代表的大湾区信息资源共享平台上，数字文化在粤港澳大湾区共建、共享指日可待。

其次，社群塑造。有共同文化价值观的人更容易聚集形成社会化阅读群体，通过分享掌握的信息、探讨共同的话题和交流相关经验来扩大社交网络，通过移动互联网、云计算、虚拟现实人工智能、AR/VR、大数据等技术的深入应用，寻求智能化数字化发展，增强受众黏性，保持受众活跃度，从而实现以社群为价值锚点，构建更加多样化的阅读场景和体验空间，连接虚拟与现实，形成线上线下优势互补的文化生态圈，打造全渠道服务的新型城市公共阅读消费空间。

五　结语

加快推动全民阅读与教育、影视、旅游、科技等多领域的深度融合，发展“阅读推广+”新业态、新产品、新模式，培育阅读与品质生活息息相关的理念，搭建各种文化共享、共生平台，让“阅读推广+”连接智慧城市建设的一切，在共建平台、共享资源、融合发展的理念下多元并进，推动全民阅读推广活动，实现文化软实力大幅跃升，形成与深圳经济发展相匹配的文化制高点，体现出深圳城市文化特有的国家担当。

B.19 推进深圳市工人文化宫高质量发展研究

周礼红　艾　军　张　军*

摘　要： 推进深圳市工人文化宫高质量发展是建设文明典范城市的重要目标之一，面对深圳市工人文化宫发展存在的问题，选择重新回归公益性的发展原则，全力打造文创综合体，建设职工“大学校”，探索工人文化宫改造后运营模式成为推进深圳市工人文化宫高质量发展的主要策略。

关键词： 工人文化宫　文化需求　文创综合体　深圳

深圳市工人文化宫（市职工服务中心）是深圳市总工会下属的公益性事业单位，也是深圳市公共文化服务体系的一部分，前身是原宝安县工人文化宫，始建于 1953 年，占地面积约 5.8 万平方米。由于建设时间较长，基础设施与设备陈旧，文化宫的工人学校与乐园功能难以充分发挥，亟须改造提升，以推进深圳市工人文化宫高质量发展。

一　深圳市职工文化需求分析

本课题组拟通过问卷调查的方式，对深圳市职工进行随机抽样调查，深入了解新时代深圳市职工文化需求。

---

* 周礼红，博士，深圳社会科学院研究员，研究方向为现当代文学、城市文学；艾军，深圳市工人文化宫原主任，研究方向为文化普及；张军，硕士，深圳社会科学院研究员，研究方向为城市文化。

（一）调查对象

本次调查随机抽取深圳市职工作为本研究的调查对象，回收有效问卷501份。样本构成情况见表1。

表1　调查样本的构成情况结果（调研时间：2020年间）

问题	选项	占比(%)
您的居住地	罗湖区	40.12
	龙岗区	18.16
	宝安区	15.17
	福田区	12.97
	南山区	9.98
	其他区	3.59
您的年龄	16~28岁	34.93
	29~35岁	25.75
	36~45岁	22.36
	46~55岁	10.18
	56岁及以上	6.39
您的性别	男	54.49
	女	45.51
您的文化程度	初中及以下	7.19
	高中/中专	30.74
	专科	30.54
	本科及以上	31.34
您的户籍情况	深户	47.11
	非深户	52.89
您的婚姻状况	已婚	57.09
	未婚/单身	42.91

（二）调查结果分析

1. 职工业余文体活动情况

（1）受访职工文化活动频率有所提升，业余文化活动以看电影、阅读和学习培训为主。

调查结果显示，有 17.76%的受访职工近 3 个月经常参加文化活动；23.55%的受访职工有时参加文化活动；35.93%的受访职工偶尔参加文化活动；22.75%的受访职工基本不参加文化活动。

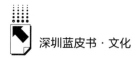

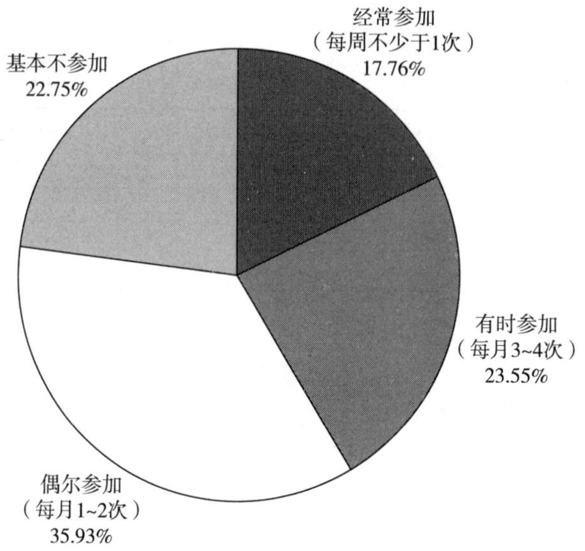

图 1　近 3 个月参加文化活动的频率

调查结果显示，受访职工的业余文化活动以看电影（56.49%）、阅读（35.33%）和学习培训（30.94%）为主。

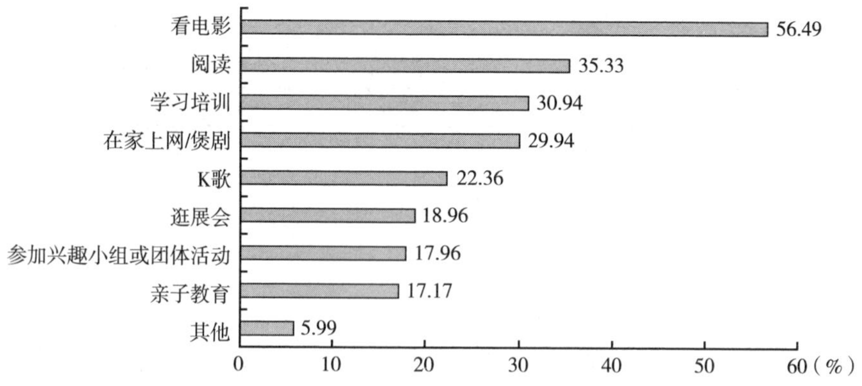

图 2　受访职工工作之余的文化活动

（2）受访职工参与体育活动积极性较高，业余体育活动主要以徒步/登山、羽毛球和跑步为主。

调查结果显示，受访职工近 3 个月业余参加体育活动积极性较高，31. 74%的受访职工经常参加体育活动；23. 15%的受访职工有时参加体育活动；32. 53%的受访职工偶尔参加体育活动；仅 12. 57%的受访职工表示基本不参加体育活动。

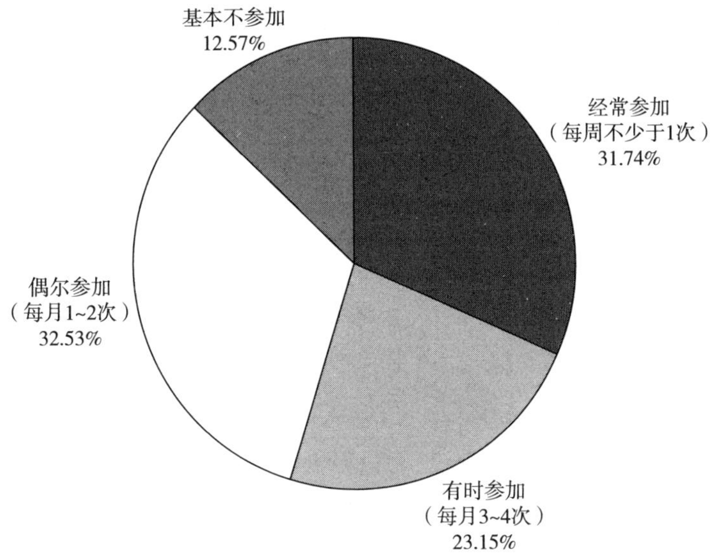

图 3　受访职工近 3 个月参加体育活动的频率

调查结果显示，受访职工的业余体育活动以徒步/登山（38. 72%）、羽毛球（38. 72%）和跑步（34. 33%）为主。

（3）受访职工充分利用休闲时间开展文体活动，充实自我。

调查结果显示，52. 30%的受访职工在周末和节假日参加文化体育活动；31. 33%的受访职工在下班以后参加文化体育活动；11. 18%的受访职工表示暂时没有时间参加文化体育活动。

2. 职工对公共文化服务设施的需求

（1）近半数受访职工认为新时期下工人文化宫最需要文化素质培训场馆设施。

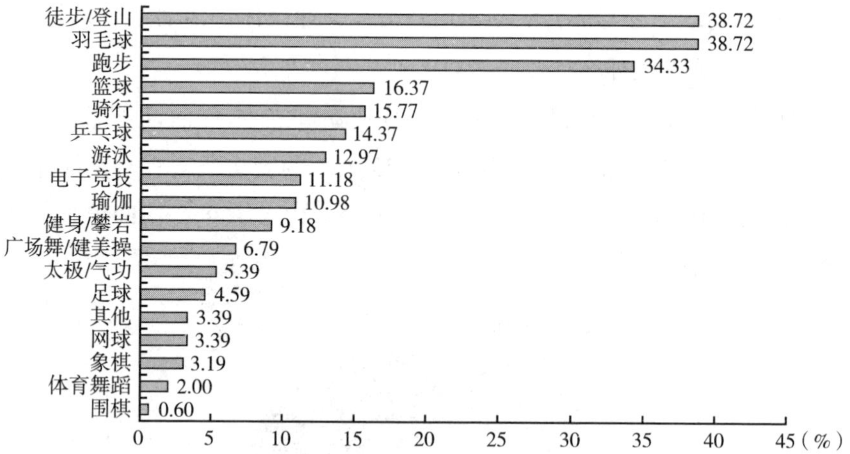

图4　受访职工工作之余的体育活动

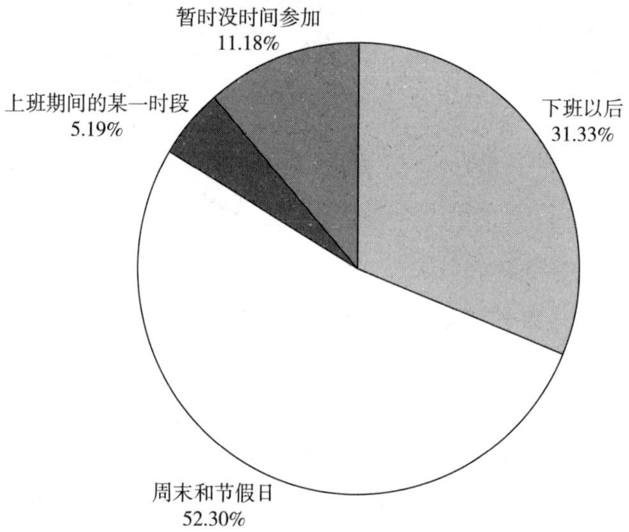

图5　受访职工参加文化体育活动时间

调查结果显示，当问及“您认为工人文化宫新时期下最需要具备哪些场馆设施?”时，42.12%的受访职工认为新时期下工人文化宫最需要体育运动场馆设施，其次为文化素质培训场馆设施（40.32%）和图书馆/书吧场馆设施（35.73%）。其中，有少数受访职工提及希望保留现有电子竞技场馆设施。

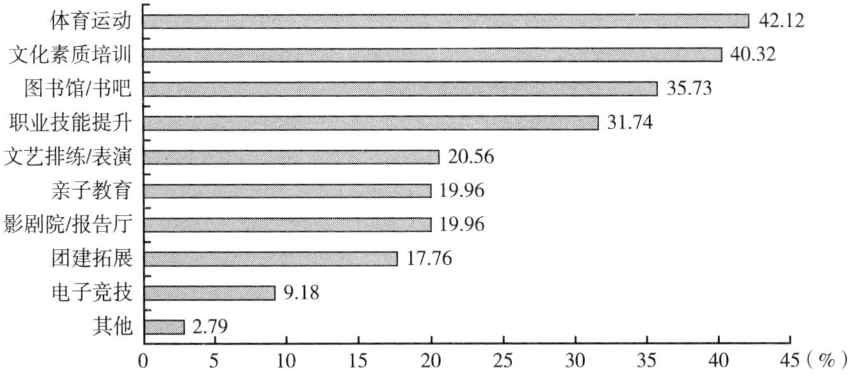

图 6　需要具备的场馆设施

（2）受访职工认为公益讲座和羽毛球是当前工人文化宫最需要开展的文化和体育服务项目。

调查结果显示，当问及“您认为工人文化宫当前需要开展的文化服务项目有什么?”时，45.31%的受访职工认为是公益讲座，其次为技能培训（42.32%）和文艺比赛/演出（35.53%）。

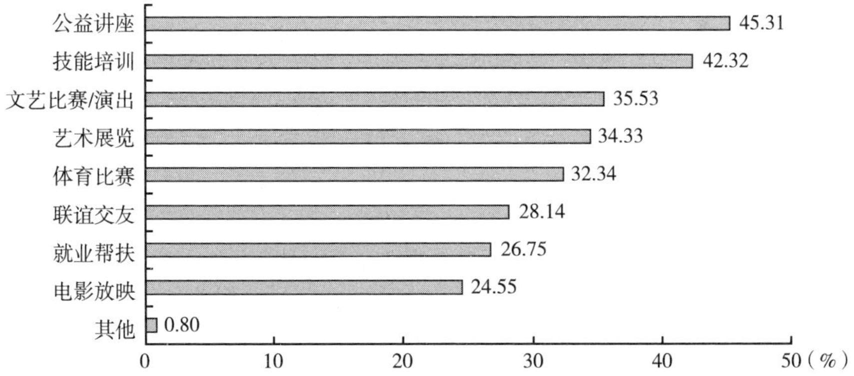

图 7　需要开展的文化服务项目

调查结果显示，当问及“您认为工人文化宫当前需要开展的体育服务项目有什么?”时，57.09%的受访职工认为是羽毛球，其次为乒乓球（41.72%）和篮球（37.52%）。

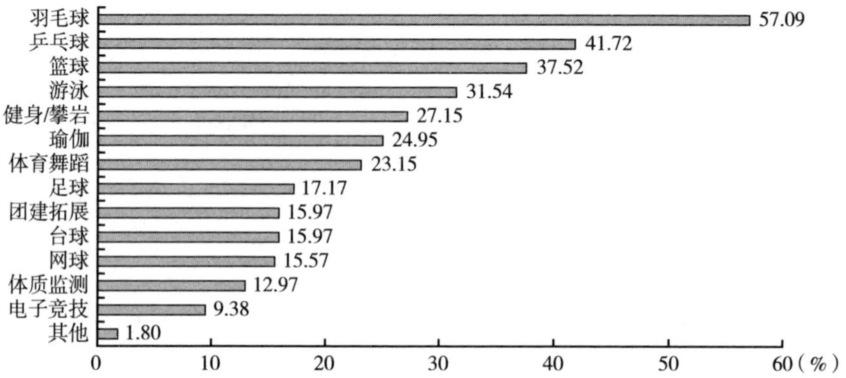

图 8　需要开展的体育服务项目

（3）受访职工重视自我提升。

调查结果显示，当问及“如果工人文化宫提供低收费的教育培训，您希望是哪一类型?”时，29.54%的受访职工希望是体育健身类；28.74%的受访职工希望是文艺素质类；26.95%的受访职工希望是职业技能类；12.38%的受访职工希望是学历教育类。

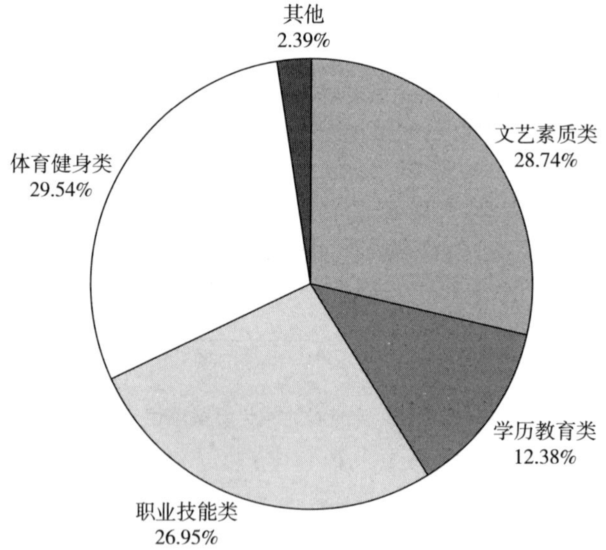

图 9　低收费的教育培训类型

（4）多数受访职工认为工人文化宫应纳入商业配套服务。

调查结果显示，57.29%的受访职工认为工人文化宫应纳入配套的轻餐饮服务，其次为职工书店/书屋（42.91%）和电影院（36.73%）。

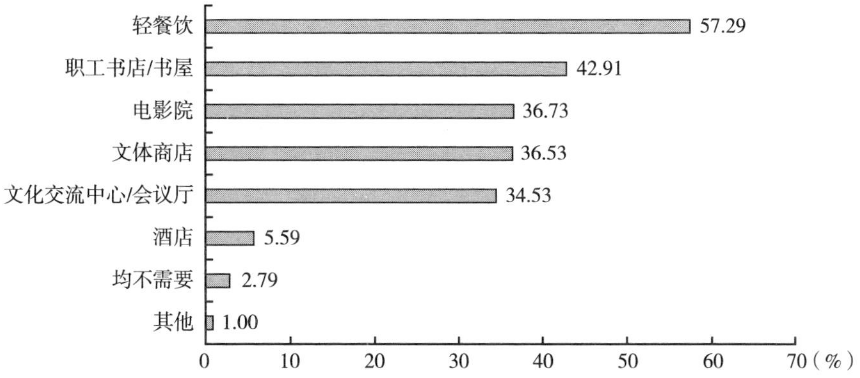

图 10　应纳入的商业配套服务

（5）多数职工认为当前亟须加快建设与完善场馆设施。

调查结果显示，当问及“您认为工人文化宫更好地履行职能、发挥作用的关键是什么?”时，58.48%的受访职工认为是“加快建设，完善场馆设施”；51.90%的受访职工认为是“加强管理，提高服务水平”；42.12%的受访职工认为是“突出公益，保障经费投入”。

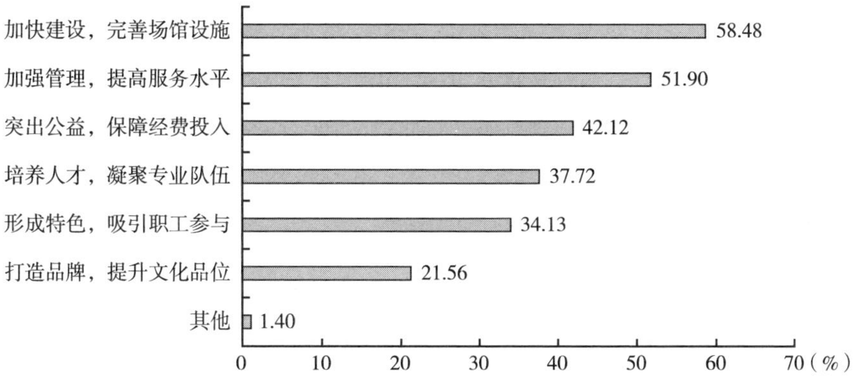

图 11　工人文化宫更好地履行职能、发挥作用的关键是什么

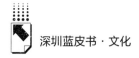

（6）文化宫改造后可以填补罗湖区在文创综合体方面的区位空白。调查结果显示，大多数受访者认为，罗湖区与深圳其他城区相比，缺少大型的文创综合体，而市工人文化宫恰好在罗湖区东门的商业圈附近，改造后的工人文化宫将是一座国际水平的超大型公共文化综合体，这必然带动罗湖区城市建设发展，直接影响该片区的转型升级，使该区域成为展现深圳市城市设计建设最高水平的“舞台”，进而可以填补罗湖区在文创综合体方面的区位空白。

二　深圳工人文化宫发展存在的问题

（一）整体规划不协调，场地设施陈旧

近年来，虽然市总工会不断出资修葺改善市文化宫环境设施，但仍存在整体规划设计不协调、场地设施陈旧等问题。一是场地利用率低，土地资源浪费，能为职工提供文化活动的场地明显不足。二是设施陈旧，对职工吸引力下降。与同类文化场馆（如深圳市图书馆、深圳市少年宫、深圳市音乐厅等）一流设施相比相去甚远，难以满足职工（尤其是年轻职工）对文化设施的新需求，对职工吸引力不足。三是规划设计不统一，与周遭环境不协调。一方面，部分建筑形态及设计多次改变却未进行整体规划设计，宫内建筑设计不协调；另一方面，建筑业态与区域建筑环境和城市设计定位不相符，特别是与布吉河、东门商业区、迎宾馆的环境不协调，导致市文化宫整体设计与周遭环境极其不协调，严重影响罗湖区及深圳市城市形象。

问卷调查中，有受访职工直接指出，市文化宫建设应以职工文化为特色，要充分发挥市工人文化宫的公益职能。

（二）服务项目较为传统，尚未满足多元文化需求

随着经济社会的不断发展，文化宫传统项目渐渐失宠，活动场所功能单调，服务对象大量流失，很多活动室成为“空摆设”。问卷调查中，多数受

访职工文化需求多样化，重视自我提升。新时期文化消费观念、社会生活方式发生了巨大变化，特别是社会各种新兴娱乐业迅猛发展的冲击，也是工人文化宫事业跌入低谷的重要原因之一。

（三）技术培训教育功能弱化，无法满足产业发展

深圳市工人文化宫技术培训教育功能弱化，无法培育出大量的现代产业工人。深圳不仅缺乏大量的知识型工人，而且缺乏大量的技能性制造业工人。深圳缺乏大量制造业工人主要表现在三个方面。一是制造业职工（尤其是一线普工）队伍老化严重。走访企业反映，“90后”职工普遍不愿从事制造业的生产工作，宁愿从事工资更低的服务业或办公文秘工作。二是制造业企业缺工问题普遍。问卷调查显示，38.8%的制造业企业反映缺工严重。但企业可能对自身情况有所隐瞒，因为从政府部门的日常调研分析中得出，制造业企业所在的工业园区或社区报告严重缺工比例为43.5%。在问及当前企业管理的最大挑战时，50.9%的制造业企业反映“缺普工”，56.5%的制造业企业反映“缺技工”（非制造企业这两个数字均为6.7%）。三是制造业职工队伍稳定性差。调查显示，制造业企业职工月平均流失率为8.0%，高于非制造业企业的5.9%。其中，五类百强企业的流失率（9.0%）要高于非五类百强企业（7.1%）。①

（四）运营管理经费保障能力较差，严重制约回归公益

文化宫目前为自筹经费类事业单位，市工人文化宫整体规划不协调、场地设施陈旧等原因导致市文化宫为了维持运营，采取了“以商养人”“以商养文”“以宫养宫”的商业运营模式。这样市工人文化宫既要自负盈亏参与激烈的市场竞争，又要承担公益性服务项目，加上有些项目未能被纳入公共文化服务体系，得不到政府必要的工作指导和政策扶持，市工人文化宫的“工人的学校和乐园”属性被异化，制约了市工人文化宫的发展，其公益性功能难以充分发挥。

① 《“中国制造”亟须通过完善体制机制激发“工匠精神”》，2017年宝安总工会课题。

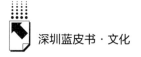

（五）对职工吸引力下降，社会影响力减弱

从20世纪80年代起，各种娱乐场所数量迅速激增，工人文化宫对于职工吸引力下降，导致年轻职工对工人文化宫越来越不了解，不清楚工人文化宫的职能定位，工人文化宫的影响力越来越弱。问卷调查显示，当问及“您是否去过深圳市工人文化宫?”时，49.86%的受访职工表示去过，50.14%的受访职工表示没去过或没印象。从年龄段看，16~28岁年龄段的受访职工中，去过深圳市工人文化宫的人数占比32.00%；29~35岁年龄段的受访职工中，去过的人数占比54.55%；36~45岁年龄段的受访职工中，去过的人数占比57.81%；46~55岁年龄段的受访职工中，去过的人数占比61.54%。也就是说，年龄段越小，去过市工人文化宫的人越少。

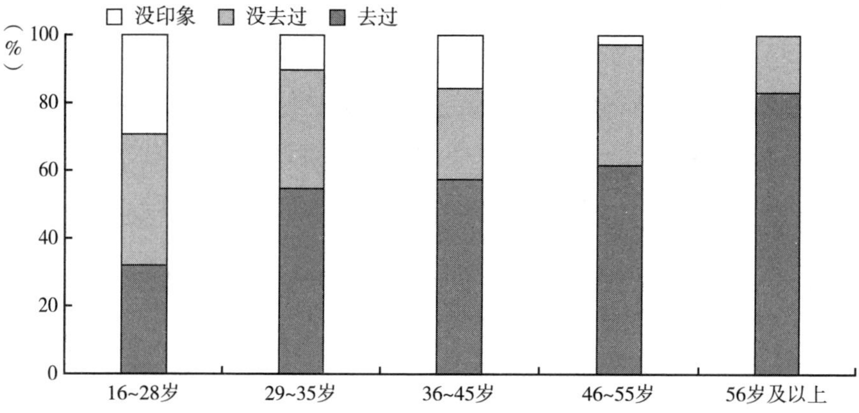

图12　是否去过深圳市工人文化宫（分年龄段）

从居住地看，罗湖区的受访职工中，去过深圳市工人文化宫的人数占比59.35%；龙岗区的受访职工中，去过的人数占比48.15%；福田区的受访职工中，去过的人数占比45.00%；南山区的受访职工中，去过的人数占比34.38%。也就是说，居住地距离越远，去过市工人文化宫的人越少。

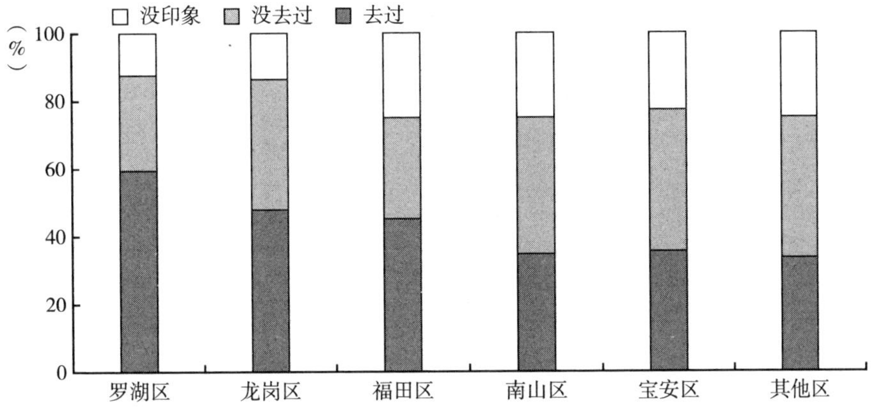

图 13　是否去过深圳市工人文化宫（分居住地）

三　省内外城市工人文化宫成功经验借鉴

自中央党的群团工作会议召开以来，各级党委和政府对工人文化宫的重视程度日益提高，工人文化宫发展中的公益性复位问题逐步得到解决。如何坚持工人文化宫公益属性，省内外城市积累了不少成功经验，值得深圳借鉴。

（一）省内外城市工人文化宫公益性复位的经验

1. 省外城市工人文化宫公益性复位的经验

在省外方面，经过对国内直辖市、省会城市和计划单列市的 36 个工人文化宫的经费来源渠道进行了解，全国 36 个较大城市的文化宫中，经费由财政或工会经费保障的有 21 家，占比为 58%，如上海、重庆、宁波等；退休人员经费由财政或工会经费保障的有 27 家，占比为 75%。而且上海、西藏（自治区）、郑州、贵阳、呼和浩特、包头市工人文化宫等为公益一类事业单位，人员经费渠道财政全额拨款。

例如，上海市工人文化宫在改革之初试图通过“以商养文”获得的经济效益来支撑职工文体事业。随着改革开放以来各行业职工薪资见涨，文化宫职工经济收入也需要有所提高，水、电、物业管理等能源和管理成本大幅度提高，有限的经济收入既要保证职工收入，又要支撑“学校和乐园”的责任，显然是捉襟见肘。于是“以商养文”变成了“以商养人”，这一情况在上海市工人文化宫发展中遭遇困境，文化宫的市场保障机制异化为市场驱动机制，从而偏离了文化宫的宗旨。上海市工人文化宫认识到，只有坚持社会主义先进文化前进方向，立足于满足职工基本文化需求和丰富职工群众精神文化生活，才是应该坚持的正确道路。自2016年起，上海市工人文化宫落实公共文化服务体系建设的要求，开展公益性复位系列工作，推动转型公益、创新发展，当地政府将上海市工人文化宫划入公益一类，由政府提供财政经费，解决工人文化宫人员和运维费用，并将建设、维修、管理资金等纳入同级政府财政预算。

2. 省内城市工人文化宫公益性复位的经验

在省内方面，广东省10个城市工人文化宫经费是由财政或工会经费保障的，占比67%，东莞、潮州、中山、梅州市工人文化宫为公益一类事业单位，人员经费渠道财政全额拨款。

例如，东莞市工人文化宫一直是公益一类事业单位，每年由财政全额拨款，保证管理运营质量。面对职工培训需求大的状况，东莞市工人文化宫提出了“自主经营管理、财政经费保障、第三方管理服务、工会适时支持”的经营思路，对工人电影院、工人书城和文体场馆进行自主管理。三个场馆均通过政府购买服务的方式，委托第三方专业托管机构进行管理，东莞市工人文化宫不是经营者，而是服务者。东莞市工人文化宫突出服务职工的公益性，不偏重经营效益，而是追求服务职工实效，追求服务市民的普及面以及工会的社会影响，本质上就是增强职工的获得感和幸福感，成为东莞工会联系服务职工群众的新手段、新平台、新桥梁、新纽带。

（二）省内外城市工人文化宫成功经验的启示

省内外城市工人文化宫成功经验，可以从以下四个方面对深圳市工人文化宫产生启示。

（1）职能发挥方面。突出市文化宫公益性和服务性，重点做好公共服务和公益文化工作。

（2）功能保障方面。对于工人文化宫的基础设施的管养，要通过购买服务的方式委托第三方物业管理公司来负责，保障工人文化宫的正常使用和运转。

（3）专业设施方面。针对影院、专业剧场、会议服务以及文化艺术展示等专业性要求高、市场竞争充分的功能设施，在保持工人文化宫的独立产权和运营管理权的基础上，引入市场化运营管理公司与市工人文化宫进行合作经营，以更好地满足市民多元化、精细化的文化消费需求，提高市工人文化宫相关文体设施的专业性管理水平。

（4）经费保障方面。深圳市工人文化宫目前人员经费渠道还是自筹，退休人员经费由市总工会负担；应该将深圳市工人文化宫划入公益一类事业单位，纳入政府财政预算，由政府提供财政经费，解决工人文化宫人员和运维费用问题。

四　深圳市工人文化宫高质量发展的建议

本课题将从工人文化宫的原则、目标、文化建设、服务产业、运营管理五方面提出建议。

（一）深圳市工人文化宫高质量发展的原则

深圳市工人文化宫高质量发展的原则：一是处理好外因和内因的关系；二是处理好公益和经营的关系；三是处理好社会效益与经济效益的关系；四是处理好服务职工与服务社会的关系。

（二）深圳市工人文化宫高质量发展的目标

在坚持“回归主业，突出公益”的基础上，服务深圳市工会组织深化改革、大力构建普惠型职工服务体系的大局。

1. 打造公共文化服务平台，满足深圳市职工精神文化需求

深圳市工人文化宫身处新时代，面临新情况，要有新举措、新观念，打造公共文化服务平台，充分满足职工精神文化需求，真正体现文化宫的“公益性”，引领职工文化发展。

2. 创新科技发展，培育深圳市新时代产业工人

深圳是首个国家创新型城市、首个以城市为单元的国家自主创新示范区，坚持把创新作为城市发展主导战略。深圳市工人文化宫作为现代产业工人的“大学校”，不但要培育高科技研发人才，还要培养大量的制造业工人。

3. 推动多元文化发展，建设深圳市职工文化新地标

深圳是一座移民城市，有来自世界各地不同地区的产业工人，重建的工人文化宫应该是一座现代化、国际化公共文化建筑，能满足不同地区产业工人的多元文化需求。它既是罗湖区第一座国际水平的超大型公共文化建筑，也是深圳市一座超大型的职工文创综合体，将对深圳多元文化发展产生深远的影响。它将呈现开放化、多元化、共享化、智能化等特点，并以休闲文化、时尚文化等文化特质引领深圳文化发展。因此，市工人文化宫必将成为深圳职工文化新地标。

4. 走在全国前列，打造一流工人文化宫

深圳肩负建设中国特色社会主义先行示范区、创建社会主义现代化强国城市范例的光荣使命，应该以国际先进的建筑设计理念将文化宫建成国内一流的工人文化宫，以凸显深圳走在前列、勇当尖兵的新使命。

5. 建立职工综合服务中心，为职工提供高质量服务

建立深圳市职工综合服务中心，认真履行市工人文化宫的社会职能，保障和维护职工切身权益，进一步增强市工人文化宫的吸引力、凝聚力。深圳市文化宫应面向全体职工提供一站式、全方位、多层次、多元化、高质量服务。

（三）打造文创综合体，服务职工文化需求

《深圳文化创新发展2020（实施方案）》指出，与建成现代化国际化

创新型城市的要求相比，深圳的文化发展还不完全适应，有些方面还有较大差距。市工人文化宫地处东门商业街、人民公园和洪湖公园之间，大量职工群众有强烈参与文化休闲活动的需求。调查问卷结果显示，大部分职工有参与体育活动和喜欢阅读等文化需求，但市工人文化宫的场地不足和设施陈旧等因素使他们减少了参与文化活动的频率。因此，市工人文化宫亟须打造文创综合体，服务职工文化需求。

1. 结合多元文化，建设深圳职工文化新地标

《深圳文化创新发展 2020（实施方案）》指出，建成一批代表国际化城市形象的文化地标，使公共文化设施分布更均衡。因此，市工人文化宫建设职工文化新地标，既能满足深圳职工的文化需求，又能代表深圳国际化城市形象。重建的工人文化宫职工文化新地标应融入以下六方面的元素，以彰显其与其他深圳文化新地标的不同特性。

（1）打造职工演艺中心。结合消费主义文化，实施“明星流量”，让更多演艺界的明星既能为职工登台演出，又能为深圳经济赋能。

（2）打造红色影院。在习近平新时代中国特色社会主义思想和新时代红色文化的引领下，红色影院可以播放：中国红色革命影片；深圳改革开放影片；深圳工人运动影片；罗湖创新发展影片。

（3）建立工运史博物馆。建立工运史博物馆既能增强广大职工群众的自豪感，又能弥补深圳专业性博物馆的空白。

（4）建立职工艺术家之窗。根据理查德·佛罗里达的“3T”理论，创新只具备技术和人才两个条件还不行，还必须有宽松的环境。建立职工艺术家之窗可以为职工创新创意营造宽松的环境。

（5）建立技能图书馆。建立专业性的技能图书馆不仅能满足广大产业工人的阅读需求，而且可以拓宽深圳图书事业发展的新领域。

（6）建立海洋文化剧场。结合海洋文化特点，举办多场有关海洋文化的活动，探索粤港澳大湾区的海洋文化的精神内核，助推粤港澳大湾区发展。

2. 展示休闲之都，打造体育健康休闲高地

休闲文化成为现代社会高效的社会生活和优质的个人生活的重要标志，

休闲文化也是建设现代化、国际化城市的主要特征之一。调查问卷结果显示，多数职工认为新时期工人文化宫最需要体育运动场馆设施。因此，深圳市工人文化宫打造体育休闲高地能够切实解决职工休闲放松的“慢生活”需求，从而推进深圳建设现代化、国际化城市进程。

深圳市工人文化宫打造体育休闲高地应该做好羽毛球馆、乒乓球馆、篮球馆、健身馆、游泳馆、足球场、网球和攀岩等场馆设施。深圳市工人文化宫应以群众喜闻乐见的运动项目为抓手，积极培养广大人民群众的运动健身习惯。同时，深圳市工人文化宫还要引进、办好高端体育赛事，打造工人文化宫高端赛事品牌。

3. 传播深圳职工文化影响力，建设全媒体中心

工人文化宫全媒体中心将打造成为引导、组织、教育广大职工听党话、跟党走的重要阵地。全媒体中心整合所有资源，实施数字图书馆、数字文化馆、数字展厅、数字剧场，推进公共文化机构开展数字化研发应用，鼓励通过社交软件、移动 App、微博、微信等服务方式，创新服务模式。

4. 结合罗湖区位特点，打造艺术展示中心和国际会议中心

深圳市工人文化宫地处罗湖东门商业圈附近。罗湖曾率先提出了以建设“时尚之都”为路径，逐步实现打造国际消费中心的目标。罗湖已初具区域时尚消费中心雏形，每年世界各地时尚产业的商人需到罗湖参展、洽谈生意，而罗湖至今尚无大型的展示中心与会议中心。

（1）结合时尚文化特征，打造艺术展示中心。结合罗湖建设时尚文化的特点，在“一带一路”倡议的背景下，举办形式多样的文艺产品展示活动，营造罗湖“消费之都”和“购物天堂”的浓郁氛围。适时举办大型的时装表演和珠宝展销会，提高职工的文化品位。

（2）聚焦消费文化，建设大型国际会议中心。以建设粤港澳大湾区为依托，围绕国家“一带一路”建设，在深圳市工人文化宫规划建设海路国际性会议中心，完善罗湖建设国际性消费中心的综合服务功能，提升罗湖国际性会展承载力。

（四）建设职工“大学校”，推进深圳产业创新发展

创新成为深圳之魂，尤其是科技创新走在了全国的前列。深圳市工人文化宫作为深圳职工的“大学校”，在深圳产业创新发展上应该发挥重要推动作用。

1. 建立高新技术产业职工培训中心，为知识型职工“充电”

建立高新技术产业职工培训中心可以将理论研究与应用研究相结合，从基本的激励理论出发，研究高新技术企业知识型员工的需要特征与激励策略，探索有高新技术企业特色、适合知识型员工的激励措施，能够充分调动他们工作的积极性和主动性，对深圳高新技术产业可持续性发展具有重要意义。

2. 建立制造业职工培训中心，为技能型职工“造血”

目前，深圳市的新兴产业不仅需要高科技人才，更需要大量具有“工匠精神”的技能型产业工人。可通过加强农民工的培训、广泛开展劳动和技能竞赛、培养劳动模范与鹏城工匠等方式，建立制造业职工培训中心，并根据新兴产业属性、新兴产业工人特点，转换传统的服务功能，创新构建适应新技术、新产业、新业态、新模式的服务设施，更好地培养出技能型工人。

3. 建立心理工作室，积极参与共建、共治、共享社会治理

针对部分职工心理问题、职场问题、创伤后应激障碍等问题，需要有科学的方法去解决，而不仅仅是一般的心理咨询的方法。深圳市工人文化宫可以与康宁医院合作建立职工心理工作室，不断探索和完善具有深圳特色的“院前预防—院中诊疗—院后康复及管理”的精神卫生服务模式，用以“守护深圳职工内心的安宁”。

心理工作室应综合心理学、精神病学、大脑行为学、大脑生物学、神经学、核医学等多学科知识，开创一套“整体诊断系统”，科学、合理地解决深圳市职工精神病患者的心理疾病问题，用以及时化解职工心理不良情绪与矛盾，积极参与共建、共治、共享社会治理。

4. 建立文艺培训中心，提升职工的文艺素质

针对多数职工希望培训文艺素质的需求，工人文化宫应成立文艺培训中心。文艺培训中心要积极联合大专院校，利用阵地优势开展学历性文艺培训，譬如，开设美术、音乐、舞蹈、书法、艺术设计等专业课程。聘请高校教师进行授课，做好班级管理和后勤保障工作，确保教学质量和毕业率，既能提高职工的文艺素质又能提升职工的学历层次。

（五）结合场地实际，探索工人文化宫改造后的运营模式

为贯彻落实中央党的群团工作会议精神和相关政策法规要求，突出市工人文化宫作为工会为职工服务阵地的公益性，确保工会资产保值、增值，满足职工公益性文化需求，实现市政府公共文化服务普惠性目标，结合市工人文化宫功能配置、运营特点及财务评价情况，参考全国各地工人文化宫运营管理先进经验，建议整体改造完成后的市工人文化宫充分发挥公共文化服务职能，划入公益一类事业单位。

1. 认真落实中央文件要求

根据《中华全国总工会关于加强和规范工人文化宫管理的意见（试行）》（总工发〔2016〕21号）落实事业单位分类改革各项政策要求，深圳市政府要竭尽全力落实中央文件，将深圳市工人文化宫划入公益一类事业单位，由财政保障拨款，并推动落实相应的财政保障政策。

2. 全力满足职工公益性服务的需求

深圳市工人文化宫应改变“以商养人”“以商养文”“以宫养宫”的自收自支拨款的商业运营模式，充分发挥工人文化宫的公益性服务功能，加强公共文化服务体系建设。在问卷调查中，大多数受访职工直接指出，市工人文化宫建设要充分发挥公益职能，满足广大职工的文化需求。

3. 加大政府对深圳市工人文化宫的财政投入力度

2020年，深圳全年GDP为2.77万亿元，仅次于北京（3.59万亿元）和上海（3.9万亿元），而深圳却只有一座市工人文化宫，这一点与北京、上海分别有几十个工人文化宫是有差距的。因此，深圳市政府有足够的财力

投入来满足深圳市工人文化宫的文化发展需求。

4. 建立科学的运营管理机制

深圳是新时代深化改革排头兵，深圳市工人文化宫在回归公益功能方面理应走在全国前列，按照中央的相关文件要求，为增强职工的获得感、幸福感大胆地先行先试，建立科学的运营管理模式，争创全国一流工人文化宫。

（1）将一定比例新建的场馆专门用于市工人文化宫发挥公共服务和公益文化职能。借鉴上海市和东莞市工人文化宫的经验，充分发挥在场地、设施等方面的优势，打造文化宫文艺品牌，开展体育健身、教育培训、心理咨询、法律援助等公益性服务活动，做好全市职工服务工作（承接原市总工会的部分职能），这部分经费由市财政全额补贴。同时，市工人文化宫的在编人员工资收入实行财政全额拨款。

（2）市工人文化宫突出的公益性职能不宜由市场直接配置资源。所有经费支出财政予以支撑，依法取得的收入上缴财政专户，实行“收支两条线”管理，有利于保障市工人文化宫的公益职能，提供直接关系人民群众基本需求的公益服务，扩大公益服务的供给量。并将工人文化宫建设、营运、维修、管理资金等纳入同级政府财政预算。

（3）将剩余场馆作为市总工会的工会资产由政府购买服务。在保证文化宫公益性的前提下，可将剩余比例改造后的场馆作为市总工会的工会资产，特别是一些配套的商业设施、专业性要求较高的功能设施，引入市场经济的管理和运作方式，面向市场、依法经营、规范运作，优化资产结构，以便更好地满足市民多元化、精细化的文化消费需求，提高相关文体设施的专业性管理水平，促进工会资产的良好运营和保值、增值。

城市文化空间

Urban Culture Space

B.20 聚焦改革开放文化，打造新型历史文化名城

程全兵*

摘　要： 本文以深圳在改革开放史中的独特地位和积累的历史文化资源为依据，结合深圳建设社会主义先进示范区和打造“城市文明典范”的新形势，提出深圳未来应该大力发展改革开放文化，构建以改革开放文化为核心的城市特色文化体系，创建新型历史文化名城，进一步提升城市文化的辐射力和影响力。

关键词： 改革文化　改革博物馆　历史文化名城　深圳

改革开放以来，我国经济飞速发展，城市化水平不断提升。截至2020年，超过9亿中国人生活在城镇，中国全面进入以城市型社会为主体的城市

---

* 程全兵，深圳市委讲师团副团长，硕士，研究方向为戏剧影视文学、城市文化。

时代。但在快速城市化的过程中，一些地方规划理念落后，盲目进行大规模的迁建、改建，导致一些独具历史文化价值的街区与建筑逐渐消失，城市特色文化不断被消磨。进入 21 世纪以来，随着全球化不断深入，世界先进城市越发追求独特的文化个性和富有魅力的城市精神，并将其作为城市发展的战略目标。

一　文化个性与城市精神：城市发展新趋向

“越是民族的，越是世界的”，文化多样性是人类社会的基本特征，也是人类文明进步的重要动力。人类社会的文化多样性是由不同民族文化的独特性构成的。城市亦然，世界著名城市都有属于自己的文化个性，如纽约的开放、伦敦的优雅、巴黎的浪漫、米兰的时尚、北京的庄重、上海的精致等。对城市而言，特色文化犹如“身份证”和“聚能环”，既能区别于其他城市，又能凝聚人心、增加认同感。

在经济腾飞过程中，深圳较早确立了“文化立市”战略，在历史文化资源匮乏的不利条件下，在发展城市文化、锻造城市精神方面做出了不懈努力。在改革开放后的 40 多年里，深圳在文化基础设施建设、公共文化服务、文化产业发展、文艺精品创作等领域取得了令人瞩目的成就，特别是在城市阅读、创意设计等方面领风气之先，被联合国教科文组织授予全球唯一的“全球全民阅读典范城市”、中国首个“设计之都”。另外，由于在科技创新、志愿服务等方面表现突出，深圳还被称为“创新之城”“志愿者之城”。这些荣誉和称号都是深圳城市文化特性的集中体现。

但无论是“全球全民阅读典范城市”“设计之都”，还是“创新之城”“志愿者之城”，都只是事件性的，缺乏系统性和历史感。深圳应该结合自己的历史传承、区域文化、时代要求来构建一种具有鲜明深圳特质的特色文化体系，涵养城市文脉。这个鲜明的深圳特质应该非“改革开放”莫属了。

深圳，因改革开放而生，因改革开放而兴，因改革开放而强。改革开放 40 多年来，深圳用一个又一个“第一”和“率先”，冲破观念障碍，突破利益藩篱，杀出了一条血路，为完善和发展中国特色社会主义制度和国家治理体系做出了历史性探索，有力印证了中国特色社会主义制度的强大生命力和巨大优越性。党的十八大以来，习近平总书记10年间三次来深圳，在这里向全世界宣示改革开放的决心。在全国人民甚至世界人民心目中，深圳就是中国改革开放的“地标”和“代名词”。

作为中国改革开放的试验田，深圳根植着改革开放的基因，奔流着改革开放的血液，承担着改革开放的重任。改革开放已成为这座城市最突出的特点和优势。城市的每个角落都散发着“改革开放”的气息。从莲花山、前海石，到《春天的故事》《走进新时代》；从蛇口的开山炮，到“深圳十大观念”；等等。可以说，中国的改革开放创造了深圳这座城，也铸就了它的魂。同时，深圳也在改革开放进程中深深地打下了自己的烙印，成为改革开放的一个重要组成部分。

二　改革开放文化的时代价值与战略意义

从党的十一届三中全会至今，改革开放的40多个春秋只是中华民族和人类社会历史长河的一瞬，但它却“极大改变了中国的面貌、中华民族的面貌、中国人民的面貌、中国共产党的面貌”[①]。党的十九届六中全会审议通过的《中共中央关于党的百年奋斗重大成就和历史经验的决议》指出，“改革开放是党的一次伟大觉醒，是中国人民和中华民族发展史上一次伟大革命……是决定当代中国前途命运的关键一招”[②]。

改革开放史是“活”的，是正在进行、不断延展的历史。虽然时间不长，但由于改革开放对中国经济社会带来巨大变化，对其历史的研究一直都是学术界的重要课题。有学者研究发现，改革开放史研究在1988年（改革开放10周年之际）就有了初步意识和成果，在1998年（改革开放20周年

① 习近平：《在庆祝改革开放40周年大会上的讲话》，《人民日报》2018年12月19日。

② 《中共中央关于党的百年奋斗重大成就和历史经验的决议》，《人民日报》2021年11月17日。

之际）形成一定规模，在 2008 年（改革开放 30 周年之际）出现明显高潮并产生了一批质量较高的成果。① 党的十八大以来，习近平总书记发表了一系列关于改革开放历史的重要论述，特别是在庆祝改革开放 40 周年大会上的重要讲话，极大地推动了改革开放史研究。在建党百年之际，中共中央办公厅专门印发通知，部署在全社会开展“四史”宣传教育。改革开放史就是“四史”之一。改革开放史从学术研究领域，进入了党和国家的重大政治生活，其社会价值得到空前提升。

文化与历史关系密切。钱穆认为，文化与历史有同一性。既然改革开放史确立了社会价值，那么见证这段波澜壮阔、成就辉煌的历史的文化必将具备与其匹配的社会价值。一般而言，文化的概念，分为广义和狭义。广义的“文化”是人的对象化，人创造的一切成果都属于文化；狭义的“文化”是人在精神领域的生产能力和产品。从广义上看，改革开放以来，我们经济社会发展的一切成果都可以被称为“改革开放文化”。这里讨论的“改革开放文化”是狭义的“文化”，是指与改革开放历史进程密切相关的精神生产能力和产品。

关于文化的构成也有很多不同的观点，但一般认为它可以分为物质、制度、精神三个层次。在物质层面上，改革开放文化主要是指改革开放 40 多年来所形成和凝聚的物质文化实体，如改革开放文物、改革开放建筑遗产、改革开放展览馆等设施，这些主要是反映人与自然的关系。在制度层面上，改革开放文化主要是指改革开放过程中的制度化成果，如土地拍卖制度、按劳分配制度，这些主要反映的是人与社会的关系。在精神层面上，改革开放文化主要是指改革开放过程中形成的社会意识形态，如“伟大改革开放精神”“深圳观念”等，这些主要反映人与自身的关系。

习近平总书记在庆祝改革开放 40 周年大会上深刻指出：“改革开放铸就的伟大改革开放精神，极大丰富了民族精神内涵，成为当代中国人民最鲜

① 杨凤城：《改革开放史研究：回顾与展望》，《人民日报》2018 年 7 月 9 日。

明的精神标识!"[1] "伟大改革开放"精神是中国共产党人精神谱系的重要组成部分，是党和人民在改革开放伟大实践中形成的宝贵精神财富，是激励新时代改革开放再出发、更好坚持和发展中国特色社会主义的强大精神动力。弘扬伟大改革开放精神就是发展改革开放文化的出发点和落脚点。

三　深圳的改革开放文化印记与使命担当

深圳是一座新兴城市，传统历史文化资源不足一直制约着城市文化发展。

"国家历史文化名城"是对一座城市的文化资源最好的认定。在现有的国家历史文化名城名单中，广东已有广州、潮州、肇庆、佛山、梅州、雷州、中山、惠州八市，深圳至今也未能位列其中。深圳文化管理机构曾在2001年提出申报国家历史文化名城，并为此做了大量的前期工作，如对历史文化、文化遗址、传统建筑等进行挖掘和保护，通过学术研究将深圳的建城史推至1670年甚至更早，等等。当时有深圳本土学者认为，深圳的历史文化资源与肇庆、潮州、梅州、雷州和佛山等5座名城相比毫不逊色。当时深圳申报国家历史文化名城引起较大争议，社会普遍认为深圳建市时间太短，传统文化资源不足，影响力不大，不足以成为国家历史文化名城。但著名古建筑学家、时任中国文物学会会长罗哲文对深圳当时的申报工作表示支持。他认为，不能只简单地从历史长短来看待是否可以申报国家历史文化名城，深圳在中国的"改革开放史"中有里程碑式的意义，是改革开放的典型，深圳要先把历史弄清楚、把申报理由讲清楚，突出自身在中国历史上的意义。

成为历史文化名城并非空想。近年来，中国文物学会会长、故宫博物院原院长单霁翔在多个场合提出，深圳作为中国改革开放史的代表城市，应该申报国家历史文化名城，历史不是看年份多久，而是看其影响和价值。[2] 中

---

① 习近平:《在庆祝改革开放40周年大会上的讲话》,《人民日报》2018年12月19日。

② 蒋子文:《故宫博物院原院长单霁翔:深圳应该是国家级的历史文化名城》, https://www.dutenews.com/tewen/p/6354045.html, 最后访问日期:2022年3月30日。

国建筑学会理事长修龙，中国工程院院士马国馨、何镜堂等多名文物与建筑专家也曾建议深圳以改革开放建筑遗产为主要内容，创建历史文化名城，并推动其整体纳入国家申报世界文化遗产预备名录。①

从深圳申报历史文化名城引发的社会舆论和几位权威专家的建议来看，深圳不能只把眼光放在传统历史文化上，而是要转变观念，开辟一条新的能体现深圳文化优势的城市文化发展路径，那就是大力发展改革开放文化，通过优势的改革开放文化去突出自身在中国乃至世界历史上的重要意义。

作为中国改革开放的“闯将”，深圳在40多年的改革开放历程中，积累了丰富的极具代表性的改革开放文化资源。这里有新中国发行的第一张股票，有土地使用权拍卖的“第一槌”，有见证深圳速度“三天一层楼”的国贸大厦，有小平同志视察的足迹；这里唱响了“春天的故事”，喊出了“空谈误国、实干兴邦”的口号……这些文化资源虽然历史不久远，却对当代中国乃至世界都产生了深远的影响，充分凸显了深圳在当代中国和世界发展史上的独特地位。

改革开放对深圳而言，既是过去式，也是现在式，更是将来式。党的十八大以来，习近平总书记和党中央赋予深圳新时代新使命，深圳唯有高举新时代改革开放旗帜，不断全面深化改革、全面扩大开放，才能建设好中国特色社会主义先行示范区，创建社会主义现代化强国的城市范例，才能率先实现社会主义现代化。

改革开放是深圳书写伟大历史、创造伟大奇迹的“专属密码”，也是深圳实现新时代历史使命的“制胜法宝”。深圳的城市文化发展要立足这个“大局”，大力发展改革开放文化，弘扬“伟大改革开放精神”。这既是深圳经济社会发展的现实需要，也是打造“城市文明典范”的责任担当。

大力发展改革开放文化，既可以激励深圳以更大魄力，在更高起点上推进改革开放，在新征程续写更多“春天的故事”，又可以树立深圳在城市文

---

① 刘莎莎：《深圳改革开放建筑遗产与文化城市建设研讨会举行》，《深圳特区报》2021年5月22日。

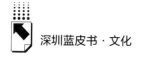

化资源竞争中的相对优势地位，极大地提升城市文化的竞争力和影响力，增强城市文化认同和自信。

大力发展改革开放文化，既可以为广东省探索一条极具地域特色和时代气息的文化发展新路径，助力高质量文化强省建设，又可以为粤港澳大湾区激活一条新的文化纽带，筑牢湾区人民共同的历史记忆，增强港澳同胞对国家的向心力和对“一国两制”的认同感，助力人文湾区建设。

大力发展改革开放文化，可以用深圳的“流量”带动全国各地开发利用改革开放历史文化资源，丰富社会主义先进文化内涵，营造浓厚改革开放文化的氛围，弘扬“伟大改革开放精神”，坚定全社会改革开放再出发的信念，为实现第二个百年奋斗目标贡献深圳力量。

大力发展改革开放文化，可以用精彩的“深圳故事”讲好“广东故事”“中国故事”，通过深圳、广东，向世界展示当代中国的面貌、中华民族的面貌、中国人民的面貌、中国共产党的面貌，展示中国式现代化新道路和人类文明新形态，展示中国特色社会主义制度巨大的优越性。

四　弘扬改革开放文化的维度与路径

已经成功从“文化沙漠”蜕变为“文化绿洲”的深圳，应当在新的历史起点上实现新的飞跃，努力成为全球“文化明珠”。深圳拥有发展改革开放文化最好的客观条件，可以从文化的物质、制度和精神三个层次构建以改革开放文化为核心的城市特色文化体系，加速改革开放文化的“物质流”、“信息流”和“能量流”，集聚更多的改革开放文化资源，打造全国领先的改革开放文化体验区，建设第一个以“改革开放”为主题的历史文化名城。

在物质层面上，挖掘改革开放历史文化文物，加快相关文化基础设施建设，筑牢发展根基。如利用特区立法权，明确改革开放文物的认定和保护制度，开展全国性的改革开放文物征集，加快建设深圳改革开放展览馆，打造全国最具影响力的改革开放文物的集中展示平台。以莲花山、前海石、改革开放展览馆为中心，建设改革开放主题公园，以中英街等历史资源打造改革开放特色文化街区，打造全国领先的改革开放文化体验区。

在制度层面上，立足深圳改革开放和中国特色社会主义发展实践这个“富矿”，深入开展习近平改革开放思想研究、中国特色社会主义政治经济学原理构建、中国共产党的执政话语叙事等改革开放相关课题研究，构建国家级改革开放研究专题高端智库，建设国家级改革开放专题大数据中心，开展主场学术交流，抢占改革开放研究的学术话语权，打造全国改革开放文化的信息枢纽，让更多的改革开放制度研究成果从深圳走向全国、走向世界。

在精神层面上，深入开展改革开放主题文艺作品创作，建设国家级改革开放主题文艺创作交流平台，打造改革开放主题文艺创作与交流高地。大力开展改革开放主题宣传，在全社会大力弘扬伟大改革开放精神、特区精神，锻造与时俱进的城市精神，努力将中国改革开放的“窗口”“试验田”打造成为改革开放的“精神圣地”，凝聚强大的城市精神能量，彰显习近平新时代中国特色社会主义思想磅礴的真理力量。

构建一个以改革开放文化为核心的城市特色文化体系对深圳来说是一个巨大的文化发展机遇，但这必然是一个长期的系统工程，需要持之以恒，久久为功。2022 年深圳市宣传思想文化工作会议提出“以建设中国特色社会主义城市文明典范，成为社会主义文化强国的城市范例为总目标，着力打造‘五个典范’，形成与中国特色社会主义先行示范区相匹配的城市文化软实力”。发展改革开放文化，对于这些战略目标的实现具有积极的推动作用。现阶段，深圳可以参照 2020 年住建部和国家文物局印发的《国家历史文化名城申报管理办法》，突出作为“见证改革开放和社会主义现代化的伟大征程”的代表性城市形象，建立完善的创建工作体系，从体制机制上形成发展改革开放文化的综合推动力，争创新型历史文化名城，进而联合其他代表性城市和地区创建改革开放文化公园，进一步提升改革开放文化的辐射力和影响力，为文化强国建设贡献深圳力量。

B.21

深圳城市公共文化空间发展策略研究

唐霄峰 *

摘　要： 经过40多年积累，深圳城市公共文化空间已经具备了一定规模，形成了一定的竞争力和影响力。但是，与世界一流文化城市纽约、伦敦、巴黎、东京相比，深圳在城市公共文化空间方面还存在一定的差距，这些差距体现在不同的方面。未来深圳城市公共文化空间发展策略是，立足深圳建设中国特色社会主义先行示范区和社会主义现代化强国城市范例的战略目标，针对自身存在的差距，在以下四个方面发力：一是打造世界一流的标志性城市公共文化空间；二是进一步提升城市公共文化空间的集聚度；三是进一步优化城市公共文化空间的结构布局；四是注重有效实现和提升城市公共文化空间的现实效益，把握好经济效益和社会效益的辩证统一。

关键词： 公共文化空间　文化创新　深圳

自1980年成立经济特区以来，深圳在城市文化发展领域实现了长足进步，其中一个重要方面就是城市公共文化空间的全面提升。可以说，在40多年发展史上，深圳的城市公共文化空间不论是规模还是质量，不论是总量供给还是服务市民的实际成效，不论是结构布局还是功能体现，都极大满足了深圳市民的文化生活需求。市民在精神文化生活上的获得感、幸福感日益

---

* 唐霄峰，深圳市社会科学院文化研究所助理研究员，博士，研究方向为城市文化。

增强，深圳城市文化品质也有了显著提升。与此同时，我们还应看到，与深圳打造中国特色社会主义先行示范区和社会主义现代化强国城市范例的战略目标定位相比，与世界一流文化城市纽约、伦敦、巴黎、东京相比，深圳城市公共文化空间还存在不小的差距。未来，深圳应着眼于上述战略目标，瞄准世界一流文化城市，针对自身存在的差距，从打造世界一流的标志性城市公共文化空间、进一步提升城市公共文化空间的集聚度、优化城市公共文化空间的结构布局、注重有效实现和提升城市公共文化空间的现实效益等四个方面下大力气，实现深圳城市公共文化空间全面提升。

一　城市公共文化空间研究综述

城市作为人类文明发展的重要成果，一方面积淀了无数的文明成就，另一方面构成了人类赖以生存和发展的文明基础，是人类走向更高文明阶段的基石。我们可以把一座座城市想象为“盛满”文化的巨型“容器”，即一个个巨大的（公共）文化空间。生活在这些城市中的人们一方面享受着过去的文化成就，从以往的文化基础上获得物质或精神上的体验；另一方面也在不断创造着新的文化，为自己的未来和全人类的未来创造更先进的文化成果。同时，不断从文化上塑造人类自己，让人类文化的进步成就通过潜移默化体现在人类自身，使人类自身变得更加“文化化”。

凯文·林奇的著作《城市意象》从心理学角度研究了城市公共文化空间，认为“路径、边界、区域、节点、标志物”这五种要素共同构成了表象化的城市空间，呈现为一张表象化的“心智地图”（Mental Map），文化的内涵融入其中。阿尔多·罗西在其《城市建筑学》一书中指出，就城市的各个空间和作为整体的城市而言，后者更为重要——对于这一观点，我们可以把它看作系统整体性思想在城市文化空间研究中的一种体现。20 世纪 80 年代后期，英国学者比尔·希列尔提出了“空间句法”（Space Syntax）理论，研究了城市公共文化空间形态与社会效益间的相互关系，提出了空间分析的新思路，为我们在城市发展中更多关注城市公共文化空间布局提供了方法论指引。

国内学者对于城市公共文化空间的研究呈现这样几个特点：一是时间上起步较晚，二是理论研究上不够系统，三是研究者具有不同的专业背景和职业背景，研究成果相对比较分散。学界或从城市规划学专业角度出发，或从设计专业角度出发，或从城市文化设施建设或管理角度出发，或从主体即人的角度出发，不一而足。金珊、徐带领以深圳市为例研究了城市公共文化设施空间的建构问题，通过空间句法等量化分析方法分析了深圳市市区两级文化设施的整合度、选择度与综合潜力值，提出识别具有空间结构优势的街巷网络建设文化设施、建立多层级网络化的文化设施体系、通过功能混合与具有拓扑优势的街巷提高文化设施使用效率与空间活力等空间建构方法。① 彭建、李笙清研究了博物馆在城市文化空间规划中的核心地位，认为博物馆在城市的文化建设中具有无可替代的优势。② 颜煌、王润清基于当代城市文化空间与丹尼尔的场景理论，研究了“场景理论视域下的城市文化空间主体审美”问题，将中国城市文化空间中人群对美好生活的追求作为研究对象，研究了城市、社区在各种时、空、力角逐与联合背景下产生的各类效应集聚地，用文化消费指代行为主体的生活方式或文化趣味、审美，认为城市文化空间创新人才培育是塑造品质生活的要求，并从场景的定义出发，研究生活美学与创意的契合点及其如何实现人本身的趣味回归。③ 邓艳研究了“城市更新视角下的社区公共文化空间营造”，对近年来北京市社区公共文化空间更新改造案例进行了梳理，提炼总结出适宜的更新建设模式、可行策略和建议，为探索能够实现社区文化发展的多元路径从而以城市更新推动首都城市社区公共文化空间建设提供了有益参考。④ 黄放研究了“城市公共文化空间

① 金珊、徐带领：《城市公共文化设施空间建构研究——以深圳市为例》，《住区》2020 年第 5 期。

② 彭建、李笙清：《博物馆：城市公共空间规划中的文化核心》，《城市博物馆规划与建设——中国博物馆协会城市博物馆专业委员会第九届学术年会论文集》，2017。

③ 颜煌、王润清：《场景理论视域下的城市文化空间主体审美研究》，《文化创新比较研究》2019 年第 7 期。

④ 邓艳：《城市更新视角下的社区公共文化空间营造》，《北京规划建设》2021 年第 5 期。

的融合发展路径”，认为在加快构建现代公共文化服务体系的进程中，公共文化的内涵和外延均获得了更为深刻、更为广泛的拓展；越来越多的行业和领域与公共文化领域相互渗透和依托，逐渐形成融合发展态势。①

二　国际一流城市公共文化空间的标杆性意义

在全球范围内，就城市公共文化空间的规模和质量而言，国际一流文化城市纽约、伦敦、巴黎、东京名列前茅。根据国际权威性报告《世界城市文化报告》，对城市公共文化空间进行学术型专业评价一般选取博物馆、美术馆、音乐厅、图书馆、历史文化遗产、大学与科研机构、剧院、电影院、书店、广场等文化空间作为主要要素。

——纽约。“享受公共空间是纽约人的第一天性。”② 纽约不仅是当代美国最大城市，也是美国所有城市中人口密度和多样化程度最高的、全美最大的文化中心城市。从 19 世纪中叶开始，为了打造世界级城市，纽约人就倾力打造世界级的城市公共文化空间，建造了至今依然闻名全球的公园和文化设施。以博物馆为例，1923 年纽约市立博物馆创建，成为美国首个专门研究单一城市的博物馆。其后，现代艺术博物馆（1929 年）、惠特尼美国艺术博物馆（1931 年）、抽象绘画博物馆（1939 年）等的建成进一步推动了纽约文化艺术氛围的形成。20 世纪中后期，纽约犹太人博物馆（1947 年）、哈莱姆画室博物馆（1967 年）、巴瑞奥博物馆（1969 年）、美国华人博物馆（1980 年）、下东区公寓博物馆（1988 年）等在纽约向世人展示了世界上不同民族不同风格的文化艺术。纽约现有 150 多个博物馆，其中有一些久负盛名，每天都有来自世界各地的游客前来体验文化、艺术、历史等资源。最著名的纽约大都会艺术博物馆每年接待游客超过 500 万人次。举世闻名的百老汇自 19 世纪晚期起，就已经成为纽约的剧院区，今天的百老汇拥有 40 多个

① 黄放：《城市公共文化空间的融合发展路径》，《图书馆研究与工作》2020 年第 5 期。

② 〔美〕莎拉・M. 亨利：《纽约——一个伟大城市的故事》，王树良、张玉花译，中国友谊出版公司，2018，第 136 页。

剧院，每年有数以百万计的人前来观看演出，不仅为纽约带来了“不夜城”的雅号，更重要的是每年创造的经济效益达到数十亿美元。众多的博物馆、艺术馆、文化机构及公园等公共文化空间，使纽约成为一座名副其实的“多样性、机会和永恒的变革之城”。

——伦敦。伦敦是英国的首都。在这里有200多个博物馆，其中，大英博物馆是英国的国家博物馆，又名不列颠博物馆，位于伦敦新牛津大街北面的罗素广场，1759年1月15日起正式对公众开放，是世界上历史最悠久、规模最宏伟的综合性博物馆，也是世界上规模最大、最负盛名的四大博物馆之一，收藏了世界各地的许多文物和珍品，包括很多伟大科学家的手稿，藏品之丰富、种类之繁多，为全世界博物馆所罕见。再以图书馆为例。伦敦是世界上拥有公共图书馆最多的城市，总量达到383个，远远超过世界排名第二的东京（226个）和第三的纽约（224个）。按每10万人拥有公共图书馆数量比较，伦敦同样排名世界第一，有4.7个，其他三个排名靠前的城市依次是巴黎（3.5个），纽约（2.6个），东京（2.5个）。牛津大学是英语世界最古老的大学，也是世界上现存第二古老的高等教育机构，被公认为当今世界最顶尖的高等教育机构之一。在泰晤士高等教育世界大学排名榜上，牛津大学在2017~2021年连续5年排名世界第一。在剧院方面，伦敦最著名的公共文化空间是伦敦西区，它是与纽约百老汇齐名的世界两大戏剧中心之一，是表演艺术的国际舞台，也是英国戏剧界的代名词，现有49个剧院，在剧院规模上几乎占据了伦敦的一半。

——巴黎。巴黎是法国的首都和文化中心，与美国纽约、英国伦敦、日本东京并列为四大世界级城市。巴黎大都会是全欧洲最大的都会区之一。巴黎自古以来就被世界各地的梦想家视为实现梦想和野心的“乐土”，被世人视为一个梦幻之地、浪漫之城、时尚之都。一直以来，巴黎都以浪漫、时尚的城市文化形象吸引和感染世人。它著名的公共文化空间主要有：卢浮宫，始建于12世纪末，从16世纪起开始大规模收藏各种艺术品，如今收藏的艺术品达40万件，包括雕塑、绘画、美术工艺品及古代东方、古代埃及和古希腊罗马等7个门类，今天已经成为举世闻名的博物馆；埃菲尔铁塔，建于

1889 年，是巴黎最重要的标志，被浪漫的巴黎人誉为“云中牧女”；凡尔赛宫，位于巴黎以西 20 千米，以其奢华富丽和充满想象力的建筑设计闻名于世；巴黎圣母院，建于 1163 年，历时 400 年完工，是哥特式教堂的代表作，内部装潢严谨肃穆，彩色玻璃窗设计引人瞩目，飞扶壁及怪兽出水口惟妙惟肖；凯旋门，高 50 米，宽 45 米，地处戴高乐广场，是香榭丽舍大街的尽头，1806 年开建，建成于 1836 年，用来纪念法国大军的凯旋。

——东京。东京是日本的首都和最大的城市，拥有全日本最前沿、最有代表性的城市公共文化空间。就博物馆而言，东京国立博物馆是日本最大的博物馆，创建于 1871 年，完工于 1938 年，由一幢日本民族式双层楼房和左侧的东洋馆、右侧的表庆馆以及大门旁的法隆寺宝物馆构成，共有 43 个展厅，每年接待的观众约 100 万人次。东京最有名的高等学校有东京大学、庆应义塾大学、早稻田大学，在 2016CWUR 世界大学排名中，分别位列第 13、第 33、第 37。东京是全球公认的各种时髦和流行时尚的最大发源地之一，这些资源集中在日本东京都的涩谷（日语：渋谷；罗马拼音：Shibuya；英文：Shibu-ya），全称涩谷区（Shibuya-ku），它因此被东京人公认为最繁华的都市区，是人们约会、聚会、喝酒、娱乐和解压的首选之地。

三　深圳城市公共文化空间发展现状及薄弱环节

自成立经济特区以来，深圳城市公共文化空间走过了一段不寻常的发展之路，取得了很大的成绩。截至目前，深圳拥有各类大大小小的公共文化空间超过 10000 个，总面积超过 560 万平方米，人均公共文化空间面积 0.45 平方米。较大规模或影响力较强的公共文化空间主要有深圳博物馆、深圳图书馆、深圳音乐厅、深圳中心书城、关山月美术馆、莲花山公园、深圳大学、南方科技大学等。2018 年，为适应建设现代化、国际化创新型城市的发展战略需要，深圳规划建设“新时代十大文化设施”，包括深圳歌剧院、深圳海洋博物馆、深圳科技馆（新馆）、深圳改革开放展览馆、深圳湾文化广场、国深博物馆（暂用名）、深圳自然博物馆、深圳创新创意设计学院、深圳美术馆新馆、深圳音乐学院。这十大文化设施定位为国际一流水平、代表深圳城市形象的地标性建筑，将是深圳未来城市公共文化空间发展的代表性主体。此外，深圳还计划建设一批市级重大文体设施，新增一批城市公共文化空间，包括深圳美术中心、深圳文物博览中心、深圳第二图书馆、深圳市文学艺术中心、深圳第二音乐厅、深圳音乐剧场群（深圳百老汇）等六大类 28 项，这些公共文化空间将进一步提升深圳城市公共文化空间的总量和竞争力。总之，经过 40 多年的努力，深圳城市公共文化空间已经具备了一定的总量规模基础，在为市民提供精神文化产品和服务、满足市民基本文化生活需要、丰富市民精神文化生活、提升城市文化品质等方面发挥了很大的作用。

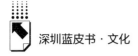

然而，综合考量深圳目前的城市公共文化空间，不论是整体规模、综合效益，还是结构功能、发展质量（特别是国际性影响力），与世界一流文化城市纽约、伦敦、巴黎、东京等相比，还有很大的差距。这些差距，集中体现在四个方面：一是深圳缺乏标志性的城市公共文化空间，主要表现在一些主要的城市公共文化空间在规模和总体竞争力上，不仅与中国特色社会主义先行示范区和社会主义现代化强国城市范例的自身定位不相匹配，与世界一流城市的标志性城市公共文化空间更是相去甚远；二是深圳城市公共文化空间的集聚度不够，主要表现在深圳目前仅有福田区、南山区城市公共文化空间集聚度相对较高，其余 9 个区都明显偏低；三是深圳城市公共文化空间的结构布局尚有不尽合理之处，由于深圳城市公共文化空间规划相对滞后，以及由此带来的城市公共文化空间用地位置与面积受限等因素影响，深圳部分城市公共文化空间结构布局与人口之间的匹配度上存在一定程度的不协调；四是深圳城市公共文化空间所发挥的效益（包括经济效益和社会效益）还不尽如人意。

四　深圳城市公共文化空间发展策略

今天的深圳，面临着建设中国特色社会主义先行示范区和社会主义现代化强国城市范例的战略任务，面临着新时代深圳市民在精神文化生活上的新要求，深圳必须迎头赶上，实现城市公共文化空间的全面提升。主要策略是：针对当下深圳城市公共文化空间存在的差距，着力在以下四个方面下足功夫。

首先，打造深圳具有世界一流水平的标志性城市公共文化空间。对于特定城市而言，所谓标志性（或地标性）城市公共文化空间，不仅是指其在该城市规模最大、竞争力最强，而且更重要的是指其要对外代表该城市总体文化品质、代表该城市整体文化形象，甚至某种程度上可以代言该城市的公共文化空间。应该讲，包括2018年底发布的《深圳市加快推进重大文体设施建设规划》的“新时代十大文化设施”在内所有的具有地标性意义的城市公共文化空间，虽然在一定程度上具有地标性意义，但放眼未来，着眼建设中国特色社会主义先行示范区和社会主义现代化强国城市范例，着眼比肩纽约、伦敦、巴黎、东京等世界一流文化城市的远大目标，深圳的城市公共文化空间在“标志性意义”上还远远不够。今天的深圳，已经具备了与世界一流城市比肩的经济实力和科技实力，在城市公共文化空间的发展上也要着眼高远，有雄心壮志，要敢于在城市公共文化空间的规模和层次上与纽约、伦敦、巴黎和东京“试比高”。具体来讲，深圳未来要打造的标志性城市公共文化空间，要比肩纽约的大都会博物馆、百老汇，伦敦的大英博物馆、伦敦西区，巴黎的卢浮宫、蓬皮杜艺术中心，东京的国立博物馆、涩谷，等等，只有着眼于此，深圳城市公共文化空间才能在总体规模和综合竞争力上树立世界一流的地位和形象，才能形成真正的全球竞争力和影响力，在标志性意义上才可与中国特色社会主义先行示范区和社会主义现代化强国城市范例的战略定位相匹配。

其次，要增强深圳城市公共文化空间的集聚度。对于特定城市的公共文化空间而言，一定的集聚度对于提升城市文化的整体竞争力和影响力具有显著的积极作用。已有学者指出深圳城市公共文化空间在集聚度上的短板。金珊、徐带领认为，深圳城市公共文化空间仅有南山区和福田区集聚度较高，且存在布局不合理之处：“南山区作为市域范围内拥有区级文化设施最多的区，其文化设施分布具有明显的集聚特性”[①]，“南部文化设施总体存在功能较为局限、集聚与认知效率较低、可达性较差等问题”，“对比福田区内市级文化设施的高效性与集聚性，其区级文化设施特别是满足居民基本需求的公共文化设施仍需要进一步优化规划与建设”。[②] 2018 年发布的《深圳市加快推进重大文体设施建设规划》要求提升改造的包括大鹏所城、南头古城、大芬油画村等在内的“十大特色文化街区”以及深圳美术中心、深圳文物博览中心、深圳第二图书馆、深圳市文学艺术中心等六大类 28 项市级重大文体设施项目，就是增强深圳城市公共文化空间集聚度的重要举措。相信随着上述“十大特色文化街区”和六大类 28 项市级重大文体设施项目的规划和逐步落成，深圳城市公共文化空间的整体集聚度会得到显著提升，深圳市民参与城市文化活动、享受精神文化产品的便利度、可达性都会得到明显优化，市民精神文化生活满意度必将得到明显提高，深圳城市文化的整体竞争力和影响力都将得到显著增强。

再次，要进一步优化深圳城市公共文化空间的结构布局。深圳原有的城市公共文化空间在结构布局上的问题主要在于大部分集聚于福田、南山两个区，而其他各区规模和体量太少，包括龙岗区、宝安区、罗湖区、盐田区、龙华区、坪山区、光明区等在内的各区城市公共文化空间都与辖区人口总量不相适应。这种情况，不便于以上各区市民走进城市公共文化空间享受公共文化产品或服务，因而在一定程度上影响到深圳城市公共文化服务的均等性或均衡性。2018 年发布的《深圳市加快推进重大文体设施建设规划》中规划的六大类 28 项市级重大文体设施项目，就充分考虑了城市公共文化空间结构布局的均衡性和合理性，尽可能照顾到深圳所有各区居民便捷参与公共文化生活。未来深圳在规划建设新的（尤其是地标性）公共文化空间过程中要更加考虑这方面的因素。

---

① 金珊、徐带领：《空间建构视角下的基层文化设施空间分布研究》，《建筑创作》2020 年第 6 期。

② 金珊、徐带领：《城市公共文化设施空间建构研究——以深圳市为例》，《住区》2020 年第 5 期。

最后，要注重有效实现和提升深圳城市公共文化空间的现实效益，尽力实现经济效益与社会效益之间的适度平衡。城市公共文化空间是文化的载体，是为人服务的；而人是社会性的动物，因此，城市公共文化空间要为人服务、满足人的精神文化需求，实现一定的社会效益。与此同时，城市公共文化空间又是具体的、现实的存在，进一步讲，在21世纪的今天，建设中国特色社会主义先行示范区和社会主义现代化强国城市范例，深圳的城市公共文化空间又必须着眼于实现一定的经济效益。比如纽约的百老汇作为世界顶尖的戏剧舞台，每年在吸引数以百万计的世界各地观众的同时，也在创造着数十亿美元的经济价值。深圳要打造中国特色社会主义先行示范区和社会主义现代化强国城市范例，在城市公共文化空间的功能上，要在把握好、统筹好社会效益与经济效益之间辩证统一的基础上，更加注重社会效益，更加注重体现深圳城市公共文化空间的中国特色社会主义属性，更加体现深圳代表中国式现代化为人的自由全面发展服务的价值属性，更多地彰显中国特色社会主义制度的优越性。

适应于打造中国特色社会主义先行示范区和社会主义现代化强国城市范例，着眼于比肩甚至超越纽约、伦敦、巴黎、东京等世界一流文化城市，我们完全有理由相信：深圳能在不远的将来构建起具有世界一流地位的城市公共文化空间体系。

B.22

从城市中的民营美术馆看新型文化空间的模式创新

宋 阳*

摘　要： 民营美术馆作为城市新型文化空间，不仅是用来收藏、展示艺术品的物理空间，还是城市公共文化服务、美育传播、休闲娱乐的文化空间，科技推动和引领下的虚拟空间。民营美术馆为公众提供高质量、多元化的文化服务，成为公共文化服务体系的有益补充。

关键词： 民营美术馆　文化空间　虚拟空间

随着我国公共文化服务体系建设的不断推进，许多高品质、高颜值、形态规模各异的城市文化空间集中涌现。作为城市新型的文化空间，民营美术馆在有限的物理空间内以灵活的机制实现跨领域合作，为公众提供高质量、多元化的文化服务，对于提升公众艺术素养、满足人民美好生活向往、推动城市精神文明发展、促进城市产业转型升级具有十分重要的意义。

一　文化空间的理论梳理和新时代的目标任务

中国古代很早就产生了“空间”的观念，老子、庄子、张衡、王允、柳宗元、方以智等历代文人学者从“道”“心”“物”等不同角度，对空间

---

* 宋阳，深圳市文化广电旅游体育研究中心副研究员，主要研究方向为城市文化。

的概念、有限性与无限性、相对性与绝对性、连续性与间断性提出过独到的见解。[①] 在西方，亚里士多德、笛卡儿、牛顿、黑格尔偏向从“物理”形态来理解“空间”，康德、马克思等则从“精神”“社会学”方面探讨“空间”。

20 世纪 70 年代，亨利·列斐伏尔首次从人文学科角度提出“空间理论”。在列斐伏尔生活的年代，工业化催生了大量新兴都市，城市化的剧烈扩张无可避免地带来诸多问题和矛盾，促使他思索城市空间的生产问题。列斐伏尔在《空间的生产》一书中以城市空间为主要考察对象，提出空间生产具有社会属性，空间是社会关系的重要组成部分，产生于社会历史的发展，随着历史的演变而重新结构和再生产。[②] 列斐伏尔列举了许多空间类型，如绝对空间、抽象空间、具体空间、共享空间，其中也包含文化空间。

此后，越来越多的学者开始探讨文化与空间的关系。“文化空间”原本是指一个具有文化含义的物理空间、场所或场地。在文化遗产（物质遗产）保护中，它是指文化遗址、文化群落、宫殿教堂庙宇等文化建筑。[③] 1998 年，联合国教科文组织发布的《宣布人类口头和非物质遗产代表作条例》从人类学角度对“文化空间”做出了书面的明确定义，即“一个集中了民间和传统文化活动的地点，但也被明确为一般以某一个周期或某一事件为特点的一段时间”[④]。除了人类学角度，还有文化学/社会学、文化地理学、都市研究等视角开展对文化空间的学术探讨和专业研究，研究对象不再限于非物质文化遗产，文化空间的内涵和外延都扩大了。

本文所说的“新型文化空间”主要是从都市研究视角来探讨城市文化空间的创新，着眼点并不仅仅在于建筑或场地本身，而更多考虑到空间里“人”的因素。城市文化空间是指城市的公共文化场所，它体现了人的文化活动和由此产生的社会关系，及其所具有的文化记载、传播、消费和生产功

---

① 刘文英：《中国古代的时空观念》，南开大学出版社，2000，第 29~47 页。

② 孙全胜：《列斐伏尔空间生产批判理论的思想谱系及逻辑形态》，《江苏科技大学学报（社会科学版）》2014 年第 3 期。

③ 向云驹：《论“文化空间”》，《中央民族大学学报（哲学社会科学版）》2008 年第 3 期。

④ 伍乐平、张晓萍：《国内外“文化空间”研究的多维视角》，《西南民族大学学报（人文社会科学版）》2016 年第 3 期。

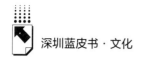

能。文化空间与公共文化服务是相互交融的统一整体。一方面，文化空间是公共文化服务的实践场域，后者的开展依赖于一定的物理空间，公众需要在特定的场域实现其文化需求和文化权利，获得精神享受和素养提升；另一方面，文化空间的形成、创新和再造必须有文化内容的注入，唯其如此才能保障文化空间的生命力和可持续发展。

“十三五”期间我国文化建设取得了历史性成就，但依然存在不少问题和矛盾，体现在公共文化服务领域，就是其发展的不平衡、不充分与人民日益增长的精神文化需要之间的不匹配。要解决这些问题和矛盾，关键在于公共文化服务的供给要从过去外延式“量”的扩张转变为内涵式“质”的提升。体现在文化空间上，就需要拓展和提升文化空间的内涵，创新文化服务内容供给的方式，为公众提供高质量的文化服务。

城市里的公共文化空间主要分两类：一类是政府投入的公益性文化设施，如国有博物馆、美术馆、图书馆、文化馆、科学馆和社区公园等；另一类是市场、社会主体创设的公共文化空间，如民营书店、民营美术馆和博物馆、文化沙龙、文化驿站、复合型文化综合体等，它们的存在都提供了文化服务，塑造了文化精神，以形态各异的文化供给回应了人们对“美好生活”的新期待。

2021 年文化和旅游部、国家发展改革委等联合印发的《关于推动公共文化服务高质量发展的意见》以及文化和旅游部发布的《“十四五”文化和旅游发展规划》等多个文件，明确提出创新打造新型文化空间的目标任务，按照规模适当、布局科学、业态多元、特色鲜明的要求，创新打造一批融合图书阅读、艺术展览、文化沙龙、轻食餐饮等服务的“城市书房”“文化驿站”等新型文化业态，营造“小而美”的公共阅读和艺术空间，推动公共文化服务品质发展、均衡发展、开放发展和融合发展。

二　民营美术馆的发展历程

“美术馆”的概念源自西方，被称为 Art Gallery 或 Art Museum，即艺术博物馆，它是博物馆的一个重要分支。在欧洲，艺术曾经长期服务于宗教，是皇权和贵族的专属，文艺复兴运动使艺术逐渐从宗教中独立出来。1793年法国卢浮宫对法国普通大众敞开了大门，使其成为第一座真正意义上的公共博物馆。19世纪，博物馆在艺术分类上的完整性与独立性越来越强，“艺术博物馆”在博物馆细化分类的基础上应运而生，产生了现代意义的“美术馆”。2007年修订的《国际博物馆协会章程》对博物馆的定义也适用于美术馆：“一个为社会及其发展服务的、向公众开放的非营利性常设机构，为教育、研究、欣赏的目的征集、保护、研究、传播并展出人类及人类环境的物质及非物质遗产。”①

我国最早的“美术馆”出现于1910年的南阳劝业会中，与教育馆、工艺馆、农业馆、卫生馆、装备馆、机械馆、通运馆并列为八大展馆，以展览为主，展览的内容偏向于“美术产品”②。近代意义的美术馆诞生于辛亥革命后，为开展社会美育活动，社会各界（尤其是文学艺术界）对美术馆的建设发出了强烈的呼唤。③苏州美术馆（1927年）、天津市立美术馆（1930年）和南京的国立美术陈列馆（1936年）先后成立，此时的美术馆除了展览，还有公教、研究、收藏等多种功能。可以说，中国美术馆的功能经历了从陈列馆到展览馆，从展览馆到美术馆，从美术馆到美术博物馆的不同发展阶段。④

新中国成立后，文化建设被提上党和政府的议事日程，但美术馆建设相对滞后。中国美术馆在1963年开放，以收藏、展示、研究20世纪以来中国艺术为主要职能。地方美术馆也开始兴建，但功能单一，发展缓慢。出于历史原因，我国美术馆事业曾较长时间处于停滞期，直到改革开放后，在经济飞速发展的背景下，各地加大对美术馆建设的投入，相继创建省一级美术馆，各地美术馆越来越承担起艺术博物馆的功能。

---

① 蓝庆伟：《美术馆的历史、现状与问题》，《建筑实践》2021年第2期。

② 蓝庆伟：《美术馆的历史、现状与问题》，《建筑实践》2021年第2期。

③ 邵菁菁：《对于我国公共美术馆建设发展现状的思考》，《中国美术馆》2014年第4期。

④ 蓝庆伟：《美术馆的历史、现状与问题》，《建筑实践》2021年第2期。

改革开放后，广州艺术双年展上首次提出了“艺术面向市场”的宗旨。这一举动和探索为当代中国艺术探索市场化之路开启了航程。画廊、拍卖行、艺博会纷纷涌现，民营美术馆也陆续出现，以炎黄艺术馆（1991年，北京）、上河美术馆（1998年，成都）、泰达美术馆（1996年，天津）为代表，但这个阶段的民营美术馆由于没有稳定的资金来源、专业的管理机制和良性的运营机制，主要依靠创办者个人情怀和私人收藏，最终大多难以持续运营而纷纷倒闭。

2000年以后，随着地产行业的发展及国内艺术收藏体系的完善，中国民营美术馆迎来了新的发展阶段，不仅数量增长，多元化格局也在显现。新兴的地产企业在传统商业结构中将美术馆、画廊、艺术家工作室等不同艺术项目植入地产项目，以提升地产项目的文化内涵，例如今日美术馆（2002年，北京）、多伦美术馆（2003年，上海）、广东时代美术馆（2003年，广州）、华侨城当代艺术中心（2005年，深圳）等。据艺术收藏数据库Larry's List与雅昌艺术市场监测中心发布的《私人美术馆报告》，全球建立民营美术馆的大潮始于21世纪初，中国65%的民营美术馆创建于2011年之后。目前，中国民营美术馆主要分布在经济环境较好、艺术氛围较浓的一、二线城市，仅北京、上海、广州三地的非国有美术馆数量就占总量的72%。① 民营美术馆主要分为三类：以今日美术馆、华侨城当代艺术中心、广州时代美术馆、上海外滩美术馆等为代表的地产公司主导派；以民生美术馆为代表的金融公司系统类；以上海余德耀美术馆、上海龙美术馆等为代表的私人藏家掌舵型。②

深圳的民营美术馆建设虽然滞后于北京、上海等地，但是随着经济发展、产业转型，政府各项文化政策不断完善，深圳的博物馆、美术馆等文化设施也获得了快速发展。据不完全统计，深圳大约90%的民营美术馆成立

① 高鹏：《大数据时代下的私人美术馆》，《中国民营美术馆运营及筹建研究》，四川美术出版社，2020，第297页。

② 高鹏：《大数据时代下的私人美术馆》，《中国民营美术馆运营及筹建研究》，四川美术出版社，2020，第302页。

于2010~2020年，这10年时间可以说是深圳非国有美术馆的快速成长发育期，[①] 但发展水平参差不齐。从收藏和研究定位来看，深圳的民营美术馆多数定位于当代艺术，显现出类型多样化的特点，主要包括书画、雕塑、影像、陶瓷、玉器、出版物、装置艺术、多媒体艺术等。

作为新型文化空间的博物馆、美术馆，早已不单是奇珍异宝的收藏、展示空间，还承担起城市公共文化服务、美育传播、休闲娱乐等复合型功能，以公共性、服务性和以人为本作为运营理念和宗旨，成为为社会提供文化服务的场所。国有美术馆和民营美术馆相互补充、相互促进，共同推动美术馆事业发展，促进城市文化软实力的提升。民营美术馆相比于国有美术馆，以更加创新的文化空间为公众提供高质量的参观体验和多元化的文化服务，以更加灵活的机制体制、更多跨领域的合作，在运营模式上积极探索和创新，极大地丰富了美术馆的发展生态，成为公共文化服务体系的有益补充。

三　民营美术馆的空间实践和创新

作为艺术品的收藏和研究空间，美术馆一度被认为是封闭、静止和僵化的。当代的民营美术馆已经敞开空间、放下神秘，成为公共开放的新型文化空间，而其创新之处就在于物理空间的开放与跨界融合、文化空间的扩展渗透和虚拟空间的未来引领。

1. 美术馆物理空间的开放与跨界融合

建筑是吸引参观者的第一步。有些民营美术馆邀请国际著名建筑师设计建造，建筑即馆藏，建筑本身甚至比其收藏和展示的艺术品更有影响力和传播效应。如深圳的海上世界文化艺术中心，是世界著名建筑师槇文彦在中国的首件作品，这座呈品字形的建筑物坐落在蓝色的海洋和绿色的山林之间，像一架古典而优雅的钢琴，曾获得《时代》《孤独星球》杂志评选的全球百

---

① 专项调研课题组：《深圳市非国有美术馆发展情况调研报告》，《深圳市民营美术馆扶持管理办法》2021年10月。

佳文化目的地等荣誉。上海的震旦博物馆、明珠美术馆，顺德的和美术馆为日本建筑师安藤忠雄设计；上海龙美术馆（西岸馆）由中国建筑师柳亦春设计；复星美术馆由英国福斯特建筑事务所和海德威克设计工作室联合设计……另外有一类民营美术馆由旧建筑改造而成，在内部空间进行更符合现代美术馆功能的改造。如华侨城创意产业园区内的OCAT深圳馆，前身是一个两层楼的旧工厂，大芬油画村内的太阳山艺术中心是由传统的客家老院改造的。又如，今日美术馆由北京啤酒厂的锅炉房改造，上海余德耀美术馆由日本建筑师藤本壮介在原飞机库的基础上设计改建而成，艺仓美术馆在原上海煤运码头的煤仓基础上改造而成。这些工业旧建筑大多位于城市中心，交通便利，内部空间大，满足了美术馆的空间需求，在保存历史价值的基础上，对其进行改造，使之焕发新的生机。

美术馆内部空间的设计和展示方式对于参观者的体验也很重要。传统的艺术博物馆以藏品为主，陈列和展示一般具有明显的秩序感，而民营美术馆主要依靠多样化的临时展览吸引观众，且绝大多数的民营美术馆定位为当代艺术的收藏和展示，当代艺术作品的呈现形式具有多样性和灵活性，因而对展示空间的要求也更为多样化。美术馆会尽可能留出一些大型、独立和互不干扰的空间，根据每一次展览的内容和要求，设计不同的陈列方案和展示效果，因为美术馆“是在向非专业参观者描绘专业知识，就要让这些知识具有可接近性、更加易于沟通”①。各种光影设备、移动互联网、个性化服务和互动体验被引入美术馆的展示中，使传统的静态展示被更多的动态演示替代，给参观者带来了良好的感受。

为充分体现“服务观众”的精神，美术馆还不断增加一些新的服务空间，如咖啡厅、餐厅、广场、花园、商店、影视厅等，可参与性的公共空间削弱了传统美术馆的仪式感，增强了观众在美术馆里体验的平等感，满足了他们多方面的需求。有一些美术馆本身就置身于创意产业园区、书店、商场

① 〔英〕贝拉·迪克斯：《被展示的文化：当代“可参观性”的生产》，冯悦译，北京大学出版社，2012，第85页。

或酒店，形成与企业或商业空间紧密联系合作的模式，如北京红砖美术馆、木木美术馆（美术馆在创意园区内）；上海喜玛拉雅美术馆、K11 美术馆、深圳华润大厦艺术中心美术馆（美术馆与商业机构结合）；上海明珠美术馆（书店与美术馆结合）；华美术馆、昊美术馆（美术馆与酒店结合）；等等。这种跨界合作、共建共享的“无墙美术馆”模式，拓展了美术馆的固有空间，公众随时可以进行艺术和美育体验，实现真正意义上艺术、文化和生活的融合。

2. 美术馆文化空间的扩展渗透

美术馆要成为一个开放的公共空间，一方面要求其物理空间面向公众开放，另一方面是模糊和消解美术馆的边界，通过艺术教育和公共活动辐射、渗透到周边，从而构建出新的社会关系和生产关系。

时代美术馆位于广州黄边村居民住宅楼的顶层，从诞生之初就与社区有着不可分割的紧密联系。自开馆以来的十余年间，从社区居民对时代美术馆的存在所知甚微，到他们持续占全年观众数量的 30% 以上，社区对美术馆的认同感越来越强烈。[①] 除了展览、研究等传统功能，艺术教育是时代美术馆面向社区居民的一项重要服务功能。因为主要受众是周边社区居民，时代美术馆举办的各类艺术项目和公教活动更强调实验性、在地性和互动性。其中“生活延伸物——黄边时代美术展”邀请广州美院附中的学生，创作和周围社区居民生活息息相关的艺术作品，去探索从黄边村生活里延伸出的文化习俗、人文情怀、社会联系以及人生思考，社区居民深切感受到美术馆和自己的生活息息相关，自己甚至成为美术馆展览的主体和创作的源泉，因此更为积极主动地走进美术馆。

如果说在美术馆里通过陈列、展览获得教育和审美，对于公众来说有些被动和“高雅”，那么通过美术馆举办各类文化艺术活动，更能吸引公众积极主动地实现与艺术的互动。在艺术教育上，美术馆不断探索新的模式以吸

① 高云：《“一路向南”的广东时代美术馆》，《中国民营美术馆运营及筹建研究》，四川美术出版社，2020，第 124 页。

引和满足公众的需求，许多美术馆的公教项目不再单纯围绕展览主题或艺术藏品，而是围绕一些新的社会现象和问题，围绕某一个主题，从而更具现实意义和可持续性，成为美术馆的公教活动的常设品牌。同时，根据参与者的反馈，不断调整和优化公教活动的内容和形式，在满足公众文化需求的基础上，通过艺术的力量影响居民或相关机构关注社区问题，主动介入社区文化建设，使之成为社区的建设者或变革者，实现美术馆的社会责任。

20世纪90年代，在何香凝美术馆的推动下，公共艺术开始进入华侨城，民众对艺术的参与和关注越来越积极。华侨城当代艺术中心在此基础上诞生，随后在深圳、上海、西安、北京、武汉设立OCAT馆群，成为中国首家探索美术馆群模式的民营美术馆。发展至今，在华侨城创意产业园内，形成了不同定位的三大美术馆相互支撑发展的局面，何香凝美术馆注重女性艺术和当代艺术的展出，OCAT深圳馆注重实验艺术与前卫艺术的展出，华美术馆则是国内首家关注先锋设计的民营美术馆。园区内文化产业和公共艺术、艺术教育等协同并行、多样发展，形成了独具特色的文化空间。“OCAT双年展”作为华侨城集团的重要文化品牌①，选取和公共艺术相关的主题，邀请社区居民成为重要参与者，鼓励他们参与艺术创作和交流互动。其艺术策展人这样总结：在OCAT深圳馆和华美术馆的室内空间，强调的是参展作品的实验性和探索性；在华侨城室外的生态广场，注重公共场所的社区居民“亲密”参与公共艺术的“触感”交流的互动体验。②

可以说，民营美术馆是华侨城创意产业园区的核心和基础，是公共艺术介入社区的产物。公共艺术进入创意园区后，又进一步拓展了园区内文化消费和文化旅游的商业空间，活跃了园区的文化艺术氛围，形成了新的产业聚集效应和引领作用。如今在这三大美术馆的引领下，园区及周边聚集了十多个艺术空间，如飞地艺术空间、Sweetheart Art Space、大乾艺术、DADE画廊、桥舍画廊、色界画廊、打边炉ARTDBL、燕晗高地等。

---

① “OCAT双年展”前身为“深圳雕塑双年展”，源于1998年始创办于何香凝美术馆的“当代雕塑艺术年度展”，迄今已经有20多年的发展历史，2021年正式更名为“OCAT双年展”。

② 朱绍杰：《自我调整：深圳OCAT与它的双年展》，《羊城晚报》2021年12月26日。

3. 美术馆虚拟空间的未来引领

19 世纪法国文学家福楼拜曾经说，“艺术越来越科学化，科学越来越艺术化，两者在山麓分手，回头又在顶峰汇聚”。科学和艺术一直是相互区别又相互影响的两个领域。科技的发展拓宽了人们审美的视野，使艺术创作多元化发展，艺术走出了传统领域和物理空间，甚至创造了新的艺术门类和艺术领域。

高鹏认为进入数字化时代后，美术馆的空间不再受制于实体，科技为艺术创作的展示方式和传播方式打开了新的大门，这期间主要经历了四个阶段。第一阶段是用 3D 数字化的全景技术，将已经结束的展览资料用最真实的形态保留，全球用户皆可共享，为后世留下珍贵的研究资料。第二阶段是“谷歌艺术计划”，标志着成熟的虚拟博物馆时代的到来。这个平台将全球著名艺术机构内的作品，用 360° 全景方式呈现于互联网，还开发了收藏、评论、虚拟展览等网络平台的独特功能，创造了属于用户的私人美术馆。第三阶段是移动终端在美术馆展览领域的使用，使美术馆在数字化和网络平台的基础上进一步加快了艺术展览的传播速度。第四阶段以今日美术馆的今日未来馆创建和发展为代表。今日未来馆由实体展览、虚拟展览及第三方（增强现实）展览三部分组成，是对实体美术馆、虚拟现实以及对未来艺术形式的实验性讨论，优势在于通过艺术作品在云空间的创作，满足艺术家天马行空的创意。这种虚实结合的美术馆新模式一方面突破了美术馆的传统展示方式和空间，增强了观众的互动体验感，另一方面为青年艺术家提供了更为广阔、更具创意的实验平台。①

2020 年，新冠肺炎疫情带来的是几乎所有线下经营的行业陷入衰退或增长乏力的状态，但数字经济却逆势大幅增长，预示着虚拟空间对人类社会的重要性不断提升，而新冠肺炎疫情为全人类线上生活的沉浸式体现提供了契机和需求。2021 年，在世界范围内掀起了对“元宇宙”的广泛讨论，社会各界纷纷引入“元宇宙”的相关技术和项目开发。“元宇宙”在美术馆的

① 高鹏：《美术馆在数字化时代的创新与实践》，《美术研究》2016 年第 2 期。

首次探索是2021年9月在苏州寒山美术馆举办的艺术展《分身：我宇宙》，来自全球范围内的33位（组）艺术家近40件艺术作品，从不同维度上展现了数字加密艺术在元宇宙领域中的创作生态。这是寒山美术馆在NFT、数字艺术和元宇宙背景下探索加密艺术、数字艺术新形态与可能性的一次重要实践。[①] 2022年3月26日，来自全国50家博物馆、高校的60名馆长和学者联名发布《关于博物馆积极参与建构元宇宙的倡议》，呼吁博物馆应增强藏品资源（特别是数字资源）开放共享意识，树立合作共赢理念，让有限的资源在元宇宙中创造无限的可能。

“元宇宙”或将成为未来美术馆空间的创新和引领模式，通过科技手段为艺术家提供更多自由空间去展开创意和创作，提供新的创作环境和平台，NFT线上合约的形式也更有利于创作者的版权保护和收入保障，这对于艺术家及其艺术创作无疑是有很大意义和益处的。对于公众而言，美术馆虚拟空间的藏品和展览对参观者是一种全新的观赏和学习方式，需要用一种新的艺术审美和意识来看待和思考。美术馆的公教活动以线上的方式举办，在疫情防控常态化的今时今日，在满足公众美好生活向往和社交娱乐需求的同时，将为组织者和参与者提供更为安全的保障。元宇宙现阶段仍是一个雏形，元宇宙时代的艺术形态会怎样发展还需不断探索和验证，但虚拟空间的不断发展将成为未来美术馆空间拓展的一大趋势。

四 作为新型文化空间的民营美术馆的使命与价值

在现代城市语境下，博物馆、美术馆等公共文化空间是体现市民公共利益、实现市民文化权利的场所。不论是实体还是虚拟，线上抑或线下，美术馆的空间最终还是回归人本主义，公众对展览的体验和心理诉求是重中之重，如何为公众提供更优质的文化服务和公教活动、如何为艺术家提供更开

① 米米唐：《寒山美术馆呈现“分身：我宇宙”，开辟国内首个美术馆级元宇宙探索之路》，“生活与艺术art”公众号，2021年10月4日。

阔的创作环境和氛围仍将是未来美术馆需要思考和探索的领域。

进入高质量发展时代，面对公众的文化需求从“缺不缺、够不够”到“好不好、精不精”的转变，美术馆研究亟须探索新的研究方法和学科理论，逐步实现从有到美和好的跨越。王璜生等提出“新美术馆学”的概念，他们认为具有当代意义的中国美术馆，应该超越传统美术馆，而区别于博物馆系统，站在一个更加综合的学科角度研究美术馆与艺术学科之间的关系，关注当代美术馆在发展过程中所引出的展览、收藏、公共教育等一系列问题。美术馆应当体现个人文化权利的实现，满足大众日益增长的精神文化需求，实现文化和艺术的传递和传播，建立起人与人、机构与公众之间的新型关系，具有超越意义的人文关怀和社会介入的特征。①

国家在政策上鼓励和引导民间资本投入美术馆建设后，民营美术馆发展迅速，改变了我国美术馆事业发展格局，弥补了国有美术馆文化供给的单一性。民营美术馆分散于城市的各个角落，同大众主流文化更为契合，对展览空间、服务空间和商业空间的融合有开创性的探索，以更为灵活的运营模式催生了复合型的功能空间；为周边居民提供更为便利和丰富的文化艺术服务和教育的机会，推动城市精神文明发展；将文化艺术资源转化为经济价值，以美术馆、博物馆为目的地的旅游业促进了城市的产业转型升级，为城市带来产业聚集和经济效益。民营美术馆这一公共性的新型文化空间，成为连接公众与社区和城市的公共服务平台。美术馆的空间创新也将为美术馆打开新的空间和社会关系，使之成为社会民主、城市文明的重要组成部分，并确保了自身的可持续发展。民营美术馆的未来发展应当在规模适当的基础上，科学布局、整合资源，探索政府—市场—专业机构等多方面协作的机制；空间上有特色、有美学品位，功能上便捷舒适，业态上多元化；融入社区生活，调动公众积极参与，形成自下而上的社会治理模式与格局。

对于城市而言，公共文化空间的创新升级，归根到底应是文化内容的升

---

① 王璜生、沈森：《“新美术馆学”的历史责任》，《美术观察》2018 年第 9 期。

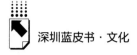

级，民营美术馆应以有形的物理空间为载体，为公众更好地提供高质量的艺术展览和公教活动，让开放、多元的美好空间，与大众的生活方式、行为心理及审美价值观念融为一体，承载百姓的精神世界，成为他们可以徜徉其间的理想生活之境，这正是未来公共文化空间创新发展的目标与追求。[①]

① 张昱：《以公共文化空间创新推动公共文化服务升级》，《上海艺术评论》2022年第3期。

B.23 深圳中心书城模式研究

刘洪霞*

摘　要： “一座城改变一座城”——深圳中心书城影响和改变了深圳这座城市的精神与面貌。深圳中心书城是深圳书城的3.0时代，它有自己的历史、当下与未来，它是城市的文化地标。中心书城通过体验式发展模式、文化交流活动、建立共同社会价值观以及塑造城市的文化形象等方式积极建构着城市的文化共同体。因此，对深圳中心书城的梳理和研究对于深圳城市文化的发展有着巨大的意义。

关键词： 深圳文化　中心书城模式　文化地标

深圳中心书城因坐落在深圳中心区的北中轴线上，而被称为深圳中心书城。不仅如此，中心书城还坐落于这座城市历史的纵深线之上，因为它见证和改变了城市历史的变迁。“一座城改变一座城”是2016年深圳中心书城十周年庆典时的一个对话会的主题。第一个“城”是指深圳书城（中心书城），第二个“城”是指深圳这座城市。一座书城之于一座城市，究竟意义如何？中心书城是这座城市的文化地标，也是一个巨大的载体，包容着城市的历史与精神，同时传递出积极的文化能量。它作为城市的文化空间，建构着这座移民城市的文化共同体。“书籍是人类最伟大的发明，而书店是一个城市的精神地标。”深圳中心书城以一种无可匹敌的精神场所力量，正在改变和继续改变着这座城市。

* 刘洪霞，博士，深圳市文化广电旅游体育研究中心副研究员，研究方向为文学批评、城市文化。

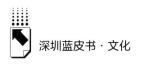

一　中心书城坐落于城市历史的纵深线上

深圳中心书城在这座城市的时空中拥有自己得天独厚的位置。在空间维度，它坐落于寸土寸金的城市中心，可见这座城市将知识与文化放在了尊贵而重要的位置上。如《中国青年报》所评说，“把书城建在城市中心的最好地段，这已成为深圳的文化宣言”。在时间维度，它坐落于城市文化历史的纵深线之上。对于拥有40年历史的城市，2006年才正式开业的中心书城的历史似乎过于短暂，其实不然，历史的线索可以延展，中心书城的华丽现身不是一蹴而就的。中心书城在城市历史中拥有着自己的前世今生，也有着自己漫长而艰难的发展历程。

1978年，著名漫画家华君武以漫画的形式表达了对当时新华书店经营的意见，一幅名为《用望远镜在书店选书》的漫画在《人民日报》上发表后，引起了轩然大波，从此，开架售书开启了书业发展的新历程。当然，身处同一时代背景下的深圳书店的发展也走过了相同的过程。然而，对于深圳这座曾经被定义为文化沙漠的城市来说，真正具有里程碑意义的事件发生于1996年11月8日：深圳书城（罗湖书城）开业并同步举办第七届全国书市，这在深圳书业发展史上是无法绕过去的关键时刻。当时可谓盛况空前，市民们不是买一本、两本书，而是整筐、整车地买书，书城开业后10天累计客流量突破百万，销售额达到2170万元，堪称全国书业的奇迹。深圳书城变成了世外桃源，庇护着这座移民新城中热爱阅读的市民。直到今天，这个深圳书城买书的故事一直被业界传为佳话。其实，这种文化现象背后有着深刻的社会经济根源，而不是偶然出现的现象，它既与当时作为改革开放先锋的经济特区的经济快速发展有关，也是城市化过程中必然会出现的文化现象，正所谓“仓廪实而知礼节”，同时它也折射了深圳市民对文化知识的极度渴望，而深圳书城（罗湖书城）的隆重开业无疑是一场酣畅淋漓的及时雨，滋润着每一个深圳求知者的心田。

深圳书城（罗湖书城）是全国第一家正式以“书城”命名的大书店。

这一时期被业界命名为书城 1.0 时代。如果说书城 1.0 时代还只是代表着行业发展的初级阶段，只是从小书店向大卖场的转变，那么书城 2.0 时代的来临则足以令人精神振奋：深圳书城的发展从卖场的理念转向了书城 MALL 的发展，发展模式与规模显然较之先前有了进一步的提升，其代表是 2004 年开业的深圳南山书城。追本溯源，罗湖书城与南山书城都是今天的深圳中心书城的前世，而深圳中心书城自身才是它的今生。前世与今生处于同一时间线索上，因此可以说中心书城坐落于城市历史的纵深线之上。然而，这一切还远远不够，还不能深入地满足高速发展的城市化步伐和市民对于精神文化生活的迫切需求。于是，2006 年，深圳中心书城千呼万唤，华丽出场。这也预示着书城 3.0 时代——体验式书城与高速发展的城市一起携手而来，并足以令深圳市民雀跃欢呼。从城市发展的历史线索中可以清晰地看到中心书城的历史坐标。城市化的高速发展不仅促成了书城的高度发展，同时也向书城本身提出了更高的要求。书城与城市二者构成了良好的互动关系，而这种和谐的关系继续推进，就诞生了书城 4.0 时代——创意式书城时期，代表作品即 2015 年的宝安书城，在中心书城的经验基础上隆重降临于这座城市。

国际设计师比尔·卡斯特说："中心书城对于深圳的意义，好比卢浮宫对于巴黎的意义。"① 中心书城在这座城市中举足轻重的地位，连同罗湖书城、南山书城、宝安书城、龙岗书城、龙华书城以及正在规划建设的湾区书城、光明书城，都彩云托月般地显示着其对这座城市的重要意义。那么，它究竟是以怎样的魅力和能量改变和影响着这座城市的？事实上，深圳中心书城不仅是物理与地理意义上的存在，更是一个精神场所、一种精神符号。它与这座城市有着千丝万缕的精神链接。

作为改革开放后兴起的经济特区，深圳以爆发性的经济能量获得了世界的关注与惊叹。然而，当今世界战略发生了某种转向，国家与国家之间的竞争在一定意义上从经济竞争转向了文化竞争，"文化软实力"受到了空前的

① 参见尹昌龙编著《以书筑城　以城筑梦：深圳书城模式研究》，中国社会科学出版社，2018，第 2 页。

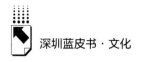

关注。这在城市层面也同样如此。而深圳在取得了巨大的经济成功后，如何发展文化进入了政府和社会的重要议事日程，在这方面，深圳可以说有着得天独厚的有利条件。2003 年，深圳提出实施“文化立市”战略，经济城市致力于文化城市的建设，实现“文化沙漠”向“文化绿洲”的转变，中心书城在这一时代背景下应运而生。2004 年，深圳中心书城开始筹建，两年后的 2006 年正式开业。与中心书城前后建设的深圳图书馆、深圳博物馆、深圳音乐厅、深圳市民中心、深圳少年宫、深圳关山月美术馆相继诞生，共同形成了深圳的政治文化中心，在这个深圳市民共享的文化群落中，中心书城傲然置身其中。

在“文化立市”战略实施近十年之后，2012 年深圳又提出了建设“文化强市”的目标，颁布了《关于深入实施文化立市战略建设文化强市的决定》，深圳书城则是以庄严的使命感与这座城市并肩前行。“一区一书城、一街道一书吧”战略被写入深圳《政府工作报告》及《深圳文化创新发展2020（实施方案）》。昔日的“经济深圳”“科技深圳”的若干张城市面孔中，“文化深圳”面孔渐渐清晰而明朗，而深圳中心书城等文化建筑设施在其中所起到的作用，无法一一计算，因为它们与这座城市已融为一体，无法分割，永远地镶嵌在这座城市文化历史的纵深线上。

二　中心书城是城市文化与精神的巨大载体

深圳中心书城拥有偌大的空间，占地面积 8.7 公顷，建筑面积 8.2 万平方米，经营面积 4.2 万平方米，不仅是目前全国最大的书城，也是现今世界上单体面积最大的体验式书城。可是无论体量如何庞大，它只是一个巨大的载体，但它所装载的文化和精神，却形成了无形而巨大的力量，犹如春风化雨，润物细无声地改变和温暖着这座城市。

深圳中心书城是书城 3.0 时代的代表，它的突出特质是“体验式”，与传统书店有明显的区别。体验式意味着中心书城组合多种项目的文化配套、人性化的环境构建和体验式的文化空间等综合性感受，也就是说，较之先前的书城1.0与书城2.0时代，书城3.0时代的突出特点是更加注重人性化，人在空间中的感受是至关重要的，人在书城中的活动体验成为书城精心设计的主体部分。因此，中心书城毫无疑问地赢得了市民们的欢迎与喜爱。深圳市民像熟悉自己的家一样熟悉中心书城的构造和格局，综合书店、音乐时空主题店、益文书局、24小时书吧、尚书吧、紫苑茶馆、南北区大台阶等，都是市民们耳熟能详的去处，这里发生过太多的感人的催人上进的故事，这里给太多人留下美好的体验与记忆。

24小时书吧是坐落在中心书城的一盏明灯，它同中心书城一起照亮了这座城市。也许24小时书吧当初的创意来源已经被忘却，但它以彻夜长明的姿态，连接了白天与黑夜，为这座移民城市的异乡人照亮了生命的路程。国务院参事王京生曾说，“即使整座城市都沉入了黑夜，这盏灯也为你亮着”。在深圳这座城市里，永远有一盏灯通宵为你点燃，这盏灯的光亮已成为这座城市巨大的精神力量，它所散发出的光亮与温度足以抚慰和温暖每一个来自四面八方的深圳人。在深夜灯下专注读书的读者，呈现出了这座城市最美好的夜晚。然而，24小时书吧迎接的不仅仅有读者，甚至有流浪者和拾荒者，他们也同样是书吧最尊贵的客人。永不打烊的24小时书吧所注重的以人为本、人人平等、包容创新是深圳精神所折射出的一个闪光的侧面。

南北区大台阶，同样是深圳市民最喜爱的去处。当时的设计只是为了连接南北两个区域，是设计师的一个无奈之举。然而，无心插柳柳成荫，大台阶成为举办各类文化活动的最佳场所，是中心书城的网红地标。迄今为止，大台阶张开它温暖的臂膀接待过的全国名人名家已逾千人。白岩松就曾经做客大台阶，他称赞中心书城的大台阶是最美的风景之一，“这是我第一次见到能让读者坐在上座的地方，这点很难得。一个能让读者坐下来的书城，是有希望的”，他由衷地赞叹道，“我觉得深圳中心书城是中国最好的书城之一。我去其他书店，我与读者的交流是面对面，只有在深圳的中心书城，我是仰视读者的”。白岩松的话意味深长，作为一个作者，把读者的地位推到一个至高的位置上，这是一种开放包容、有容乃大的表现。直到如今，大台阶的设计已经成为内地许多城市的书城建设时争相效仿的案例。当然，这种效仿并不是简单意义上的模仿，而是让开放、包容、创新的精神像接力赛一样传递开来。

尚书吧的经营模式走的是另类路线。它是以“古旧书+红酒”为组合模式，营造出了独特的书吧格调，吸引了一群特殊的爱书者和藏书者，在深圳书吧领域内以其独特的个性张扬而独树一帜。当然，在一个偌大的卖新书的书城里，出现一个卖古旧书的书吧，这无疑是书城经营的一个有益补充。然而，最重要的是，久而久之，尚书吧积累了与自己品位相似的贵客，成为文化人雅集的一个据点。每每群贤毕至，腾蛟起凤，谈天说地，说古喻今。尚书吧迎来的第一个尊贵的客人是中国著名文学研究者陈子善先生，他每到深圳，必呼朋唤友，聚集到尚书吧，智慧的交锋与思想的碰撞在这里起航。尚书吧的风景装饰着深圳城市文化的风景线，也成为深圳城市文化风景线上最亮丽的一点。

如果说24小时书吧、南北区大台阶、尚书吧等是中心书城多元而灵活的设计类型，那么，中心书城内举办的各种文化交流活动则是书城的主体内容，书城因此成为这些活动的重要载体。可以说，中心书城留存着这座城市一个个鲜活的文化记忆。2013年，联合国教科文组织授予深圳“全球全民阅读典范城市”称号，深圳也因热爱阅读而受到世人的尊重，而它能够获此殊荣，源于对全民阅读高贵的坚持。作为全球全民阅读典范城市建设的参与者，中心书城长年举办丰富的文化活动，这无疑是深圳获得这一荣誉称号的助力者。“深圳晚八点”“沙沙讲故事”“牵手名家”“深圳读书月”“委员议事厅”“深圳文博会”“全民品读会”“亲子阅读”“讲书会”“大台阶辩论赛”“每周学点经济学”等文化交流活动在中心书城长期持续举办，这些活动“横看成岭侧成峰”，以各自不同的侧面和特质向这座城市输出了文化的正能量，最终获得了春华秋实的回报。

中心书城仿佛一座偌大的大学校园，高校举办公益讲座的海报在这里也比比皆是，并且种类更为齐全，吸引各个阶层的人群参与，每位深圳市民总能找到自己心仪的那一场活动。书城推动阅读，阅读引领城市。2007年，深圳市颁布《深圳市进一步完善公共文化服务体系实施方案》，致力于加强公共文化服务体系建设，丰富人民群众精神文化生活，实现公民的文化权利，而中心书城成为深圳公共文化服务体系建设的重要实践场地之一。

“深圳读书月”不仅是中心书城的文化品牌，也是这座城市的文化名片。“读书月与读书活动，就如钱塘潮和钱塘江水的关系，每年 11 月举办的读书月，就是我们读书的钱塘潮，而全年的读书就是浩荡的、永不回头的、一直流淌的钱塘江水。”[①] 从 2000 年 11 月启动开始，迄今已经历了 22 年，中心书城见证了读书月的成长，承载了读书月的欢声笑语，是读书月活动的主要阵地。多年来高贵的坚持，在中心书城举办了多少场读书月的活动已经数不清，它吸引了众多深圳市民的热情参与，营造了浓厚的全民阅读氛围。正如深圳十大观念中“让城市因热爱读书而受人尊重”所昭示的，因为全民阅读，深圳成为一座受人尊重的城市，中心书城成为一座让人向往的书城。两座城相互影响、相互改变、相互交融，最终精神相连。

“深圳晚八点”也是中心书城的明星公益活动。“晚上八点后的生活决定了个人的竞争力”，在这座极具竞争力的城市里，不甘落后的深圳人总是要把晚上八点以后的时间珍惜和利用起来。久而久之，“深圳晚八点”的生物钟通过日常化活动的浸润，让许多深圳人培养成了良好的阅读习惯。“深圳晚八点”建构的是城市夜晚的文化空间，勤奋的市民在此也能找到生命前进的动力与支持。

在中心书城的公共空间里，“委员议事厅”传递理性而民主的声音，引领城市社会协商文化的发展。深圳市政协邀请政协委员、政府工作人员、专家学者、热心市民来共同讨论社会热点和民生问题，可以有不同的观点交锋。他们也愿意听到各种见解，乐于发表自己的意见。能够突破政协通常的闭门议政的方式，把协商民主的平台置于公共空间内，开创了广场议政式的新的协商文化。这显示了中心书城的公共精神，同时也显示了这座城市开放、亲民、包容的气度。

“亲子阅读中心”是中心书城教育培训的重要平台。儿童是世界的未

① 王京生主编《高贵的坚持》，海天出版社（中国·深圳），2014，第 3 页。

来，但由于新媒介的发展，儿童世界往往被成人世界问题侵扰，媒介文化研究者尼尔·波兹曼为此不无伤感地指出，“童年正在消逝”。中心书城积极担负起社会责任，为孩子建立了亲子阅读中心，倡导“亲子阅读”理念，某种程度上让童年的消逝慢下来。正如在深圳获得“全球全民阅读典范城市”称号的现场，联合国教科文组织总干事伊琳娜·博科娃所说，“我走过很多地方，去过很多城市，没有一个城市一个地方像深圳那样，那么多家庭那么多孩子，聚集在书城尽情享受读书之乐，这快乐温馨的场面，我永远都不会忘记”。

中心书城内的文化活动不胜枚举，它因此形成了一个书城文化综合体，成为集阅读学习、展示交流、聚会休闲、创意生活于一身的城市文化生活中心。在某种意义上，中心书城承载了城市的历史与精神，建构了城市的文化共同体。

三　中心书城构建城市的文化共同体

一座书城何以能改变一座城市，归根结底在于它建构了城市的文化共同体。何为文化共同体，它的意义和作用如何？文化共同体，是指具有共同理想和相同的文化性状的社会个体所构成的有序群体。文化共同体包括共同的文化生活、共同的文化记忆和共同的文化精神。中心书城内的文化交流活动无疑就是市民的共同的文化生活，多少市民在“深圳晚八点”相遇与相知，共同提高文化素质；多少孩子在一起听了“沙沙讲故事”后，而立志做一个好学生；多少人在“24 小时书吧”共同阅读一个夜晚，一起看黎明的日出；又有多少人曾经在“委员议事厅”为一社会热点问题争论得面红耳赤，为着共同的社会关怀。在共同的文化生活中市民会不约而同地留下美好、难忘的文化记忆，而这些文化记忆必将产生共同的文化精神，这种文化精神就是深圳所特有的城市人文精神。

首先，中心书城所建构的城市文化共同体，不仅见证了深圳人的身份变化，也将一座冰冷的移民城市变成了温暖的市民城市。深圳不同于大多数城市的是，这是一座仅有40余年历史的移民城市。移民从各自的家乡来到这里寻梦，所带来的是各自不同的地方文化，而不是共同的城市文化。中心书城是城市文化生活的中心，它的特质是体验式，它不仅仅是读书学习的地方，也是同时使休闲娱乐和相互交流成为可能的所在。中心书城通过大量的文化交流活动，对不同的、多元的地方文化做出了有效的协调和改变。而深圳的移民者因对文化活动的共同参与，久而久之，彼此之间的文化差异逐渐减少，而共同的东西越来越多，特别是大多建立起对这座城市的认同，也即对所生活的城市有了共同的归属感，这是身份的深刻变化：他们不再是移民，而是这个城市的市民，这一共同的身份无形中增强了城市的凝聚力。在这过程中，像中心书城这样的城市文化生活中心无疑起到了潜移默化的作用。

其次，中心书城在广大市民中间建立共同的社会价值观和理想追求，为城市发展提供思想源泉和精神动力。城市的发展需要广大市民的共同努力，而共同努力的基础是需要建立共同的社会价值观和共同的理想追求。反之，共同的社会价值观和共同的理想追求又为城市的发展提供了动力。在“深圳十大观念”中有一个观念是“实现市民文化权利”，中心书城夜以继日所做的努力不正是在实现市民的文化权利吗？在深圳，市民享受文化被看作市民的文化权利。“来了，就是深圳人”也是“深圳十大观念”之一，这是一种共建美好家园的期许，也代表着对宽松、包容环境的希望。“深圳，与世界没有距离”更是在全球化进程中，显示了深圳拥抱世界的胸怀与魄力。“改革创新是深圳的根，深圳的魂”“鼓励创新，宽容失败”“送人玫瑰，手有余香”等，这些城市价值观念的产生来源于城市文化共同体的建构，而城市文化共同体的建构最终会催生出城市人文精神，从而支撑着城市的未来发展。

最后，中心书城塑造了城市的文化形象，提升了城市的文化品位，吸引了更多高素质人才来建设深圳。中心书城之于深圳，就如同诚品书店之于台北，莎士比亚书店之于巴黎。假如说诚品书店是台北城市文化形象的代言人，莎士比亚书店是巴黎城市文化形象的代言人，那么也可以说中心书城是深圳城市文化形象的代言人。随着以中心书城为代表的城市文化品位的清晰明朗，深圳的城市文化形象也将会得到很大的提升。如此一来，深圳必将会吸引更多的人来到这里。他们在享受着丰富的城市文化的同时，也参与到城市文化的建设中来，从而形成一个良好的互动循环。这就是一座书城对于塑造一座城市形象所起到的重大作用。

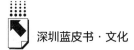

在科学技术突飞猛进的时代，未来的中心书城、未来的深圳，也必将发生巨大的变化，变化成为一种恒量，因为没有任何一种发展模式是长存的，也没有任何一种竞争力是永恒的。但“让城市因热爱读书而受人尊重”的理念不会改变。一个人因阅读而使生命获得了丰富和延展，一座城市因全民阅读而展现温暖和质感。法国诗人夏尔·丹齐格说：“死亡是一种忘却，它更将生命一笔简化。书是一棵钻出坟墓的大树，读书为我们还原了生命里那些值得崇拜的纷繁驳杂，由它们来对抗死神的傀儡。”[①] 城市需要拥有书城，书城将会改变城市。

① 〔法〕夏尔·丹齐格：《为什么读书》，阎雪梅译，广西师范大学出版社，2012，第293~294页。

南头古城的空间更新与产业激活

黄 璐*

摘 要： 2020年8月，在深圳经济特区建立40周年前夕，改造一新的南头古城亮相。在尊重与保护历史文化的基础上，南头古城导入创意产业、休闲商业、品质居住、文化策展，成为一个焕发多元活力的新型社区。南头古城南北街示范段正式开街后的一个月内，累计接待游客约35万人次。2021年春节东西街对外开放，古城已成为深圳新的网红打卡地。基于对南头古城此轮更新实践的梳理与思考，可以看到南头古城的历史保育、参与机制、文化立意、社区实践，给深圳未来的城市更新提供了诸多的启示。

关键词： 南头古城 城中村改造 文化遗产跨界保护

一 南头古城的历史溯源

（一）古城：深圳1700年的城市发展简史

南头古城位于深圳市南山区深南大道以北，中山公园以南，南山大道以西。

1999~2002年，由深圳市考古所和新安故城管理处组成的南头古城联合考古队，对古城南门外规划改造地区进行了大规模考古发掘工作，发掘出一

* 黄璐，《南方都市报》记者，近年主要从事深圳城市更新的报道与研究。

段六朝时期的护濠遗迹。经推断，这条护濠可能是三国吴“司盐都尉垒”或东晋“东官郡治”遗迹。明崇祯年间《东莞县志·地舆志》载：“吴甘露间，始置司盐都尉于东官场。”由此，深圳开始了1700余年的建城史。

相较于大鹏所城，南头古城厚重的历史并未被大众熟知，只有少数博学多闻的人才知道它对这座城市的意义。东晋咸和六年（331年）是深圳地区设立郡县两级行政机构的开始。自那时起，郡治和县治所在的南头成为深圳（乃至粤东地区）的政治、经济和文化中心。[①]

明万历元年（1573年），建立独立的县级行政机构，取名“新安”，即“革故鼎新，去危为安”之意。[②] 所管辖的范围就涵盖了今天深圳的大部分地区与香港全部，还包括东莞部分地区。南头古城就是县衙所在地，1842年《中英南京条约》签订，隶属新安县的香港岛被割让给英国。南头古城见证了丧权辱国的悲痛历史。

南头古城的空间格局从明时形成。城内营造县署、城隍庙、海防公署、教喻署、训导署、游击署等建筑，辟县署前大街（今中山东街和中山西街）、显宁东街（今兴明北街）、显宁西街（今朝阳北街）、永盈街、寺前街、聚秀街、阳街（今兴明南街）、迎恩街（今春景街）和五通街（今文化街）。南头古城在坊间的“九街”也是由此得名。现状调研显示，“九街”的完整古格局已经不复存在，南头古城城内只保留了“六纵一横”的空间格局。[③]

（二）城中村：改革开放后建筑发展的层积岩

南头古城，不是琥珀般的古城，即历史的某一个时刻被定格。这里是一直活着的。历经千余年历史与城市化变迁，如今的古城已形成“城中村、村中城”多元共生的复杂格局。

1987年，深圳经济特区首届劳务交流大会开幕，综合性劳务市场正式

---

① 陈海滨：《深圳古代史（上）》，深圳报业集团出版社，2015，第102页。

② 陈海滨：《深圳古代史（下）》，深圳报业集团出版社，2015，第250页。

③《深圳市南头古城保护规划》，深圳市城市空间规划设计有限公司内部文件，2012。

开办，用工制度的合法化让劳工潮迅速到来。也就是从那时候起，古城开始有第一批外来务工人员——阳江人租住。居民们开始了拆建祖宅。这是古城渐成城中村的开始。随着外来人口越来越多，出租形势越来越好，在 90 年代初，建栋房子出租两年就能回本。很多本地人开始借钱盖房子，外面的资金进入，一时间抢建、违建成风。古城里房子产权的复杂化也由此开始。

在外来务工人员越来越多的租赁需求下，古城承担起了“落脚”深圳的功能：在这里，既能找到故乡小城镇的生活气息，又居于市中心，可迅速切换转入城市生活。南头古城逐渐演变成一个建筑混杂、环境弊病众多但便捷、低成本生活的城中村。

二　南头古城更新的背景与难点

作为历史古迹的南头古城，是城市发展历史的活化石，同时，作为城中村，它也是城市生活重要的剖面，无论是从历史文化还是现实价值来看，都非常有意义。

历史建筑背后隐含着社会对自我身份的追寻和自我文化的塑造。即便历史建筑存在于身边，如果缺乏科学的保育和活化，就会犹如一座孤岛。南头古城也是如此。由于位于区位价值极高的中心片区，古城呈现出一种与周边高楼大厦格格不入的独特风貌。深入其中调研，就会发现，这里有着自己独特的文化与风俗。

从语言上说，古城有着自己的独特方言：喝水在广府话中说是“饮水”，但在南头都是说“吃水”；有自己的特色小吃，如炒米饼、碌堆、角仔；还有一些城外人所不知的风俗和生活习惯：白事从东门出城，喜事就在南门接来送往。

从居民利益来看，南头古城所在地日益成为城市中心，区位价值决定了经济价值，这使得古城里楼房偷抢加建情况屡禁不止。这也导致了后来南头古城改造面临的最大问题——“古城不古”。相关资料显示，古城建筑中绝大部分建于 1980 年之后，约占总量的 91.4%，其次为 1950～1980 年的建筑，至于新中国成立前的较有历史意义和保护价值的建筑，则相对较少，仅占3.8%。①

古城人经常会无意识地说“我们城里人”。“城里人”就是古城里的人，不是城市化进程中的相对语意，与“农村人”的对立。古城墙圈起的不仅是土地，还有古城人的身份认同，以及亟须被挖掘与寻回的文化传统。

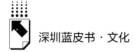

一方面是极少数量的古建筑承载着悠悠1700年的历史文脉的厚重，另一方面是大规模的城中村建筑，在风貌上成为古城的主角，违规抢建、基础设施落后、公共空间缺乏、景观环境差等问题也包裹着整个古城。错综复杂的产权关系，居住人员结构的多元，更是决定了南头古城的保护模式将不同于常见的历史文化街区保护手法，需要针对现状制定符合古城发展现实的保护模式。

以“古城保护”为代表的自上而下和以“城中村”为代表的自下而上在此得以交流与正面博弈。从20世纪90年代起，如何保护与活化问题就一直在探索中。

1997年全国政协八届五次会议第2234号提案提出要整体保护南头古城及其所在的片区；1998年新安古城—深南大道邻街地段控制性规划重建计划展开；1999年启动新安古城保护与整治项目可行性研究；2010年《南头古城址文物保护规划》《南头古城南街和东西街整治设计》《南头古城南门广场及古城风貌整治规划》出台；2012年深圳市城市空间规划设计有限公司在《深圳市南头古城保护规划》中提出保护南头古城的“双圈层”保护方案，即内圈占地47公顷的南头古城“历史文化保护区”以及外圈总占地103公顷的“南头古城风貌保护区”……

2019年，中共中央、国务院正式印发《粤港澳大湾区发展规划纲要》，其中一条明确提出，在以粤港澳为核心的珠三角区域建设宜居、宜业、宜游的优质生活圈，共建人文湾区。深圳作为重要的城市节点，南头古城作为深港澳历史源头的身份就更加值得重视。古城亟待通过新的保护与利用规划，

① 《深圳市南头古城保护规划》，深圳市城市空间规划设计有限公司内部文件，2012。

结合旧城改造的现实问题，重点考虑风貌再现、改造利用、发展旅游、发掘城市文化、商业功能相结合等问题，以新的发展策略和功能定位，来推动和指导古城保护工程。

三　国内外古城更新发展实践

四大会计师事务所之一的德勤（Deloitte）通过全球案例研究后发现，全球古城更新有三种典范模式，即文化核心的自觉、活化和复兴。

第一种模式是文化核心的自觉。稳步推动忠于本地文化的生活方式和经济模式传承振兴，将对古城城市肌理的研究融入城市总体设计，打造古城独有的空间布局，呈现历史经典之美，如佛罗伦萨和威尼斯。第二种模式是文化核心的活化。积极构建文化开放、多元客群的地标性目的地，通过多元文化产业为古城注入创新、创意活力，如阿姆斯特丹和巴塞罗那。第三种模式是文化核心的复兴。通过古城、古建筑主动呈现自身，构建为全球带来原创性和基础性创新的思考和实践的能力，使其成为在专业领域形成全球受众符号，开放营造全方位的价值创造和文化自我更新模式，如纽约和伦敦。①

对照德勤的上述观点，目前我国尚未形成类似上述以文化为核心的城市更新模式，而是比较偏重单一的建筑保护和商业开发，其中历史建筑及街区保护、主题化商业开发和产业业态转型是热门的更新开发模式。

事实上，国内的古城更新也并非近年来的新热点。纵观国内城市更新发展历程，大致经历了以下几个阶段：新中国成立初期百废待兴，解决城市居民基本居住和生活条件问题；改革开放后随着市场经济体制的建立，开展大规模的旧城功能结构调整和旧居住区改造工作；今天，进入强调以人民为中心和高质量发展的转型期，强调城市综合治理和社区自身发展，呈现出多种

① 德勤（Deloitte）：《古城更新模式选择与策略建议》，“德勤政府及公共服务行业‘城市更新洞察系列’”之二，https：//mp. weixin. qq. com/s/P_ VdjZ3smeFy3fWRW8bmog，2022年2月11日，最后访问日期：2022年5月2日。

类型、多个层次和多维角度探索的新局面。①

而国内的古城更新模式以如下两种模式为主。一种是以更新历史建筑物理载体、打造历史文化旅游街区为主，如南京老门东因地处南京南城墙中华门的东面而得名，其主干道与小巷道组成了街道的肌理，充满六朝古都时期的质感。改造的模式就是在原来的遗址上以旧复旧，再现明清商贾文化和金陵风味。另一种则是引入潮流商业与创意产业，打造多元业态，转型成为全新的文创地标，以新晋网红目的地的上海上生·新所为典型：它曾是上海生物制品研究所的办公科研生产园区，由哥伦比亚乡村俱乐部等 3 处历史建筑、11 栋贯穿新中国成长的工业改造建筑共同组成；改造思路是以尊重历史文脉、延续城市脉络、新老建筑对话、多样共享共生为理念，将建筑功能转换为办公、商业、文体、休闲相综合的公共开放空间，而成为上海城市有机更新的地标之一。

对于南头古城而言，历史建筑物理载体规模有限，区域内商业与产业优势也并不明显，从规划定位到改造细节、从文化内核到活力业态，都需要系统性规划。

四　改造历程与策略

（一）借鉴："活化历史建筑伙伴计划"的保护模式

2008 年，香港特区政府推出活化历史建筑伙伴计划（Revitalising Historic Buildings Through Partnership Scheme），推动政府持有的历史建筑及法定古迹活化再用。这个将历史建筑活化和善用的计划邀请非营利机构提交建议书，以社企形式营运，让建筑重新发挥经济及社会效益，同时让公众享用和参观，符合可持续保育的概念。该计划首 5 期共 19 个项目，包括前北九龙裁判法院、旧大澳警署、雷生春堂、美荷楼、前荔枝角医院等热门打卡

① 阳建强等：《1949—2019 年中国城市更新的发展与回顾》，《城市规划》2020 年第 2 期。

景点。而非营利机构参与对“闲置”的历史建筑的运营，加大了公众对历史建筑保护的社会参与程度。

对于南头古城的更新而言，有很强的启发价值。文化遗产保护的重要环节就是社会力量的参与，借鉴香港“活化历史建筑伙伴计划”的经验，一方面可实现就地保护，突出和塑造古城的“古”，使南头古城成为公众体验传统历史风貌的场所；另一方面通过创建“伙伴”关系，引入文化创意、传统工艺展示等新功能，为历史风貌展示区之外的片区注入新的发展活力。

（二）预演：“深双”激发的城市共生思路

对于南头古城而言，有一个非常重要的公共事件，对于其日后改造影响深远。2017 年，深港城市/建筑双城双年展（深圳）（以下简称“深双”）以南头古城为主展场，以“城市共生”为主题，由策展人、评论家侯瀚如，URBANUS 都市实践创建合伙人、建筑师刘晓都和孟岩共同策展。“深双”自 2005 年开始创办，在深圳历年的展区［如深圳华侨城创意文化园、深圳南山蛇口工业区（原广东浮法玻璃厂）等］都实现了“工厂建筑”的功能置换与公共空间的塑造，以现场实践展的方式解决了城市发展中工业遗产的现实问题。

在策展人看来，古城正是历史故城与当代城中村的异质同体与共生。近百年间古城不断消退而村庄不断膨胀，随着深圳城市化进程的推进，这里最终形成城市包围村庄而村庄又包含古城的城村环环相扣、古城时隐时现的复杂格局——“城中村中城”。南头古城作为“深双”主展场全光谱式地展示了从近代到当下城村演变的完整空间样本：中西共生，古今共荣，而“深双”作为城市介入的手段与古城更新计划再次合体，力求使之量身定制，无缝衔接。

“深双”期间，亚洲与世界的古城更新样本、南头古城更新的尺度、如何与深圳城市“共生”等话题被深度探讨，南头古城也一跃成为社会关注的焦点以及全城市民参观的热点。更为关键的是，“深双”采用“艺术介入城市”的方式，在建筑和城市基础上，创造了一个更有活力、更有创意、更开放的系统。这为南头古城的更新方式提供了一个思路，就是建筑空间保留、内部功能更新与运营方式转变的新思路。

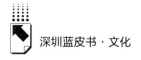

（三）启动：多方共建的保护利用新路径

公开新闻资料显示，2019 年 3 月，深圳市区两级联动，成立了南头古城保护和利用领导小组，南头古城“蝶变重生计划”——南头古城活化与利用项目正式启动。经过 40 多轮反复研讨后，规划设计方案获得审批通过。

南头古城立足于“粤东首府、港澳源头”的深厚历史及政治中心地位，改造与业态规划以历史根源为本，以“双区”政策为战略，以重新汇聚资源为思路，目标是打造深圳人民历史记忆之源、港澳同胞人文精神之根，实现设计、艺术、文化、创意产业的地区性和国际性发展，展现活力、多元的特色，发展成为湾区文化地标和城市文化名片。

值得一提的是，此番活化的机制是以政府主导、企业实施、村民参与的三方模式来实施古城的活化。政府宏观引导与支持，增强各方信心，保障各项工作的顺利开展。而代表村（居）民利益的村股份公司的参与，则让村民们实现了蓝图共想、利益共享，许多困难迎刃而解。万科作为知名的房地产企业参与其中，凝聚专业力量，保证了从改造到运营的一惯性与可持续性——万科此前曾通过旧城微改造模式，用“绣花功夫”让广州永庆坊成就“最美骑楼”街区。

这一多方共建模式，既带来了保护与利用的路径创新，也产生了保护与利用的利益共赢。

五　空间更新与产业运营

改造开始，首先横亘在眼前的就是南头古城的历史属性与城中村功能的平衡。在空间规划和设计层面，历史脉络如何演进，又要如何改善城中村的基础设施、提升城中村的活力？

（一）建筑分级，设计集群共创

相关资料显示，古城内共有6处文物保护单位，包括1处省级文物保护单位（南头古城垣）和5处市级文物保护单位（东莞会馆、信国公文氏祠、育婴堂、解放内伶仃岛纪念碑、南头村碉堡）；此外，还有10处保护建筑（报德祠、原宝安县政府旧址、聚秀街门楼等），34处能反映古城历史风貌和地方特色的历史建筑，以及历史环境要素包括“六横一纵”的街巷格局、5棵古树、7口古井。[①]

可以看到，古建部分的历史风貌并不统一，比如古城的南门始建于明洪武二十七年，后续清、民国及现代经历多次维修；东莞会馆则建于清代，后续在民国时期、当代都经历了重修……南头古城不回到某个时间，也不专属于某个朝代。

项目团队选择的策略是综合建筑物的风貌和质量进行分级，最高的1级建筑是具有历史、科学和艺术价值的重要文物建筑，包括古遗址、城门楼和具有地域特色的官府、宗教和民居建筑，此类是以保育为主；最低的5级建筑则是质量较好且不具有传统风格的现代建筑，此类在后续活化中将被诸如新的功能活化。

为了避免原本就零散且规模小的古迹湮没在城中村建筑里，对于一些重要文物，采用了“放大”古意的做法。例如，为了让南头古城内的南城门楼呈现出原始面貌，拆除在其周围的4栋房子，扩大南城门的范围，让门楼显得更伟岸。

与国内其他古城修复项目相异的是，南头古城在改善城中村环境这条脉络上充分发挥了共创的价值。在完成历史建筑的有机更新的基础上，引入大量的设计师集群进行创新改造，例如，操刀北区产业园A2厂房活化的，是国际知名设计师事务所MVRDV。作为荷兰最有影响力的建筑事务所之一，它一手打造了鹿特丹市场大厅、阿姆斯特丹香奈儿水晶屋、上海虹桥机场商

① 《南头古城址文物保护规划》，深圳市勘察研究院有限公司编制，2010。

务区花瓣楼等知名设计作品。MVRDV 的人性化、社会化以及可持续性的建筑设计风格与古城项目的设计理念相契合。

除了建筑之外，在高密度的城中村中开辟出口袋公园小广场、景观小品、城市家具等细节改造，满足人们对公共活动空间的需求，从而获得可持续发展的活力，南头古城因此得以融入现代的城市界面，变成一个拥有现代化设施和服务体系的社区。

（二）凝聚港澳资源，涵养湾区同源的文化底蕴

2019 年 7 月，中共中央、国务院下发《关于支持深圳建设中国特色社会主义先行示范区的意见》，其中提到了深圳在湾区建设中需“涵养同宗同源的文化底蕴”，即湾区建设不应局限于人流、物流、资金流的互动，还需要有更高层次的文化互动、融合追求。南头古城的价值因此得以凸显——深港澳共同的文化源头。

创意产业成为其主要抓手，即通过产业的注入引导南头古城与香港建立联系。这包括引入了深港两地具有引领性的文化、艺术、设计、创意资源，最具代表性的就是香港设计总会创办的“双城品未”，它作为集结深港精英结合两地设计特色联合创造的产品，不仅提供深港合作原创内容，还与澳门设计中心等平台合作，凝聚各界力量持续推动深港设计产品。

将古城变成一个文化创意聚集产业的地方，这是南头古城精心布局改造的战略之举。在把控古城外立面风貌、整体业态比例的原则下，充分尊重产业自身的创造性，寻求管理者与租住方之间的良性共创与可持续发展。在内部文件中，南头古城艺术文化体验区强调了规划与策展空间调性相符的艺术休闲餐饮、书店、酒店，文化创意区则导入工业设计、演艺娱乐、当代艺术等创意类产业，规划配套商业占 19%，办公占 37%，展办、花园办公部分占 44%。

此外，古城改造活化还通过策展、研讨会、专题讲座等艺术文化与学术活动提升项目区域影响力，吸引大量创意、设计类企业入驻，成为城市文化创意的新地标。

（三）从建筑共生到社区共治，探索可持续发展的活力

如果说，南头古城的改造在尊重历史的基础上，尊重丰富多元杂糅的城市元素，是一种共生的话，那么在运营上则充分表达了一种共创的平等与自由。

古城原有居住密度是整个深圳平均居住密度的 15 倍，更新后的古城并没有将人口挤压到古城外围，而是配套了泊寓、民宿、酒店等多种产品，以形成生活功能的新生态系统。这里并没有因为建筑更新、产业升级、人口导入，变得奢侈品化和精英化。它依旧顺承着南头古城改革开放以来所承载的“落脚城市”的部分功能，在商业配套上以产品品质、品牌文化提升整个南头古城的生活质感。特别是文化创意产业的导入，带来了新的人口结构——艺术家设计师与文化人，这是一帮与古城气味相同的人，他们的导入也创造了新的古城生活，他们所具备的策划能力、创意能力会成为古城源源不断的活力源泉。

六　实践启示

2020 年 8 月 26 日，南头古城南北街示范段正式开街，一个月内已累计接待游客约 35 万人次。2021 年春节东西街对外开放，古城已成为深圳新的网红打卡地。基于对南头古城此轮更新实践的梳理与思考，可以看到南头古城的历史保育、参与机制、文化立意、社区实践，给深圳未来的城市更新提供了诸多的启示。

（一）历史价值：深度挖掘与创新再现

任何历史片区的保育与活化都涉及对原有历史文脉的尊重，涉及保护与利用的平衡关系，涉及与当下城市界面与生活的衔接。面对历史古建规模小却使命重的南头古城，通过对历史价值的深度挖掘，克服了其街区整体文化氛围不足、历史场所感较弱以及民众认知模糊等问题，通过制定符合城市经

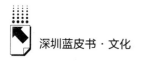

济发展与文化发展的整体规划，对当下的街区文化内核进行凝练与再定义，追求与当下文化精神相融合的新价值。

在古城改造与运营过程中，历史并不只是被保护，而是通过“突出古意”“丰富古意”等手段，让历史表达更集中与丰富。例如，门面上的古建，其周边杂乱的建筑要被拆除，以突出历史质感；在非历史古建的空间之中，通过策展、科技等手段再现历史风貌、人物事件与生活方式，让古意在街道肌理、建筑风貌和文创内容上都能得到多层次的体现。例如，南头古城的多媒体数字展厅，就是用3D全息投影技术再现绢本长卷《南头繁会胜景图》，200年前的繁华盛景得以再现。

（二）文化价值：跨界保育与资源凝聚

南头古城为大众所忽略的往往是其文化格局的站位，是在其1700年历史中所蕴含的深港澳同源同脉。

本轮活化正是在粤港澳大湾区文化同源性和发展整体性的背景下，着眼于粤港澳开展跨界文化遗产事业保护和可持续发展，以尊重还原历史为定位编制规划，系统性地考虑当下功能及未来发展，体现了高起点谋划的特色——找寻到了深圳记忆之源，港澳精神之根的文化格局。这不仅仅是定位，也是其后期运营的重要方向。

一直以来，深港澳在创意领域互动频繁，从深港设计双城展到“双深”再到深澳创意周等，创意文化业界的人才流动与产业合作给粤港澳大湾区带来强大的动力与活力。南头古城积极导入创新资源和品牌业态、打造同宗同源文化内容，实际上是把自己打造成深港澳创意活动交流的空间节点与合作平台。这不是节庆式的，而是常态化的。更重要的是，这不是纯商业驱动的，而是有血脉情感的，是在推动更高层级的互联互通。

（三）机制价值：多元参与与设计共创

近年来城市更新领域都在引导鼓励多元主体的参与，但古城的保护有其独特性，往往是基于政府出资主导的模式。

南头古城在充分运用古城独特的文化氛围以及品牌吸引力的基础上，引入企业、居民、社会组织等多元主体充分参与。例如，在前期调研中，充分重视历史资料收集，与居民、专家的座谈成果对规划设计起到了非常重要的影响。在街区改造过程中，号召著名设计师加入，组成设计集群，对于没有保护价值的建筑进行各具风格的改造，体现古城新的创造力。在运营期，创意产业的导入，让创意人士和企业合力源源不断地生产出具有生命力的新鲜内容，也给古城带来源源不断的客流。这里成了文化创意产业的新场所和新平台。

（四）社区价值：活力重塑与可持续活化

南头古城的价值是两方面的，一是古城保育，二是城中村再造。后者对于深圳以及国内其他城市而言，有着可复制的推广意义。

一般来说，城中村因生活、娱乐、休闲等公共空间的匮乏而广受诟病。而改造之后的南头古城再现新颜，不仅有社区医疗设施、社区综合服务场所，也有高密度城中村中少有的口袋公园、景观小品、艺术装置等，极大提升了居民的公共生活品质，而通过增强空间的趣味性与驻足性，使之成为城中村新移民和本地村民日常交往的新空间，进而推动了社区价值共同体的形成。

古城目前改造的只是统租区内的范围，未改造区域如何发展将是古城面临的问题。事实上，以古城为样本与叙事背景的讨论已在学术圈与建筑规划行业内受到一定的关注，有专业人士认为，目前的古城过于精致，丧失了城中村原本的生猛与力量。

从万科所提供的资料来看，南头古城未来的中长期规划建设，仍致力于恢复古城的传统风貌和历史文化环境，完善古城内的市政等公共服务设施的配套，社区改造与价值重塑也将持续进行下去。

《深圳文化发展报告（2022）》由深圳市社会科学院编撰，回顾了一年以来深圳文化建设、公共文化服务和文化研究上所取得的成绩，包括湾区文化研究、文化机制建设、产业与未来、城市文化空间以及文物开发和保护等方面内容，相对全面地反映深圳一年来的文化动态，也展望未来一年的计划和发展，可供城市文化研究和深圳研究者参考。

皮 书

智库成果出版与传播平台

皮书定义

皮书是对中国与世界发展状况和热点问题进行年度监测，以专业的角度、专家的视野和实证研究方法，针对某一领域或区域现状与发展态势展开分析和预测，具备前沿性、原创性、实证性、连续性、时效性等特点的公开出版物，由一系列权威研究报告组成。

皮书作者

皮书系列报告作者以国内外一流研究机构、知名高校等重点智库的研究人员为主，多为相关领域一流专家学者，他们的观点代表了当下学界对中国与世界的现实和未来最高水平的解读与分析。截至 2021 年底，皮书研创机构逾千家，报告作者累计超过 10 万人。

皮书荣誉

皮书作为中国社会科学院基础理论研究与应用对策研究融合发展的代表性成果，不仅是哲学社会科学工作者服务中国特色社会主义现代化建设的重要成果，更是助力中国特色新型智库建设、构建中国特色哲学社会科学“三大体系”的重要平台。皮书系列先后被列入“十二五”“十三五”“十四五”时期国家重点出版物出版专项规划项目；2013~2022 年，重点皮书列入中国社会科学院国家哲学社会科学创新工程项目。

皮书网

（网址：www.pishu.cn）

发布皮书研创资讯，传播皮书精彩内容
引领皮书出版潮流，打造皮书服务平台

栏目设置

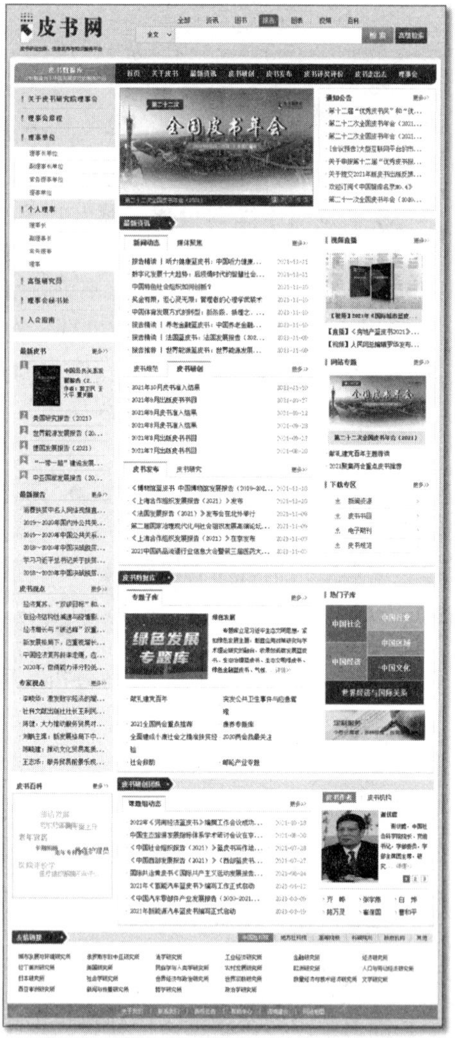

◆ 关于皮书

何谓皮书、皮书分类、皮书大事记、
皮书荣誉、皮书出版第一人、皮书编辑部

◆ 最新资讯

通知公告、新闻动态、媒体聚焦、
网站专题、视频直播、下载专区

◆ 皮书研创

皮书规范、皮书选题、皮书出版、
皮书研究、研创团队

◆ 皮书评奖评价

指标体系、皮书评价、皮书评奖

◆ 皮书研究院理事会

理事会章程、理事单位、个人理事、高级研究员、理事会秘书处、入会指南

所获荣誉

◆ 2008 年、2011 年、2014 年，皮书网均在全国新闻出版业网站荣誉评选中获得“最具商业价值网站”称号；

◆ 2012 年，获得“出版业网站百强”称号。

网库合一

2014年，皮书网与皮书数据库端口合一，实现资源共享，搭建智库成果融合创新平台。

皮书网　　“皮书说”微信公众号　　皮书微博

S 基本子库
UB DATABASE

中国社会发展数据库（下设 12 个专题子库）

紧扣人口、政治、外交、法律、教育、医疗卫生、资源环境等 12 个社会发展领域的前沿和热点，全面整合专业著作、智库报告、学术资讯、调研数据等类型资源，帮助用户追踪中国社会发展动态、研究社会发展战略与政策、了解社会热点问题、分析社会发展趋势。

中国经济发展数据库（下设 12 专题子库）

内容涵盖宏观经济、产业经济、工业经济、农业经济、财政金融、房地产经济、城市经济、商业贸易等12个重点经济领域，为把握经济运行态势、洞察经济发展规律、研判经济发展趋势、进行经济调控决策提供参考和依据。

中国行业发展数据库（下设 17 个专题子库）

以中国国民经济行业分类为依据，覆盖金融业、旅游业、交通运输业、能源矿产业、制造业等 100 多个行业，跟踪分析国民经济相关行业市场运行状况和政策导向，汇集行业发展前沿资讯，为投资、从业及各种经济决策提供理论支撑和实践指导。

中国区域发展数据库（下设 4 个专题子库）

对中国特定区域内的经济、社会、文化等领域现状与发展情况进行深度分析和预测，涉及省级行政区、城市群、城市、农村等不同维度，研究层级至县及县以下行政区，为学者研究地方经济社会宏观态势、经验模式、发展案例提供支撑，为地方政府决策提供参考。

中国文化传媒数据库（下设 18 个专题子库）

内容覆盖文化产业、新闻传播、电影娱乐、文学艺术、群众文化、图书情报等 18 个重点研究领域，聚焦文化传媒领域发展前沿、热点话题、行业实践，服务用户的教学科研、文化投资、企业规划等需要。

世界经济与国际关系数据库（下设 6 个专题子库）

整合世界经济、国际政治、世界文化与科技、全球性问题、国际组织与国际法、区域研究 6 大领域研究成果，对世界经济形势、国际形势进行连续性深度分析，对年度热点问题进行专题解读，为研判全球发展趋势提供事实和数据支持。

法律声明